KB271884

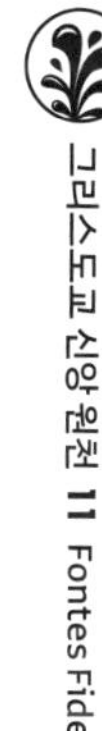
그리스도교 신앙 원천 11 Fontes Fidei Christianae

Iustinus
APOLOGIA PRIMA PRO CHRISTIANIS
APOLOGIA SECUNDA PRO CHRISTIANIS
DIALOGUS CUM TRYPHONE IUDAEO

Translated with notes by Ahn So Kun Silvia
Korean translation copyright © 2024 by Benedict Press, Waegwan, Korea.

그리스도교 신앙 원천 11

첫째 호교론
둘째 호교론
유대인 트리폰과의 대화

2024년 1월 4일 초판 1쇄
2026년 3월 5일 신판 1쇄

지은이   유스티누스
역주자   안소근
펴낸이   박현동
펴낸곳   ⓒ 성 베네딕도회 왜관수도원, 분도출판사
찍은곳   분도인쇄소

등록   1962년 5월 7일 라15호
주소   04606 서울 중구 장충단로 188 분도빌딩(분도출판사 편집부)
    39889 경북 칠곡군 왜관읍 관문로 61(분도인쇄소)
전화   02-2266-3605(분도출판사) · 054-970-2400(분도인쇄소)
팩스   02-2271-3605(분도출판사) · 054-971-0179(분도인쇄소)
홈페이지   www.bundobook.co.kr

ISBN   978-89-419-2606-1   04230
    978-89-419-2450-0   (세트)

• 저작권법에 의해 한국 내에서 보호를 받는 저작물이므로 무단 전재와 무단 복제를 금합니다.
• 이 책은 한국천주교주교회의 한국천주교중앙협의회가 문화체육관광부의 국고지원을 받아 발간한
고대 그리스도교 문헌 총서(그리스도교 신앙 원천 · 교부들의 가르침)(비매품)를 분도출판사에서
한국천주교중앙협의회의 허락을 받아 독자 보급용으로 제작하였습니다.

이 책의 본문 종이는 FSC® 인증을 받은 친환경 용지를 사용했습니다.

유스티누스

첫째 호교론
둘째 호교론
유대인 트리폰과의 대화

한국교부학연구회
안소근 역주

분도출판사

일러두기

1. 성경 인용은 원칙적으로 『성경』(한국천주교주교회의 2005)을 기준으로 삼았으나, 교부들이 인용한 성경 본문이 『성경』과 차이가 있을 때에는 그리스어나 라틴어 원문을 직역하였다.

2. 성경 본문에 나오는 지명 '유다'는 로마제국의 지방명일 경우 '유대아'로, '유다인'은 '유대인'으로, '유다교'는 '유대교'로 표기했다. 교부 시대의 인명과 지명은 『교부학 인명 · 지명 용례집』(분도출판사 2008)을 따랐다.

3. 작품명은 『교부 문헌 용례집』(수원가톨릭대학교출판부 2014)을 따랐다.

4. 『교부학 인명 · 지명 용례집』과 『교부 문헌 용례집』을 수정 · 보완한 한국교부학연구회 『교부학 사전』(한국성토마스연구소 2021)을 최종 잣대로 삼았다.

"오래고도 새로운 아름다움!"Pulchritudo antiqua et nova!

교회의 스승인 교부敎父들은 성경과 맞닿은 언어와 문화로 주님의 삶과 가르침을 생생하게 느끼며 살았던 신앙의 오랜 증인들이다. 모진 박해와 세상 거짓에 맞서 기꺼이 자신을 불사르며 복음의 진리와 거룩한 삶의 가치를 지켜 낸 성인들이며, 하느님 백성을 섬기고 돌보는 일을 천직으로 여겼던 목자들이다. 교부 문헌이 탄생한 자리는 책상머리가 아니라, 기쁨과 희망, 슬픔과 고뇌로 누벼진 민중의 애달픈 삶의 현장이었다. 그래서 교부들의 많은 가르침은 단순하면서도 감동적이고, 힘이 있으면서도 따뜻하다. 특히 사회 교리나 교회 생활에 관한 탁월한 가르침은 현대 교회에도 끊임없이 새로운 영감을 불어넣어 주는 마르지 않는 샘이다.

"집어서 읽어라!"Tolle lege!

가장 위대한 교부라고 일컬어지는 아우구스티누스는 바오로 서간을 집어서 읽으면서 진리에 눈을 떴고 마침내 회심했다. 다양한 교부 이름과 책 제목들만 빽빽한 각주로 달려 있는 두터운 신학 논문집보다 짤막한 교부 문헌 한 편이 신학 연구와 영성 생활에 훨씬 더 유익할 수 있다.

신학의 진정성과 보편성은 원전을 집어서 읽는 데서 비롯하기 때문이다.

고맙게도 분도출판사는 1987년부터 대역본 '교부 문헌 총서'를 펴내고 있다. 라틴어 · 그리스어 본문을 우리말 번역과 나란히 싣고 상세한 해제와 주석을 단 혁신적 출판 기획은 우리나라 서양 고전 번역의 새로운 지평을 열었다. 세계적 권위를 지닌 프랑스의 '수르스 크레티엔느' Sources Chrétiennes, 독일의 '폰테스 크리스티아니'Fontes Christiani, 이탈리아의 '누오바 비블리오테카'Nuova Biblioteca 등에 당장 비길 바는 아니겠으나, 교부학 불모지였던 우리나라의 철학과 신학, 인문학과 영성 분야에서 일구어 낸 성과와 공헌이 적지 않다.

그러나 고전어를 직접 번역하고 해제와 주석을 다는 일은 고달프고 더딘 여정일뿐더러, 한정된 전문가들에게 기댈 수밖에 없다는 것이 한국교부학연구회와 분도출판사의 공통된 고민이다. 기존 '교부 문헌 총서'의 원전 번역을 꾸준히 이어 가면서도 신자들의 삶과 영성에 꼭 필요한 짧고 감동적인 교부 문헌들을 줄기차게 소개하는 일을 병행할 수는 없을까? 우리는 그 대안으로 지난 2018년부터 대중판 교부 문헌 총서인 '그리스도교 신앙 원천'을 출간하기 시작했다. 누구에게나 널리 읽힐 수 있는 '대중판'(Vulgata)이라는 대전제로 비교적 간소하게 펴내다 보니, 분량이 많거나 신학적으로 묵직한 책들은 어쩔 수 없이 뒤로 밀려났다. 작품의 분량이나 특성에 얽매이지 않고 핵심적인 교부 문헌들을 두루 아우른 총서를 거듭 꿈꾸게 되었다. 그리고 판형을 바꾼 '그리스도교 신앙 원천'으로써 우리의 꿈을 현실로 이루고자 한다.

"원천으로 돌아가자!"Ad fontes!

한국교부학연구회가 국가의 지원을 받아 분도출판사에서 펴내는 이

총서는 30년 프로젝트다. 첫 10년 동안은 매년 굵직한 '교부 문헌' 서너 권과 '교부들의 가르침 ― 교부 문헌 주제별 선집'(총 10권) 한 권씩을 출간할 예정이다. 라틴어나 그리스어 등에서 직접 번역하는 것이 이상적이겠으나, 여러 가지 현실적인 문제를 고려하여 현대어 번역본에도 기대기로 했다. 영어, 프랑스어, 독일어, 이탈리아어, 스페인어 등으로 충실하게 번역된 권위 있는 현대어 교부 문헌들을 골라 아름답고 적확한 우리말로 옮기는 일에는 교부학자들뿐 아니라 빼어난 전문 번역가들도 참여할 것이다. 분도출판사에서는 오랜 세월 정성껏 가꾸어 온 대역판 '교부 문헌 총서'도 나란히 이어 가기로 했다. '그리스도교 신앙 원천'과 함께 갈 수 있어서 기쁘고 다행스럽다. 교회의 발원지와 맞닿아 있는 이 책들은 성경뿐 아니라 '거룩한 전통'(聖傳)을 더 깊이 이해하도록 도와줄 것이다. 교부 문헌은 가톨릭과 정교회와 개신교가 함께 보존하고 가꾸어야 할 그리스도교 공동 유산이기에, 원천으로 돌아가기 위한 이 노력이 영적 일치 운동에 꾸준히 이바지하리라 믿는다.

"교회는 늘 새로워져야 한다!"Ecclesia semper reformanda est!

　이제 우리는 30년 여정에 첫발을 내딛는다. 그리고 그 뒤로도 끝없이 이어질 그 길을 지금 이미 바라보고 있다. 끝이 보이지 않아 행복하다. 지난 수십 년 동안 이 땅에 교부들의 씨앗을 묵묵히 뿌려 온 선배들이 그러했듯, 우리도 힘닿는 만큼 교부 문헌을 살뜰히 옮기다 떠나갈 것이다. 밭에 묻혀 있는 보물과도 같은 교부 문헌을 정성스레 캐내어 생명력을 불어넣는 이 가슴 벅찬 일이 꾸준히 이어지기를 바라는 마음 간절하다. '그리스도교 신앙 원천'이 책꽂이에 차곡차곡 꽂혀 갈수록 우리 교회는 더 젊어지고 더 새로워질 것이다. 교부 문헌은 교회 쇄신의 물

'그리스도교 신앙 원천'을 내면서

줄기를 끊임없이 제공하는 그리스도교 신앙의 살아 있는 원천이기 때문이다. 이 책이 한국천주교주교회의를 통해 출간될 수 있도록 한결같이 격려해 주시고 배려해 주신 모든 주교님께 진심으로 감사드린다.

2022년 11월 1일 모든 성인 대축일에
한국교부학연구회 회장 장인산

차례

해제

1. 유스티누스의 생애

2세기의 호교론자인 유스티누스의 생애에 대해서는 많이 알려져 있지 않지만, 그의 글들 특히『유대인 트리폰과의 대화』에서는 저자가 자신이 그리스도교 신앙에 이르게 된 과정을 서술한다. 한편 그의 순교에 관해서는『유스티누스와 동료 순교자들 행전』에 전해진다.

그는 100~110년경 사마리아의 플라비아 네아폴리스,[1] 곧 현재의 나블루스에서 태어난 것으로 보인다. 그는 스스로 사마리아인들을 자신의 동족이라고 말하지만[2] 사마리아 유대인의 특징이 그의 저서들에 드러나지는 않는다. 그는 유대교 신자도 아니었고 할례를 받지도 않았다. 아버지 이름은 프리스쿠스로 로마식 이름이고 할아버지 이름은 바키우스로 그리스식 이름이어서, 그는 로마 또는 그리스 계통 출신으로 보인다.

『유대인 트리폰과의 대화』1-8장에 소개된 내용은 사실을 상세하게 기록한 것이라기보다 어떤 전형적인 틀에 따라 서술한 것일 수 있으나 그가 그리스도교 신앙을 갖게 된 경로를 이해할 수 있게 해 준다. 스스로 철학자라고 말하는 유스티누스는 진리를 찾고자 하는 열렬한 갈망을 품고 있었고, 철학이 신 문제를 다루어야 한다고 믿었다. 참된 진리는 오직 하나라고 믿었던 그는, 그 진리를 알기 위하여 스토아학파, 소요학파, 피타고라스학파에서 가르침을 얻고자 했으나 만족하지 못했다. 철학 학파들 가운데에서는 특히 플라톤학파를 만남으로써 스스로

---

1 『첫째 호교론』1.

2 『유대인 트리폰과의 대화』120.

크게 진보했다고 느꼈다.[3] 그러나 그 후에는, 철학자들이 하느님을 보지도 못했고 그분의 말씀을 듣지도 못했던 것에 비하여 예언자들은 그들이 보고 들은 진리를 선포했음을 깨닫고, 철학의 한계를 넘어 예언자들이 예고한 하느님의 아들 그리스도를 믿게 되었다.[4] 한편, 박해로 고통과 죽음을 당하면서도 흔들림이 없었던 그리스도인들의 영웅적 모습도 유스티누스가 그리스도교 신앙을 받아들이는 계기가 되었다.[5]

유스티누스는 130년경 에페소에서 세례를 받은 것으로 보인다.[6] 이때부터 그는 그리스도 신앙을 옹호하고 전파하는 사람이 되었다. 그리스도교를 옹호하는 작품들도 저술하였는데, 그 가운데『유대인 트리폰과의 대화』는 132~135년의 제2차 반로마 항쟁 시기를 배경으로 서술되어 있다.

세례를 받은 뒤에도 유스티누스는 계속 철학자의 옷을 입고 다녔으며, 사제품을 받지는 않았지만 여러 곳을 다니며 그리스도의 복음을 전파했다. 그는 이것이 참된 철학자의 본분이라고 여겼다. 안토니우스 피우스 황제 때에는 로마에 정착하여 철학을 가르치는 학교를 열었는데, 타티아누스가 그의 제자였다. 두 편의 호교론은 이 시기에 저술되었다.

『첫째 호교론』,『둘째 호교론』과『유대인 트리폰과의 대화』외에도 에우세비우스가 전하는 유스티누스의 저서 목록이 있으나, 이 세 저서 외에는 모두 후대의 작품으로 여겨진다.

유스티누스는 루스티쿠스 총독 때인 165년에 동료 여섯 명과 함께

---

3 『유대인 트리폰과의 대화』2.

4 『유대인 트리폰과의 대화』8.

5 『둘째 호교론』12.

6 에우세비우스는 182년 이후라고 말하지만, 다른 이들은 130년대라고 본다.

참수되어 순교했다. 『유스티누스와 여섯 동료 순교자들 행전』[7]에 그의 순교에 관한 기록이 전해진다. 여기에는 유스티누스에 대한 총독의 심문과 위협, 선고와 형 집행이 기록되어 있으며, 역사적 가치가 높은 문헌이다. 이에 따르면 유스티누스는 "우리는 그리스도인의 하느님, 태초에 보이는 것과 보이지 않는 만물을 창조하시고 조성하신 유일하신 하느님을 믿고, 구원의 전달자요 탁월한 가르침의 스승으로서 사람들 가운데 오시리라고 예언자들이 예고한 하느님의 아들 주 예수 그리스도를 믿습니다"라고 고백하며 예언자들의 증언을 예수 그리스도에 대한 신앙의 근거로 제시하는데, 이는 그의 저서들에서도 강조되는 바이다. 또한 그가 천상 상급에 대한 확신을 갖고 순교를 통하여 구원에 이르기를 바랐다는 것은, 앞서 말한 바와 같이 그가 순교자들의 믿음을 보면서 그리스도 신앙을 받아들였다는 것과도 일관된다.

2. 『첫째 호교론』의 내용

두 편의 호교론은 이교인들 앞에서 그리스도인들을 옹호하는 글로, 『첫째 호교론』은 로마 제국의 황제들인 안토니우스 피우스와 마르쿠스 아우렐리우스, 루키우스 그리고 원로원과 로마의 백성들에게 유스티누스가 "부당하게 미움과 박해를 받는 이들 가운데 한 사람으로서

---

7 PG 6, 1566-1572; "The Martyrdom of the Holy Martyrs Justin, Chariton, Charites, Paeon, and Liberianus, who suffered at Rome", tr. M. Dods, in: A. Cleveland Coxe, *The Apostolic Fathers with Justin Martyr and Iraenaeus* (Ante-Nicene Fathers 1) (Grand Rapids, Michigan: WM. B. Eerdmans Publishing Company, 1987) 303-306. 우리말로는 전체 5장 가운데 제1, 4, 5장이 성 유스티누스 순교자 기념일 성무일도 독서기도 제2독서로 번역되어 있다.

그들을 위하여" 쓴 것으로 되어 있다.[8] 이 책은 153년경 유스티누스가
로마에 머물던 때에 작성되었다. 단락의 구분은 명확하지 않으나, 전체
흐름을 파악하기 위하여 다음과 같이 요약해 본다.

2.1. 제1-3장: 도입부

유스티누스는 황제와 통치자들 그리고 로마인들에게 그리스도인들
이 부당하게 박해를 받고 있음을 밝히고자 탄원을 올린다.

2.2. 제4-12장: 그리스도인들이 받고 있는 비난을 살펴본다.

유스티누스는 그리스도인들이 어떤 비난을 받고 있는지, 그리고 그
것이 합당한 비난인지를 검토할 것을 요청한다. 그리스도인들은 단지
그들이 그리스도인이라는 이유만으로 고발을 당하고 있는데, 범죄를
저지른 바 없는 이들을 단지 이름 때문에 처벌하는 것은 옳지 않다고
힘주어 말한다. 또한 그리스도인들은 신들을 섬기지 않는다는 비난을
받는데, 그들은 사람의 손으로 만든 우상을 섬기기를 거부할 뿐 하느님
을 공경하지 않는 것은 아님을 강조한다.

2.3. 제13-22장: 그리스도교 신앙의 여러 조목을 요약한다.

그리스도인들은 만물을 창조하신 하느님을 믿고 그 아드님이신 그
리스도를 통하여 하느님을 따른다고 밝힌 다음, 그리스도의 가르침들
을 제시한다. 먼저 정결, 인내와 봉사, 황제에 대한 존중 등의 윤리적 가
르침들을 주로 복음서들의 말씀을 인용하여 제시하고, 이어서 영원한

---

8 『첫째 호교론』 1.

생명, 육신의 부활, 영원한 단죄, 세상에 닥칠 심판의 불과 같은 종말론적 주제들을 다룬다.

2.4. 제23-60장: 그리스도교의 가르침을 다른 철학 사상들과 비교한다.

구약성경 특히 예언서들을 인용하면서, 그리스도교의 가르침이 다른 철학 사상들보다 더 역사가 오래되었다는 것을 밝힌다. 그리스도는 성령께서 예언자들을 통하여 예고한 분으로서, 참으로 하느님의 아드님이시다(제31-53장). 이교 신들에 관한 어떤 이야기들은 구약성경의 예언들을 곡해하여 생겨난 것이며, 플라톤도 구약성경에 의존한다고 논증한다(제54-58장).

2.5. 제61-67장: 세례와 성찬

그리스도교의 전례에 대해 기술한다. 특히 제61장에서는 세례에 관하여, 제65-67장에서는 성찬에 관하여 전하고 있는데[9] 이는 2세기 그리스도교 전례의 실상을 알려 주는 매우 중요한 자료다.

2.6. 제68장: 무죄한 사람들을 단죄하지 말 것을 요청한다.

그리스도인들을 위한 하드리아누스 황제의 서한도 첨부되어 있는데, 여기에서 황제는 그리스도인들이 법정에서 재판을 받아야 하며 그들이 법률을 어긴 사실이 확인될 때에만 그 경중에 따라 처벌해야 한다고 말한다.

---

9 이 단락은 매우 중요하여 별도로 번역되고 연구되었다. 이형우, "초기 교회의 성찬 이해", 『종교신학연구』 3 (1990) 62-63; 유충희, 『예수의 최후만찬과 초대교회의 성만찬』 (우리신학연구소 1999) 152-158.

3. 『둘째 호교론』의 내용

『둘째 호교론』은 구체적인 사건을 배경으로 한다. 160년경, 로마 시의 총독 우르비쿠스가 그리스도인 세 명을 단지 그들이 그리스도인이라는 이유만으로 처형했다. 유스티누스는 열다섯 장으로 된 이 책에서 먼저 그 사건을 서술하고, 그것이 부당함을 주장한다. 이 글의 수신인은 아마도 『첫째 호교론』의 경우와 동일할 것이다.

　짧은 책이고 주제가 반복되어 단락을 구분하기 어렵다. 처음부터, 잘못이 없는 사람을 그리스도인이라는 이유로 단죄해서는 안 된다는 언명이 나온다. 박해는 사람들이 덕스러운 삶을 추구하지 못하게 하려는 악한 영들의 사주로 일어나는 것이다. 그들은 그리스도인들만이 아니라 과거의 의인들에 대해서도 박해를 일으켰지만, 그리스도인들과 과거의 의인들은 영원한 생명을 누릴 것이고 악인들은 영원한 불의 심판을 받을 것임을 믿기에 죽음을 두려워하지 않고 박해에 굴하지 않는다.

　유스티누스는 『둘째 호교론』에서도, 그리스도교의 가르침이 다른 어떤 철학이나 인간적 가르침보다도 뛰어나다고 주장한다. 다른 사람들이 참된 것을 말했다면 이는 모두가 말씀(로고스)의 씨앗을 나누어 받았기 때문인데, 그 말씀은 우리 구원을 위하여 사람이 되신 예수 그리스도에게서 온전히 드러났다. 그렇기 때문에 그리스도인들은 박해를 받아도 그리스도에 대한 신앙을 고백하며, 목숨을 바쳐 영원한 구원을 얻는다.

4. 『첫째 호교론』과 『둘째 호교론』의 의의

2세기 중반의 그리스도교는 로마 제국의 박해와 이교인들의 오해 속에서 그 신앙의 정당성을 증명해야 했다. 그리스도인들은 로마의 공식 종교를 따르지 않는다는 이유로 박해를 받았을 뿐 아니라 사람의 살을 먹는다든가 근친상간을 범한다는 비난을 받기도 했으므로, 교부들은 교리와 그리스도인의 삶을 이교인들이 알아들을 수 있는 언어로 설명해야 했다. 이 시대의 교부들 가운데에서도 유스티누스는 그리스도인이 되기 전에 그리스 철학의 여러 학파들을 거쳤으므로 이교인들의 주장을 그들이 알아들을 수 있는 논리로 논박할 소양을 갖추고 있었다.

두 편의 『호교론』은 그리스도인을 위한 신학서나 교리서가 아니므로, 그리스도교 신앙의 모든 주제를 다루지는 않는다. 호교론적 입장에서 유스티누스에게 가장 중요한 주제는 철학자들이 말하는 진리와 그리스도교의 진리의 관계였다. 그는 요한 복음서에서 말하는 말씀*logos*이신 그리스도라는 개념으로 이를 설명한다.

말씀이신 그리스도는 창조 때부터 아버지 하느님과 함께 계셨고, 아버지는 그 말씀을 통하여 만물을 창조하셨다. 그 말씀은 구약의 예언자들에게 계시되었고, 인간의 구원을 위하여 사람이 되셨다. 그뿐 아니라, 그리스도 이전에 살았던 이들이나 이교인들이 진리를 말했다면 그것은 그들이 부분적으로나마 그 말씀을 알았기 때문이다. 인간은 말씀에 참여하는 그만큼 이성적이다. 인간 안에는 말씀의 씨앗이 뿌려져 있다. 유스티누스는 '씨앗을 주는 말씀'과 인간 안에 뿌려진 '말씀의 씨앗'을 분명히 구별한다. 인간은 그리스도께서 나누어 주신 그만큼 진리를 받아들일 수 있는 것이다.

　　그리스도교가 이교 철학보다 우월한 이유는 이교인들은 말씀 전체
를 알지 못하고 말씀의 씨앗을 통하여 희미하게 알았던 반면 그리스도
인들은 사람이 되신 말씀 안에서 진리를 온전히 알 수 있기 때문이다.
철학자들의 학설을 위해서는 아무도 목숨을 바치지 않는다. 그러나 그
리스도인들은 그리스도를 부인하기보다는 박해자들에게 죽임을 당한
다. 영원한 생명에 대한 믿음 때문이다.

　　이와 같이 그리스도 이전에 살았던 이들이나 이교인들 안에서 말씀
이신 그리스도께서 뿌리신 말씀의 씨앗을 알아보고 그 말씀에 따라 살
았던 이들을 그리스도인이라고 여겼던[10] 유스티누스의 전망은, 복음을
아직 받아들이지 않은 이들도 양심에 따라 살고 그들이 알지 못하는 하
느님을 찾는다면 어떤 방식으로든 하느님의 백성인 교회와 관련되어
있으며 그들이 지닌 좋은 것은 “모든 사람이 마침내 생명을 얻도록 빛
을 비추시는 분께서 주신 것이라고 생각”(「교회 헌장」 16)하는 제2차 바티
칸 공의회의 선언으로 이어진다. 그런데 이것은 동시에 매우 분명한 그
리스도 중심주의이기도 하다. 모든 진리는 그리스도로부터 오는 것이
고, 그리스도교의 가르침이 인간적인 철학을 능가한다고 설명하고 있
기 때문이다.

그 밖에도 여러 중요한 신학 주제들을 다룰 수 있겠지만, 제61-67장의
세례와 성찬에 대한 언급은 빠뜨릴 수 없다. 여기에서는 세례를 다시
태어나는 것(재생)이고 빛을 받는 것이라고 말하며, 세례를 받는 사람은
그리스도교의 가르침을 받아들이고 기도와 단식으로 죄의 용서를 청

10　『첫째 호교론』 46.

하며, 물에 세 번 씻김으로써 다시 태어난다. 세례를 받은 이는 형제들이 있는 곳으로 인도되고, 함께 기도하고 입맞춤으로 인사한 다음 빵과 물을 섞은 포도주로 성찬을 거행한다. 특별히 주일에 성찬 집회를 갖는 것은 그날이 하느님께서 세상을 창조하신 날이고 그리스도께서 부활하신 날이기 때문이다. 성찬에 참여하는 이들은 가진 것을 내놓아 곤궁한 이들을 도움으로써 나눔을 실천한다.

5. 『유대인 트리폰과의 대화』의 내용

『호교론』들이 주로 이교인들을 대상으로 한다면, 『유대인 트리폰과의 대화』는 최초로 유대교에 맞서 그리스도교를 옹호하는 저서다. 작품은 이틀간 유스티누스와 유대인 트리폰이 나눈 대화를 기록한 것으로 되어 있으나, 이는 실제 대화의 기록이라기보다는 문학적인 표현 방식일 것이다.[11]

서문에 해당하는 저서의 첫 부분이 유실되었고, 제74장에도 손실된 부분이 있다. 제141장에서 이 책이 마르쿠스 폼페이우스에게 헌정되었다고 하는 것으로 보아, 첫 부분에는 그에 대한 언급이 있었을 것으로 추정된다. 이어지는 본문에 따르면, 유대인들의 제2차 반로마 항쟁 이후의 시기에 유스티누스가 에페소에서 트리폰을 만나 대화를 시작하는 것으로 되어 있다. 만일 트리폰이 실존 인물이라면, 그는 반로마 항쟁 이후에 팔레스티나를 떠나 에페소로 피신한 유대인일 것이다.

---

11 이러한 문학 양식에 관해서는 H. R. 드롭너 『교부학』 하성수 옮김 (분도출판사 2001) 156-158 참조.

제74장에는 본문 일부가 빠져 있는데, 빠진 분량은 알 수 없다. 대략 같은 주제가 이어지는 것을 보아 손실된 부분이 적으리라고 생각하는 이들도 있으나, 상당한 분량이 손실되었다고 여기는 이들도 있다. 이 손실된 부분 이후에 그 전날의 대화에 함께 있지 않았다가 새로 참여하게 된 이들이 언급되고 그들을 위해 전날의 대화를 다시 요약하는 것을 보면, 이 부분에 첫날의 대화가 끝나고 다음 날 트리폰이 다른 이들과 함께 왔다는 내용이 들어 있었을 것이다. 이를 기준으로 하면 본문은 두 부분으로 나눌 수 있다. 제1-74장이 첫 날의 대화이고, 제75-142장이 둘째 날의 대화가 되는 것이다.

이와 달리 주제에 따라 단락을 구분하면 다음과 같다.

5.1. 제1-8장: 도입부. 유스티누스가 자신의 개종 과정을 설명한다.

유스티누스는 철학이 인간을 하느님께 이끌고 하느님과 결합시킨다고 믿었으나, 여러 철학 학파들은 그러한 철학 본연의 목적을 놓치고 있었다. 뿐만 아니라 유스티누스는, 인간 영혼이 자력으로 하느님을 볼 수 없다는 사실을 깨닫게 된다. 그는 하느님의 말씀을 들었던 예언자들을 통해서만 참된 진리를 알 수 있다는 말을 듣고, 예언자들을 통하여 그리스도에 대한 신앙에 이르게 된다. 유대인인 트리폰이 그러한 유스티누스에게 인간(예수)에게 희망을 두는 것은 하느님을 버리는 일이라고 말하자, 유스티누스는 트리폰과 대화를 시작한다.

5.2. 제9-47장: 유스티누스가 그리스도인들이 모세 율법을 준수하지 않는 이유를 설명한다.

트리폰은 그리스도인들이 할례와 안식일 같은 모세 율법의 규정들을 준수하지 않으면서 십자가에 못 박힌 인간을 믿는다고 비판한다. 이에 유스티누스는 유대인들의 하느님과 그리스도인들의 하느님이 오직한 분이신 같은 하느님이심을 인정하면서도, 구약의 율법은 일시적인 것이고 유대인들만을 대상으로 하는 것이라고 주장한다. 율법의 규정들은 과거 유대인들의 죄 때문에, 또는 그들이 우상 숭배에 빠지지 않도록 하기 위하여 제정된 것이었다. 이제 새 계약이 맺어졌고 구약에 예언된 그리스도께서 오셨으니, 구원은 오직 그분을 통하여 이루어질뿐 구약 율법을 준수함으로써 이루어지는 것이 아니다.

이와 더불어 유스티누스는, 구약의 여러 본문들이 유대인들이 생각하는 것처럼 이스라엘 역사상의 인물들에 관한 예언이 아니라 사람이되시고 돌아가시고 부활하신 예수 그리스도에 관한 것임을 설명하고, 구약성경 안에서 예수 그리스도의 여러 예표들을 지적한다.

5.3. 제48-108장: 예수가 참된 메시아임을 설명한다.

트리폰은 구약의 여러 본문들이 장차 올 메시아에 관한 것임을 알고있지만, 그리스도인들처럼 예수를 구약에 예언된 메시아로 인정하지는 않는다. 그는 예수를 그저 한 인간이라고 여기기 때문이다. 이에 유스티누스는 구약성경 안에 이미 그리스도가 두 번 오실 것이 예고되었음을 상기시키며, 그리스도가 첫 번째 오실 때에는 수난과 죽음을 당하실 것이고 두 번째 오실 때에는 영광스럽게 오시리라는 점을 지적한다. 또한 세례자 요한이 메시아에 앞서 오리라고 예언된 엘리야였으며, 이사야가 예언한 바와 같이 동정녀에게서 태어나신 그분이 바로 참된 메시아라고 역설한다. 특히 십자가에 처형된 이가 메시아일 수 없다고 주장하는 트리폰에게 유스티누스는, 구약성경에 십자가에 대한 예표들이 있음을 밝히고 시편 제22편을 예수 그리스도에 비추어 설명한다.

5.4. 제109-141장: 그러므로 그리스도인들이 참으로 하느님의 약속을 상속받는다.

유스티누스는 모세의 후계자인 여호수아에 관하여 책 전체에서 여러 차례 언급한다. 이는 여호수아, 예수아, 예수가 그리스어로는 모두 같은 이름이기 때문이다. 그에 따르면, 이스라엘 백성을 약속된 땅으로 이끌고 백성이 그 땅을 상속 재산으로 차지하게 한 것은 모세가 아니라 그의 후계자인 여호수아였다. 이 여호수아는 예수라는 이름을 지닌 그리스도의 예표이며, 그분을 믿는 이들은 참된 아브라함의 후손이요 하느님의 백성으로서 하느님의 약속을 상속받는다. 유대인들이 아닌 이방인들이 하느님의 백성이 되리라는 것 역시 구약에서 이미 예고된 바이다.

5.5. 제142장: 끝맺음.

유스티누스가 배를 타고 떠나야 했으므로 트리폰은 그와 작별한다. 유스티누스는 트리폰에게, 유대교의 스승들을 따르기보다 전능하신 하느님의 그리스도를 따르라고 권고하며 그것이 인간이 깨달음을 얻는 길이라고 한다.

6. 『유대인 트리폰과의 대화』의 의의

이 책의 첫 부분에서 서술하듯이 유스티누스가 철학을 거쳐 그리스도교에 입문하게 된 점이나 그가 자신을 계속 철학자로 이해했던 것은 유스티누스 시대와 그 이후의 이교인들과 대화하는 호교론을 위한 바탕이 된다. 그러나 그가 구약의 예언자들을 통하여 그리스도교 신앙을 받아들이게 되었다는 점은 몹시 특이하다. 이는 유대교의 구약 해석과 구별되는 구약성경에 대한 그리스도교적 해석을 전제하기 때문이다.

다른 호교론들과 구별되는 『유대인 트리폰과의 대화』의 특징은 바로 이러한 구약 해석에 있다. 트리폰은 유스티누스와 구약성경을 놓고 토론한다. 트리폰은 구약성경을 읽으면서도 예수를 그리스도로 받아들이지 않고, 유스티누스는 구약성경을 통하여 그분이 그리스도이심을 깨닫는다.

같은 본문들을 성경으로 받아들이면서도 유대교의 해석에서는 이를 나자렛 예수에 대한 말씀으로 이해하지 않고, 그리스도교의 해석에서는 같은 이 책들이 그가 하느님의 그리스도임을 증언한다고 보는 근거는 무엇인가? 유스티누스와 트리폰의 대화는 2세기 그리스도교 교부와 유대인의 대화를 통해 유대인의 입장에서 특별히 받아들이기 어려운 요소들이 무엇이었는지, 그리고 당시 그리스도인들은 자신의 구약 해석을 어떻게 정당화했으며 유대인들이 하느님으로 인정할 수 없었던 나자렛 예수의 신성을 어떻게 구약에 근거해 설명했는지 보여 준다.

현대 그리스도교의 구약 해석은 유스티누스의 해석과는 적지 않은 차이가 있다. 근대 이후의 성서 해석에서는, 교부들과 달리 구약 본문들의 일차적 의미가 그리스도론적 해석에 있다고 보지는 않는다. 본문이 작성된 시대에 저자가 표현하려 했던 것이 본문의 일차적 의미라고 보기 때문이다. 또한 유대교 스승들의 해석을 어리석다고 말하며 거부했던 유스티누스의 입장과는 달리, 현대의 가톨릭 성경 해석에서는 유대교 구약 해석이 나름대로 지니는 정당성을 인정한다. 이는 기본적으로, 유대교와 그리스도교의 정경 범위가 다르므로 구약 성경이 서로 다른 맥락 안에서 이해된다는 데에 기인한다.

그러나 여기에서 멈추지는 않는다. 그리스도교의 정경 범위가 유대교의 정경 범위와 다르고 각각 그 정경의 맥락에서 구약을 해석한다는 같은 근거에서, 그리스도인은 신약에 비추어 구약을 읽을 수 있음을 설명하는 것이다. 그리스도인들은 그리스도 안에서 이루어진 성취를 출발점으로 하여, 구약을 이러한 완성을 향한 한 단계로 바라보기 때문이다. 이렇게 하여, 구약의 본문은 경우에 따라 저자가 생각하지 않았던 새로운 의미를 성경 전체의 맥락 안에서 새롭게 지닐 수 있게 된다.[12]

예를 들면 이사야서 7장의 임마누엘 예언에 관하여, 현대의 일반적인 해석에서는 (트리폰이 주장하듯이) 이사야서의 본문이 '동정녀'가 아닌 '젊은 여인'에 대해 말하고 있으며 태어날 아기는 일차적으로 히즈키야를 가리킨다는 것을 인정한다. 그러나 성경 전체의 일관성이라는 원칙에 따라 구약과 신약 전체가 하나의 책으로서 그리스도교의 성경을 구성한다는 점을 근거로, (유스티누스가 주장하듯이) 이 예언이 신약에 이르러 예수 그리스도의 동정 잉태에서 더 충만하게 실현되었음을 알아본다. 구약의 다른 많은 본문에 대해서도 마찬가지로 말할 수 있다. 고전적 형태의 역사비평을 넘어서고자 하는 근래의 가톨릭 성경 해석에서는 이 두 가지 의미가 모두 성경 본문 안에 들어 있음을 강조하고 있으며, 이에 따라 성서 해석에 있어 구약과 신약의 관계, 구약의 그리스도론적 해석 그리고 여기에 많은 빛을 비추어 주는 교부들의 성

12　이 주제에 관해서는 교황청 성서위원회의 문헌 「그리스도교 성경 안의 유다 민족과 그 성서」에서 상세하게 다룬다.

경 해석이 관심사로 부각되고 있다.

이러한 관점에서 본다면 『유대인 트리폰과의 대화』는 유대교와 그리스도교 사이의 (극복되어야 할) 대립만을 보여 주는 책이 아니라 그리스도교의 고유한 구약 해석을 위한 근거를 보여 주는 책이며, "유대인들에게는 걸림돌이고 다른 민족들에게는 어리석음"인 "십자가에 못 박히신 그리스도"(1코린 1,23)에 대한 믿음의 근거를 바로 구약성경으로부터 제시해 주는 책이다.

7. 편집본

그리스어 원전

『첫째 호교론』

Apologia I pro christianis, PG (= Patrologia Graeca) 6,327-440.

『둘째 호교론』

Apologia II pro christianis, PG 6,439-470.

『유대인 트리폰과의 대화』

Dialogus cum Tryphone Iudaeo, PG 6,469-800.

8. 현대어 번역

영어

A. Cleveland Coxe, *The Apostolic Fathers, Justin Martyr and Iraenaeus*

(Ante-Nicene Fathers 1) (Grand Rapids, Michigan: WM. B. Eerdmans Publishing Company, 1987).

Thomas B. Falls: FOTC 6 = *Writings of Saint Justin Martyr* (Washington: The Catholic University of America, 1948).

이탈리아어

『첫째 호교론』,『둘째 호교론』

C. Burini (ed.), *Gli apologeti greci* (Collana di testi patristici 59) (Roma: Città Nuova 1986) 61-167.

『트리폰과의 대화』

S. Giustino, *Dialogo con Trifone*, tr. G. Visonà (Milano: Edizioni Paoline, 1988).

9. 참고문헌

H. R. 드롭너『교부학』하성수 옮김 (분도출판사 2001)

B. 몬딘『신학사 1』조규만 외 옮김 (가톨릭출판사 2009)

배승록『교부와 교회』(대전 가톨릭대학교 출판부 2005)

첫째 호교론

제1장

1. 바키우스의 손자이며 프리스쿠스의 아들로서 시리아-팔레스티나[1]의 플라비아 네아폴리스 출신인 나 유스티누스는, 티투스 아일리우스 하드리아누스 안토니누스 피우스 황제와 그 아드님이신 철학자 베리시무스[2]께, 그리고 부황제의 친아드님이고 피우스 황제의 양아드님이시며 학문을 사랑하시는 철학자 루키우스께, 신성한 원로원과 로마의 모든 백성께, 모든 민족 가운데 부당하게 미움을 받고 박해를 받는 이들 가운데 한 사람으로서 그들을 대신하여 이 탄원을 올립니다.

제2장

1. 이성은 참으로 경건하고 철학적인 이들에게, 전통적인 견해들이 그릇된 것이라면 그것을 따르지 말고 오직 참된 것만을 공경하고 사랑하라고 명합니다. 올바른 이성은 우리에게 그릇된 것을 행하거나 가르친 이들의 인도를 따르지 말라고 할 뿐만 아니라, 진리를 사랑하는 사람은 죽음으로 위협받는다 하더라도 자신의 목숨에 앞서 올바른 것을 행하고 말해야 한다고 지시합니다.

2. 여러분은 경건한 이들이고 철학자들이며, 정의의 수호자들이고 가르침을 사랑하는 이들이라고 일컬어지는 분들입니다. 참으로 그러하다면 그것이 입증될 것입니다.

3. 우리는 이 글로 여러분에게 아첨하려는 것도 아니고, 우리의 탄원

---

1 팔레스티나는 시리아의 남쪽 부분에 해당한다. 하드리아누스가 유대인의 폭동을 진압한 뒤 유대아는 로마의 지방인 시리아-팔레스티나로 불렸다.

2 마르쿠스 아우렐리우스 안토니누스의 이름은 안토니누스 피우스에게 입양되기 이전에 마르쿠스 안니우스 베루스였다. 평생 철학적 진리를 추구하는 이에게 어울리는 마지막 이름('진실한')이 함축하고 있듯이, 하드리아누스는 그를 베리시무스라고 부르곤 하였다.

으로 호의를 얻으려는 것도 아닙니다. 다만 여러분이 편견에 의해서나 아니면 미신을 섬기는 사람들을 기쁘게 하기 위해서, 또는 비이성적인 충동이나 오랫동안 있어 온 나쁜 소문들에 좌우되어 여러분 자신을 거스르는 결정을 내리지 않고, 자세히 살펴 조사해 본 다음에 판결을 내려 주시기를 청하고자 합니다.

4. 우리는, 우리가 악행을 저지르는 이들로 밝혀지거나 악인들로 입증되지 않는 한 어떤 해악도 당해서는 안 된다고 믿습니다. 여러분은 우리를 죽일 수 있지만, 우리에게 해를 입히지는 못합니다.

제3장

1. 하지만 아무도 이것이 부조리하고 무모한 말이라고 여기지 않도록, 우리는 그리스도인에 대한 비난을 검토하고 그것이 사실에 부합한다고 입증된다면 그들이 벌을 받는 것이 옳다고 생각합니다. 반면 아무것도 증명할 수 없다면, 참된 이성은 무죄한 사람을 나쁜 소문 때문에 부당하게 다루는 것을 허락하지 않을 것입니다. 그것은 분별의 판단을 따르지 않고 비이성적인 충동에 따라 판단하는 부당한 행동입니다.

2. 슬기로운 사람이라면, 통치를 받는 이들이 자신의 행위와 말을 흠 없이 판단받고, 통치자들은 폭력이나 폭정으로써가 아니라 신심과 철학에 따라 판단하는 것이 아름답고 옳은 일이라 동의할 것입니다. 이는 통치자들에게도 통치를 받는 이들에게도 유익한 일입니다.

3. 옛사람 가운데 누군가가 이렇게 말했습니다. "통치자들과 통치를 받는 이들이 철학자가 아닐 때, 국가는 행복할 수 없다."[3]

---

3 플라톤 『국가』 5,18 참조.

4. 그러므로 우리의 임무는, 모든 이가 우리의 삶과 우리의 가르침을 알 수 있게 하여, 우리에 대해 알지 못하는 이들의 눈멂으로 인한 처벌을 우리가 받지 않게 하는 것입니다. 그리고 여러분의 임무는, 이성의 요구에 따라, 우리에게 귀를 기울여 여러분이 훌륭한 재판관들임을 보여 주는 것입니다.

5. 여러분이 진실을 알고도 정의에 따라 행하지 않는다면, 하느님 앞에서 변명할 수 없을 것입니다.

제4장

1. 어떤 이름을 사용하는 것 자체는, 그 이름에 어떤 사실들이 내포되어 있지 않다면, 선도 아니고 악도 아닙니다. 또한 우리가 비난을 받는 그 이름으로 볼 때에는 우리는 가장 훌륭한 이들입니다.

2. 그러나 한편으로 우리에게 죄가 있다고 증명된다면 우리가 이름 때문에 석방되기를 원하지 않듯이, 다른 한편으로 우리가 불리는 이름 때문에 그리고 우리가 시민으로서 살아가는 방식 때문에 악을 저지르는 것이 아니라면, 여러분은 잘못이 입증되지 않은 이들을 부당하게 벌함으로써 스스로 벌을 불러오는 일이 없도록 노력해야 할 것입니다.

3. 행위로써 어떤 것의 선함 또는 악함이 입증되지 않는다면, 이름 때문에 칭찬이나 비난을 받는 것은 불합리합니다.

4. 여러분은 여러분 가운데에서 고발된 모든 이의 죄가 확인되기 전에는 그들을 벌하지 않습니다. 그런데 우리에 대해서는, 여러분은 이름을 증거로 여깁니다. 이름과 관련해서는 오히려 우리를 고발하는 이들을 벌해야 할 터인데 말입니다.

5. 우리는 그리스도인이라고 해서 고발을 당합니다. 하지만 훌륭한

것을 미워하는 것은 옳지 않습니다.

6. 또한 고발된 이들 가운데 누가 자신은 그리스도인이 아니라고 말하기만 하면, 여러분은 마치 그를 죄인으로 고발할 증거가 없는 듯이 그를 석방합니다. 반면 어떤 사람이 스스로 그리스도인임을 인정하면 여러분은 그가 인정했다는 이유로 그를 처벌합니다. 그러나 필요한 것은 인정하는 사람이든 부인하는 사람이든 그의 삶을 살펴보아, 각자가 어떤 사람인지 행위를 통하여 밝혀지도록 하는 것입니다.

7. 스승이신 그리스도로부터 그분을 부인하지 말라고 배운 이들 가운데 더러는 조사를 받을 때에 좋은 모범을 보입니다. 그러나 더러는 악하게 살아감으로써 무차별적으로 모든 그리스도인을 불경하고 불의하다고 고발하려 하는 이들에게 빌미를 제공합니다.

8. 이것 역시 옳지 않습니다. 철학에 있어서도, 철학자라는 이름만 걸어 놓고 철학자의 옷차림을 하고 다니지만 그러한 직업에 합당한 일은 전혀 하지 않는 이들이 있습니다. 여러분은, 옛사람들 가운데 서로 대립되는 이론을 고백하고 가르친 이들도 철학자라는 하나의 이름으로 불렸다는 것을 알고 있습니다.

9. 그들 가운데 어떤 이들은 무신론을 가르쳤습니다. 그리고 시인들은 제우스가 그 아들들과 함께 방탕한 짓을 했다고 선포합니다. 그런데도 여러분은 그들의 가르침을 따르는 이들을 멀리하지 않고, 오히려 아름다운 말로 신들을 모욕하는 이들에게 상과 영예를 줍니다.

제5장

1. 이것은 무엇을 뜻하겠습니까? 우리는 어떤 악도 범하지 않고 그러한 무신론적인 가르침을 따르지도 않는다고 고백합니다. 그런데도

여러분은 고발을 검토하지도 않고, 악령들의 부추김으로 비이성적인 감정에 따라 재판도 숙고도 없이 우리를 단죄합니다.

2. 그러나 진리는 밝혀질 것입니다. 옛날에 악령들이 나타나 여자들을 범하고 소년들을 타락시키며 남자들에게 무서운 것을 보여 주어, 그들이 공포에 빠져 이성의 빛으로 사실을 파악하지 못하게 했습니다. 그래서 그들은 그것들이 악령임을 알지 못하고 신들이라 여기며 악령 각자가 택한 이름으로 불렸습니다.

3. 소크라테스가 참되고 분별 있는 말로 이를 밝히고 사람들을 악령들로부터 구해 내려 했을 때, 이 악령들은 악을 즐기는 사람들을 통하여 그를 무신론자이며 불경한 사람이라고 하여 죽임을 당하게 했습니다. 그들은 그가 새로운 악령들을 끌어들이려 한다고 주장했습니다. 그들은 우리에게도 마찬가지로 하고 있습니다.

4. 로고스께서는 그리스인들 사이에서만 소크라테스를 통해서 이를 논박한 것이 아니었습니다. 이민족들 사이에서도 직접 형상을 취하고 사람이 되어 예수 그리스도라 불렸던 로고스가 이들을 논박했습니다. 그분을 믿는 우리는, 그러한 일을 했던 영들이 올바르지 않을 뿐만 아니라 악하고 불경한 영들이라고 말합니다. 그들의 행위는 덕을 사랑하는 사람의 행위와 비교할 바가 되지 못하기 때문입니다.

제6장

1. 이 때문에 우리는 무신론자들이라고 일컬어집니다. 여러분이 신이라고 하는 이들에 대해서는 우리는 무신론자임을 인정합니다. 그러나 정의와 지혜와 모든 덕의 아버지이며 악이라고는 없으신 지극히 참되신 하느님에 대해서는 그렇지 않습니다.

2. 우리는 그분을, 그리고 그분으로부터 오셨고 우리에게 이 가르침을 주신 아드님을, 그리고 그분을 따르며 그분을 본받는 다른 선한 천사들의 무리를, 그리고 예언의 영을 공경하고 경배합니다. 우리는 이성과 진리로 이들을 공경하며, 우리가 배운 것을 배우고자 하는 모든 이에게 너그럽게 그것을 전해 줍니다.

제7장

1. 하지만 누군가는, 이미 체포된 이들 중에 악행을 저지른 자로 밝혀진 이들도 있다고 말할 것입니다.

2. 여러분은 고발된 이들의 삶을 조사하고는 많은 이를 단죄합니다. 하지만 먼저 유죄판결을 받은 사람 때문에 그를 단죄하지는 않습니다.

3. 우리는 이 점을 인정합니다. 그리스인들 가운데 자신의 마음에 드는 학설을 가르치는 이들이 서로 반대되는 이론을 펼치더라도 철학자라는 하나의 이름으로 불리듯이, 이민족들 가운데 지혜롭게 살았고 지혜롭게 가르쳤던 이들은 모두 하나의 공통된 이름으로 불립니다. 그들은 모두 그리스도인이라고 일컬어집니다.

4. 그러므로 우리는, 여러분 앞에 고발된 모든 이의 행위를 조사하여 죄인으로 밝혀진 이는 그가 그리스도인이기 때문이 아니라 악행을 저질렀기 때문에 벌을 받도록 하는 것이 옳다고 생각합니다. 어떤 사람이 죄가 없는 것이 명백하면, 악행을 범하지 않은 그리스도인인 그를 석방하게 하십시오.

5. 우리는 우리를 고발한 이들이 벌 받기를 요구하지는 않습니다.[4]

---

4 일반적으로 로마 제국의 형법과 하드리아누스 황제의 칙령에 따라 그리스도인들은 허위 고발자들에 대한 처벌을 요구할 수 있었다.

그들은 자신 안에 악의를 지니고 있고 선을 알지 못한다는 것으로 충분히 벌을 받고 있기 때문입니다.

제8장

1. 우리가 이런 말을 하는 것은 여러분을 위해서라는 것을 아십시오. 우리는 재판정에서 [그리스도인이라는 사실을] 부인할 수도 있기 때문입니다.

2. 하지만 우리는 거짓말을 해서 목숨을 구하고 싶지 않습니다. 우리는 영원하고 순수한 삶을 갈망하며, 만물의 아버지이며 창조주이신 하느님과 함께 살게 되기를 열망합니다. 우리는, 하느님께 자신의 행실로 그분을 따른다는 것과 더 이상 악이 지배하지 못하는 곳에서 그분과 함께 살기를 갈망함을 드러낸 이들이 그것을 얻을 수 있다는 것을 확신하고 신뢰하면서 신앙을 고백합니다.

3. 한마디로 말해서 이것이 우리가 그리스도께 기대하며 그분으로부터 배운 것이고 우리가 가르치는 것입니다.

4. 마찬가지로 플라톤은, 라다만토스와 미노스가 그들 앞으로 오는 악인들을 벌할 것이라고 말하곤 했습니다. 우리도 같은 일이 일어나리라고 말하지만, 그 일은 그리스도에 의해서 이루어질 것이고, 플라톤이 생각한 것처럼 천 년 동안 지속되는 것이 아니라 영원한 벌을 받을 그들의 영혼과 결합된 그들 자신의 육체 안에서 이루어질 것입니다.

5. 그러므로 만일 어떤 사람이 이것을 믿을 수 없다거나 있을 수 없는 일이라고 한다면, 우리의 오류는 우리가 어떤 잘못을 범했다고 입증되지 않는 한 우리하고만 상관있고 다른 이들과는 관련 없는 것입니다.

제9장

1. 하지만 우리는 사람들이 만들어서 신전에 갖다 두고 신이라고 부르는 것들에게 제사나 화관을 바침으로써 그것들을 섬기지는 않습니다. 우리는 그것들이 영혼이 없고 죽은 것이며 하느님의 형상을 지니지 않았고 (우리는 하느님이, 어떤 이들이 그분을 기리기 위하여 본떠 만들었다고 하는 그런 형상을 지니셨다고 생각하지 않습니다), 과거에 나타났던 악령들의 이름과 형상을 지니고 있다는 것을 압니다.

2. 기술자들이 깎고 자르고 주조하고 망치질하면서 어떻게 재료를 다루는지 여러분이 이미 잘 알고 있습니다. 그런데 우리가 여러분에게 무슨 말을 더할 필요가 있겠습니까?(참조: 이사 44,9-20; 예레 10,3). 그들은 보잘것없는 기물을 그저 형태와 모양을 바꾸어 놓고는 신이라고 내놓습니다.

3. 이는 비이성적일 뿐만 아니라 하느님을 거스르는 짓이라고 우리는 여깁니다. 형언할 길 없는 영광과 모습을 지니신 하느님의 이름을 썩어 없어질 것이며 돌봄을 필요로 하는 물건에 갖다 붙이는 것이기 때문입니다.

4. 그러한 기물들을 만드는 기술자들이 방탕하고 온갖 악습에 젖어 있다는 것을 (하나하나 열거하지는 않겠습니다) 여러분은 잘 알고 있습니다. 그들은 함께 일하는 젊은 여종들도 타락시킵니다.

5. 그런 방탕한 자들에게 공경할 신을 빚어 만들고 또 그것들이 놓일 신전을 지키도록 지명하니 이 얼마나 어리석은 일입니까! 애초에 인간이 신들을 지킨다고 말하는 것 나아가 그렇게 생각하는 것부터가 말이 안 된다는 것을 그들은 깨닫지 못하고 있습니다.

제10장

1. 그러나 하느님께서는 사람들이 바치는 물질적인 봉헌물을 필요로 하지 않으신다는 것을 우리는 배웠습니다. 모든 것을 그분께서 마련하시기 때문입니다. 그분께서는 당신 안에 있는 선, 곧 절제, 정의, 인간애 그리고 당신의 고유한 모든 것을 본받는 이들만을 받아들이신다는 것을 우리는 배웠고 확신하고 믿습니다. 하느님은 인간이 그분을 일컫는 이름으로도 불리는 분이 아니십니다.

2. 또한 우리는 그분께서는 선하신 분으로서 태초에 형태 없는 물질로부터 만물을 인간을 위해 만드셨다고 배웠습니다. 그리고 인간이 하느님의 뜻에 맞갖은 행위를 보여 드린다면, 부패와 고통을 벗어나게 되고 그분과 함께 다스리며 그분과 함께 살게 되리라고 배웠습니다.

3. 우리는, 처음에 그분께서 존재하지 않던 우리를 만들어 내셨듯이, 그분께서 기뻐하시는 것을 선택하는 이들은 불멸을 얻고 그분과 함께 있기에 합당하다고 여겨지게 된다고 생각합니다.

4. 존재하기 시작한 것은 우리에게 달린 일이 아니었습니다. 그러나 그분께서 우리에게 선사하신 이성적 능력으로 그분 마음에 드는 것을 선택하여 따르는 것은, 그분께서 우리에게 확신하게 하시는 것이며 우리를 믿도록 이끄시는 것입니다.

5. 그리고 우리는, 이 가르침을 배우는 데에 방해를 받지 않고 오히려 촉구를 받는 것이 모든 이에게 유익하다고 생각합니다.

6. 악령들이 모든 사람 안에서 온갖 악습을 일으키는 나쁜 욕망들과 손을 잡고 거짓되고 불경한 비난들을 뿌려 놓지 않았더라면, 인간의 법들이 할 수 없었던 것을 신적인 로고스께서 이루셨을 것입니다. 하지만 그 비난들 가운데 어떤 것도 우리와 상관이 없습니다.

제11장

1. 여러분은 우리가 나라를 기다리고 있다는 말을 듣고는 따져 보지도 않고, 우리가 어떤 인간 왕국에 대해 말한다고 추측했습니다. 하지만 그것은 우리가 하느님과 함께 있는 나라를 말하는 것입니다. 이는, 심문을 받는 이들이 그리스도인이라고 고백하면 사형이 내릴 것임을 알면서도 그렇게 고백을 하는 데에서 확인됩니다.

2. 우리가 인간들의 나라를 고대한다면 우리는 죽임을 당하지 않기 위해서 그리스도인임을 부인할 것이고, 우리가 바라는 바를 이루기 위하여 숨어 살려고 할 것입니다. 하지만 우리는 현세에 희망을 두고 있지 않으므로, 사람들이 우리를 죽이든 말든 마음 쓰지 않습니다. 죽음이란 피할 수 없는 것이기 때문입니다.

제12장

1. 우리는 그 어떤 사람들보다 평화를 위해 여러분과 협력하고 결속합니다. 우리는 악인이나 탐욕스런 사람, 음모를 꾸미는 사람, 나아가 덕스러운 사람도 하느님의 눈을 피할 수 없으며 각자가 자신의 행위에 따라 영원한 벌이나 구원을 향해 가게 되어 있다고 생각하기 때문입니다.

2. 모든 사람이 이 진리를 안다면, 그것이 불로 영원한 벌을 받는 길임을 알기에 아무도 잠시라도 악을 선택하지 않을 것입니다. 오히려 온갖 방법으로 수련을 하고 덕으로 자신을 꾸미며, 하느님으로부터 오는 좋은 것들을 받고 벌에서 멀어지려고 할 것입니다.

3. 여러분이 제정한 법률 때문에 숨어서 악을 범하는 이들은 — 그들이 악을 범하는 것은, 인간인 여러분의 눈을 피할 수 있음을 알기 때문입니다 — 실제로 행한 것이든 생각만 한 것이든 아무것도 하느님을 피

할 수는 없다는 것을 깨닫고 확신한다면, 위로부터 오는 벌의 경고 때문에라도 모든 면에서 정직한 시민들로 살아갈 것입니다. 여러분도 이것은 인정할 것입니다.

4. 그런데 여러분은 모든 사람이 올바르게 행동하고, 그래서 더 이상 벌할 사람이 없게 되는 것을 두려워하는 것 같습니다. 그것은 사형 집행인의 걱정거리여야지, 의로운 통치자의 걱정거리여서는 안 됩니다.

5. 앞에서도 말했듯이, 우리는 이것도 악령들이 하는 짓이라고 생각합니다. 그것들은 이성을 따르지 않는 이들에게서도 제사와 경배를 받으려 합니다. 하지만 경건함과 철학적 정신을 추구하는 여러분이 이성에 어긋나는 행동을 하리라고는 생각하지 않습니다.

6. 그러나 여러분이 분별없는 사람들처럼 진리보다 관습을 중요시한다면, 여러분이 할 수 있는 것을 해 보십시오. 하지만 통치자들이 대중의 평판을 진리보다 앞세운다면 그들이 지닌 힘은 광야의 강도들이 지닌 힘과 다를 바 없습니다.

7. 로고스께서는 여러분이 그런 제사로 좋은 성과를 거두지 못하리라는 것을 보여 주십니다. 우리는 로고스를 낳으신 하느님보다 더 왕답고 의로운 통치자는 없다는 것을 압니다.

8. 아무도 아버지로부터 가난이나 고통이나 불명예를 물려받고 싶어 하지 않듯이, 지각 있는 사람은 로고스께서 선택하지 말라고 하시는 것을 선택하지 않을 것입니다.

9. 저는 이 모든 일이 일어나리라고 우리의 스승, 만물의 아버지이며 주님이신 분의 아들이며 사도이신 예수 그리스도께서 예고하셨다는 것을 말할 수 있습니다. 우리는 그리스도인이라는 이름도 그분에게서 받았습니다.

10. 그러므로 우리는 그분께서 우리에게 가르치신 모든 것을 더욱 확신하게 됩니다. 그분께서 앞으로 일어나리라고 예고하신 모든 일이 실제로 일어나기 때문입니다. 어떤 일이 일어나기 전에 예고하고 그 예고가 실제로 이루어지는 것을 보여 주는 것은 실로 하느님만이 하실 수 있는 일입니다.

11. 우리가 의롭고 참된 것을 요청하고 있으니, 여기에 다른 무엇을 덧붙이지 않고 그칠 수도 있을 것입니다. 하지만 무지에 사로잡혀 있는 영혼이 갑자기 바뀌기는 쉽지 않다는 것을 알기에, 우리는 진리를 사랑하는 이들을 설득하기 위하여 몇 가지 논거를 더하고자 합니다. 우리는, 무지에 진리를 맞세움으로써 무지를 물리치는 것이 불가능하지 않다는 것을 알기 때문입니다.

제13장

1. 정신이 올바른 사람이라면 누구나 우리가 무신론자가 아니라는 것을 인정할 것입니다. 우리는 만물의 창조주를 공경하고, 우리가 배운 대로 그분은 피와 제주와 향을 필요로 하지 않으신다고 말하며, 우리에게 주어지는 모든 것에 대하여 온 힘을 다하여 기도와 감사로 그분을 찬양합니다. 우리는, 그분께 합당한 공경은 우리에게 주어지는 것을 불로 태우는 것이 아니라 그것을 우리 자신과 그것을 필요로 하는 이들을 위하여 사용하는 것이라고 배웠습니다.

2. 우리를 창조하심에 대하여, 우리의 건강을 지켜 주심에 대하여, 온갖 다양한 산물들에 대하여, 그리고 계절의 변화에 대하여 우리는 찬양과 찬가로 그분께 감사를 드리며, 그분께 대한 믿음을 통하여 우리가 영원한 삶을 누리며 살게 되기를 그분께 청하며 기도합니다.

3. 우리는 우리에게 이를 가르쳐 주신 스승 예수 그리스도를 합당하게 공경한다는 것을 증명할 것입니다. 그분은 이를 위하여 태어나셨고, 티베리우스 황제 시대 유대아 총독 본시오 빌라도 아래에서 십자가에 못 박히셨습니다. 우리는 그분이 참된 하느님의 아드님이심을 배웠고, 그분을 두 번째로 공경하며, 세 번째로는 예언의 영을 공경합니다.

4. 그들은 만물의 창조주이신 변함없고 영원하신 하느님 다음으로 십자가에 달린 인간에게 두 번째 자리를 부여한다는 점에서 우리가 미쳤다고 여깁니다. 그들은 그 안에 있는 신비를 알지 못하기 때문입니다. 우리가 이를 설명하고자 하니, 여러분은 잘 살펴보시기 바랍니다.

제14장

1. 무엇보다 먼저, 우리가 앞에서 고발했던 악령들의 속임수에 넘어가지 않도록, 그리고 우리가 여러분에게 하는 말을 알고 이해하는 것을 그들이 방해하지 못하도록 주의하십시오. 악령들은 여러분을 노예와 종으로 만들려고 애씁니다. 그들은 때로는 꿈 속에 나타나서, 때로는 간교한 마술로, 자신의 구원을 위하여 분투하지 않는 모든 이를 종속시키려 합니다. 우리는 로고스를 믿게 된 후로 그들에게서 멀어졌고, 홀로 태어남을 받지 않으신 하느님을 그분의 아드님을 통하여 따릅니다.

2. 이전에는 방탕함을 즐겼던 우리가 이제는 절제만을 갈망합니다. 이전에는 마법의 기술을 썼던 우리가 이제는 선하시며 낳음을 받지 않으신 하느님께 우리를 바칩니다. 부와 재산을 얻는 것을 무엇보다 중시했던 우리가 이제는 우리가 가진 것을 공유하고 곤궁한 모든 이와 그것을 나눕니다.

3. 서로 미워하고 죽이며, 종족이나 관습이 다른 이들과 함께 살지

않으려 했던 우리가 그리스도께서 나타나신 후에는 그들과 함께 먹고, 원수를 위하여 기도하고, 부당하게 우리를 미워하는 이들이 그리스도의 좋은 계명들을 따라 살아 만물의 지배자이신 하느님께 우리와 함께 같은 상급을 받도록 그들을 설득합니다.

4. 그러나 우리가 여러분에게 궤변을 늘어놓는 것으로 보이지 않도록, 우리는 그 증명을 하기 전에 그리스도의 몇 가지 가르침을 언급하는 것이 좋으리라고 생각합니다. 우리가 배우고 가르친 것이 참된 것인지 검토하는 것은 강력한 임금들인 여러분의 임무입니다. 그분의 말씀들은 짧고 간략합니다. 그분은 궤변가가 아니셨으며, 그분의 말씀은 하느님의 힘이었습니다.

제15장

1. 그분께서는 정결과 관련하여 이렇게 말씀하셨습니다. "음욕을 품고 여자를 바라보는 자는 누구나 이미 하느님 앞에서 마음으로 그 여자와 간음한 것이다"(마태 5,28 참조).

2. 또 "네 오른눈이 너를 죄짓게 하거든 그것을 빼어 던져 버려라. 눈 하나를 가지고 하늘 나라에 들어가는 것이 두 눈을 가지고 영원한 불에 던져지는 것보다 낫다"(마태 5,29 참조)라고 하셨으며

3. "다른 남자에게 버림받은 여자와 혼인하는 자는 간음하는 것이다"(마태 5,32 참조)라고 하셨는가 하면

4. "사람들 손에 고자가 된 이들도 있으며, 고자로 태어난 이들도 있고, 하늘 나라 때문에 스스로 고자가 된 이들도 있다. 그러나 모두가 이를 받아들일 수 있는 것은 아니다"(마태 19,12 참조)라고도 하셨습니다.

5. 인간의 법에 따라 두 번 혼인을 하는 이들도 우리 스승님 앞에서

는 음욕을 품고 여자를 바라보는 이들과 마찬가지로 죄인들입니다. 그분은 실제로 간음하는 사람만이 아니라 간음을 범하고 싶어 하는 사람도 거부하십니다. 하느님께는 우리의 행동만이 아니라 지향들도 명백히 드러나기 때문입니다.

6. 어릴 때부터 그리스도의 가르침을 받은 많은 남녀들은, 육십 또는 칠십 세가 될 때까지도 순결을 지킵니다. 저는 모든 종족에 그런 이들이 있다는 것을 여러분에게 자랑합니다.

7. 전에 방탕한 습관을 지녔다가 이러한 것들을 배우고 변화한 헤아릴 수 없이 많은 이들에 대해서 여기서 굳이 말할 필요가 있겠습니까? 그리스도는 의인들이나 절제하는 이들이 아니라, 불경한 이들과 방탕한 이들과 불의한 이들을 회개하라고 부르셨습니다.

8. 그래서 그분은 "나는 의인이 아니라 죄인이 회개하도록 부르러 왔다"(마태 9,13 참조)라고 하셨습니다. 하늘에 계신 아버지께서는 죄인의 처벌보다 그의 회개를 원하십니다.

9. 모든 이를 사랑하는 것에 관해서는 이렇게 가르치셨습니다. "너희가 자기를 사랑하는 이들만 사랑한다면 새로울 것이 무엇이겠느냐? 그것은 간음하는 이들도 하지 않느냐? 너희 원수를 위해 기도하고 너희를 미워하는 이들을 사랑하여라. 너희를 저주하는 자들에게 축복하며, 너희를 학대하는 자들을 위하여 기도하여라"(참조: 마태 5,46.44; 루카 6,28).

10. 곤궁한 이들과 나누는 것과 영광을 얻기 위해 무엇을 행해서는 안 되는지에 대해서는 이렇게 말씀하셨습니다. "달라고 하면 누구에게나 주고, 꾸어 달라고 하는 사람을 피하지 마라. 너희가 도로 받을 가망이 있는 이들에게만 꾸어 준다면 새로울 것이 무엇이겠느냐? 세리들도 그렇게는 한다"(루카 6,30.34 참조).

11. "너희는 자신을 위하여 보물을 땅에 쌓아 두지 마라. 땅에서는 좀과 녹이 망가뜨리고 도둑들이 뚫고 들어와 훔쳐 간다. 그러므로 하늘에 보물을 쌓아라. 거기에서는 좀도 녹도 망가뜨리지 못하고, 도둑들이 뚫고 들어오지도 못하며 훔쳐 가지도 못한다"(마태 6,19-20).

12. "사람이 온 세상을 얻고도 제 목숨을 잃으면 무슨 소용이 있겠느냐? 사람이 제 목숨을 무엇과 바꿀 수 있겠느냐?"(마태 16,26). "그러므로 하늘에 보물을 쌓아라. 거기에서는 좀도 녹도 망가뜨리지 못한다"(마태 6,20).

13. "너희 아버지께서 자애롭고 자비하신 것처럼 너희도 자애롭고 자비로운 사람이 되어라"(루카 6,36 참조). "그분께서는 죄인에게나 의인에게나 악인에게나 당신의 해가 떠오르게 하신다"(마태 5,45 참조).

14. "무엇을 먹을까, 무엇을 입을까 걱정하지 마라. 너희는 새들과 짐승들보다 더 귀하지 않으냐? … 그러나 하늘의 너희 아버지께서는 그것들을 먹여 주신다.

15. 그러니 무엇을 먹을까, 무엇을 입을까 걱정하지 마라. 하늘의 너희 아버지께서는 이 모든 것이 너희에게 필요함을 아신다.

16. 너희는 먼저 하느님의 나라를 찾아라. 그러면 이 모든 것도 곁들여 받게 될 것이다. 사실 너의 보물이 있는 곳에 너의 마음도 있다"(참조: 마태 6,25.26.32.33.21). 그리고 "너희는 사람들에게 보이려고 그들 앞에서 의로운 일을 하지 않도록 조심하여라. 그러지 않으면 하늘에 계신 너희 아버지에게서 상을 받지 못한다"(마태 6,1).

제16장

1. 그분께서는 모든 이에게 인내하고 봉사하며 성내지 말라고 가르

치시며 이렇게 말씀하셨습니다. "네 뺨을 때리는 자에게 다른 뺨을 내밀고, 네 겉옷을 가져가는 자는 속옷도 가져가게 내버려 두어라"(루카 6,29).

2. "성을 내는 자는 불로 벌을 받을 것이다. 누가 너에게 천 걸음을 가자고 강요하거든, 그와 함께 이천 걸음을 가 주어라. 이와 같이 너희의 착한 행실이 사람들 앞을 비추어, 그들이 그것을 보고 하늘에 계신 너희 아버지를 찬양하게 하여라"(참조: 마태 5,22.41.16).

3. 우리는 다투기를 좋아해서는 안 됩니다. 그분은 우리가 악인들을 본받는 것을 원치 않으시며, 우리에게 인내와 친절로 모든 이를 수치와 악에 대한 욕망에서 멀어지도록 이끌라고 권고하십니다.

4. 이것은 한때 여러분 편에 있었던 많은 이들의 경우로도 증명할 수 있습니다. 그들은 폭력적이고 폭군적인 이들이었으나 이웃의 항구한 삶을 보고, 그들이 해를 입고도 놀라운 인내를 보이는 것에 인도되어, 또는 함께 일하는 이들의 정직함에 이끌려 변화되었습니다.

5. 그분은 결코 맹세하지 말고 언제나 진리를 말하라고 명하십니다. "아예 맹세하지 마라. 너희는 말할 때에 '예' 할 것은 '예' 하고, '아니요' 할 것은 '아니요'라고만 하여라. 그 이상의 것은 악에서 나오는 것이다"(마태 5,34.37).

6. 오직 하느님만을 경배해야 한다는 것에 관해서는 이렇게 우리에게 권고하셨습니다. "가장 큰 계명은 이것이다. 너는 마음을 다하고 힘을 다하여 너를 지으신 주 하느님을 사랑해야 한다"(마르 12,30 참조).

7. 어떤 사람이 그분께 다가가 "선하신 스승님"이라고 말했을 때 그분은 이렇게 대답하셨습니다. "선하신 분은 만물을 만드신 유일하신 하느님 한 분뿐이시다"(마태 19,17 참조).

8. 그분께서 가르치신 대로 살고 있지 않은 이들은 입으로는 그리스도의 가르침을 되뇌인다 하더라도 그리스도인으로 인정받지 못할 것입니다. 그분은 말만 하는 이들이 아니라 행동으로 실천하는 이들이 구원받을 것이라고 하셨습니다.

9. 이렇게 말씀하셨습니다. "나에게 '주님, 주님!' 한다고 모두 하늘나라에 들어가는 것이 아니다. 하늘에 계신 내 아버지의 뜻을 실행하는 이라야 들어간다"(마태 7,21).

10. "그러므로 나의 이 말을 듣고 실행하는 이는 나를 보내신 분의 말씀을 듣는 것이다"(마태 7,24 참조).

11. "많은 이들이 나에게 이렇게 말하기 시작할 것이다. '저희가 당신의 이름으로 먹고 마시고 기적을 행하지 않았습니까?' 그러면 나는 그들에게 '내게서 물러가라, 불의를 일삼는 자들아!' 하고 말할 것이다"(루카 13,26-27 참조).

12. "의인들은 해처럼 빛나고 불의를 행하는 자들은 영원한 불구덩이에 던져질 것이다. 그러면 그들은 거기에서 울며 이를 갈 것이다"(마태 13,42-43 참조).

13. "많은 이들이 내 이름으로 올 것인데, 그들은 양의 옷차림을 하고 너희에게 오지만 속은 게걸든 이리들이다. 너희는 그들이 맺은 열매를 보고 그들을 알아볼 수 있다. 좋은 열매를 맺지 않는 나무는 모두 잘려 불에 던져진다"(참조: 마태 7,15.16.19).

14. 그러므로 그분의 가르침대로 살지 않으면서 그리스도인이라는 이름만 두르고 있는 이들을 처벌해 주시기를 여러분에게도 요청하는 바입니다.

제17장

1. 우리는 그분께 배운 대로 어디서나 누구보다 앞서 여러분이 임명한 이들에게 세금과 공물을 바치려 합니다.

2. 언젠가 어떤 이들이 그분께 다가와, 황제에게 세금을 내야 하는지 물었습니다. 그분은 이렇게 대답하셨습니다. "동전의 초상은 누구의 것이냐?" 그들은 "황제의 것입니다"라고 말했습니다. 그분은 그들에게 다시 말씀하셨습니다. "황제의 것은 황제에게 돌려주고, 하느님의 것은 하느님께 돌려드려라"(마태 22,20-21 참조).

3. 그러므로 우리는 하느님만을 경배하지만, 다른 일들에 있어서는 기꺼이 여러분께 복종하고, 여러분을 임금이요 사람들의 통치자들로 인정하며, 여러분이 왕권과 더불어 올바른 판단력을 지니시기를 기도합니다.

4. 여러분이 우리의 탄원과 명료한 설명을 무시하더라도 우리는 해를 입지 않습니다. 우리는 모든 이가 자신의 행위에 따라 영원한 불로 벌을 받을 것이며 그가 하느님께 받은 능력에 따라 셈을 바쳐야 한다는 것을 믿기 때문입니다. 그리스도께서 말씀하시기를 "하느님께서 많이 주신 사람에게는 많이 요구하신다"(루카 12,48 참조)라고 하셨습니다.

제18장

1. 이전 임금들의 마지막을 살펴보십시오. 그들이 다른 모든 이와 다를 바 없이 죽음을 맞은 것을 보십시오. 죽음으로 모든 감각이 없어진다면, 죽음은 모든 불의한 이에게 이득이 될 것입니다.

2. 하지만 살았던 모든 이에게 감각이 남아 있고 사악한 이에게는 영원한 벌이 부과되므로, 이것이 참되다는 것을 확신하고 믿기를 소홀히

하지 않도록 주의하십시오.

3. 강신술, 티없는 아이들을 이용하는 점술, 죽은 이들의 영혼을 불러내는 것, 마술사들이 꿈을 불러일으키는 영들과 그 보조자들이라고 부르는 이들, 그리고 그러한 기술을 가진 이들이 행하는 모든 것이 여러분에게, 죽음 이후에도 영혼들이 감각을 갖고 있음을 확신하게 하기를 바랍니다.

4. 죽은 이들의 영혼에 사로잡혀 고통받는 이들, 곧 모든 이가 마귀들린 이들이요 미친 이들이라고 부르는 이들 그리고 여러분이 암필로코스나 도도나, 피티아 그리고 그런 종류의 다른 많은 이들의 신탁이라고 부르는 것들.

5. 저자들, 곧 엠페도클레스, 피타고라스, 플라톤, 소크라테스의 가르침, 호메로스의 구렁, 오디세우스가 이러한 것들을 알아보기 위해 내려간 것 그리고 그와 비슷한 이야기들을 한 자들이 여러분에게 이를 확신하게 하기를 바랍니다.

6. 여러분이 그들을 인정하듯이, 우리에게도 그렇게 해 주시기를 바랍니다. 우리는 그들 못지않게, 아니, 오히려 그들보다 더 확고하게 하느님을 믿습니다. 우리는 하느님께는 불가능한 것이 없다고 단언하며, 우리의 몸이 죽어 땅에 묻힌다 하더라도 다시 그 몸을 받으리라고 기대하기 때문입니다.

제19장

1. 생각이 있는 사람에게, 우리가 몸 안에 존재하지 않았었는데, 어떤 사람이 우리에게 인간 씨앗 한 방울로부터 뼈와 신경과 살이 지금 우리가 보는 모양으로 형성될 수 있다고 말하는 것보다 더 믿을 수 없게 들

리는 것이 무엇이 있겠습니까?

2. 가설적으로 생각해 봅시다. 여러분이 지금의 여러분과 같지 않고, 그러한 사람들로부터 태어나지도 않았다면, 그리고 어떤 사람이 인간의 씨앗과 인간을 그린 그림을 보여 주면서 그러한 씨앗으로부터 이러한 존재가 생겨난다고 말한다면, 여러분은 실제로 그것을 보기 전에 믿을 수 있겠습니까? 그러지 않으리라는 것을 아무도 부인하지 못할 것입니다.

3. 마찬가지로, 여러분은 죽은 사람이 다시 부활하는 것을 아직 보지 못했기 때문에 믿지 못하는 것입니다.

4. 하지만 처음에는 그런 작은 방울로부터 사람들이 생겨날 수 있다는 것을 믿지 못했더라도 지금은 그렇게 생겨난 이들을 보듯이, 여러분은 분해되고 씨앗처럼 땅 속에 흩어진 인간의 몸이 정해진 때에 하느님의 명으로 부활하여 불사를 입는 것이 불가능하지 않다고 생각해야 합니다.

5. 모든 것이 자신이 비롯된 그것으로 되돌아간다고 말하고 하느님마저도 이 법칙을 거슬러 아무것도 할 수 없으시다고 말하는 사람들은 하느님의 힘이 어디까지라고 생각하는지, 우리는 모르겠습니다. 그러나 우리는, 그들이 지금 보고 있는 그들 자신과 온 세상이 그렇게 생겨날 수 있다고 믿지 않는다고 생각합니다.

6. 그러나 우리는, 우리 자신의 본성에나 인간들에게나 불가능한 것까지도 믿는 것이, 다른 이들처럼 그것을 믿지 않는 것보다 낫다는 것을 배웠습니다. 우리는 우리 스승이신 예수 그리스도께서, "사람에게는 그것이 불가능하지만 하느님께는 모든 것이 가능하다"(마태 19,26)라고 말씀하셨음을 알고 있기 때문입니다.

7. 그분은 또한 이렇게 말씀하셨습니다. "너희를 죽이고서는 더 이상 아무것도 하지 못하는 자들을 두려워하지 마라. 오히려 죽은 다음 영혼도 육신도 지옥에 내던지실 수 있는 분을 두려워하여라"(마태 10,28 참조).

8. 지옥은 불의하게 살며 하느님께서 그리스도를 통하여 우리에게 가르치신 것들이 이루어지리라는 것을 믿지 않은 이들이 벌을 받는 곳입니다.

제20장

1. 시빌라[5]도 히스타스페스[6]도, 소멸하는 것들은 모두 불로 파괴되리라고 말했습니다.

2. 이른바 스토아학파의 철학자들은 신도 불로 변모하리라고 가르쳤고, 세상이 변형되어 다시 생겨나리라고 말했습니다. 그러나 우리는 만물의 창조주이신 하느님께서는 변화하는 사물들보다 우월하시다고 믿습니다.

3. 우리가 어떤 점들에서는 여러분이 존경하는 시인들이나 철학자들과 비슷한 것을 주장하고 또 어떤 점들에서는 우리만이 증명할 수 있는 더 중요하고 신적인 것들을 주장한다고 해서 왜 부당하게 다른 모든 이보다 더 미움을 받아야 합니까?

5 　기원전에 활동한 그리스 저자들은 시빌라 한 명에 관해서 말한다(헤라클리토스 「단편」 92; 아리스토파네스 「평화」 1095. 1116; 플라톤 「파이드로스」 244b; 「테아게스」 124d). 반면 후대의 증언들은 여러 시빌라에 관해 말한다. 소아시아에서는 에리트라이와 마르페소스의 시빌라들이, 서방에서는 로마에 있는 유피테르 카피톨리누스 신전에서 신탁을 받은 쿠마이의 시빌라들이 가장 유명하였다.

6 　히스타스페스의 이름으로 예언을 다룬 책이 전해진다. 알렉산드리아의 클레멘스(『양탄자』 6,5,43)와 락탄티우스(『거룩한 가르침』 7,15 이하)도 이 예언들의 일부분을 인용하였다.

4. 우리가 만물이 하느님에 의하여 생겨나고 질서 지어졌다고 말할 때 우리는 플라톤의 학설을 말하는 것으로 보이고, 불로 파괴되리라고 말할 때에는 스토아학파의 학설을 말하는 것으로 보입니다. 불의한 이들의 영혼이 죽은 다음에도 감각을 지니고 벌을 받으며 선한 이들의 영혼은 고통 없이 행복하게 살리라고 말할 때에는, 시인들과 철학자들과 같은 것을 말한다고 볼 수 있습니다.

5. 사람의 손에서 나온 것을 경배할 필요가 없다고 말할 때에는, 우리는 메난드로스를 비롯한 희극 작가들과 같은 주장을 하는 것입니다. 그들은, 만드신 분은 만들어진 것들보다 더 크시다고 말하였습니다.

제21장

1. 우리가 로고스, 하느님의 맏아들, 우리 스승 예수 그리스도가 성관계 없이 태어나셨고, 십자가에 못 박히셨으며 돌아가시고 부활하시어 하늘에 오르셨다고 말할 때, 우리는 여러분 가까이에서 제우스의 아들들에 대해 말하는 이들보다 더 새로운 무엇을 말하는 것이 아닙니다.

2. 여러분은, 여러분이 존경하는 저자들이 제우스에게 얼마나 많은 아들이 있다고 하는지 잘 알고 있습니다. 헤르메스는 해석하는 로고스이며 모든 것의 스승입니다. 아스클레피오스는 의사였고, 번개를 맞고 하늘로 올라갔습니다. 디오니소스는 몸이 갈가리 찢겼고, 헤라클레스는 고역을 피하기 위해 불 속으로 뛰어들었습니다. 디오스쿠로이는 레다의 아들들이고, 페르세우스는 다나에의 아들이었습니다. 벨레로폰은 인간이었지만 페가수스라는 말을 타고 하늘로 올라갔습니다.

3. 아리아드네와 또 그녀와 마찬가지로 별이 되었다고 하는 이들에 대해서는 또 무슨 말을 할까요? 여러분은 여러분의 황제들이 죽었어도

늘 그들이 불멸을 누리기에 합당하다고 여기며, 화장되던 황제가 장작
더미에서 하늘로 오르는 것을 보았다고 맹세하는 사람까지 만들어 내
지 않습니까?

4. 여러분은 이미 잘 알고 있으니, 제우스의 아들이라고 일컬어지는
이들 각각이 어떤 행동을 했는지 말할 필요가 없습니다. 다만 그것은
교육받는 이들을 위하여 권고로 기록된 것이라는 사실만 말하고 넘어
가지요. 모든 이가, 신들을 본받는 것이 좋은 일이라고 여기기 때문입
니다.

5. 그러나 슬기로운 영혼은 신들에 대한 이러한 생각들을 멀리할 것
입니다. 이들에 따르면, 만물의 지배자이며 아버지인 제우스마저도 존
속살해자이며, 그의 아버지도 그러했습니다. 그는 악하고 수치스런 쾌
락에 사로잡혀, 가니메데스를 비롯한 많은 여인을 범했습니다. 그의 아
들들도 똑같은 짓을 했습니다.

6. 하지만 앞에서 말했듯이, 이것은 악령들이 한 짓입니다. 반면 우리
는, 거룩하고 덕스럽게 하느님 가까이에서 산 이들만이 영원한 기쁨을
얻는다는 것을 배웠고, 악하게 살고 참회하지 않는 이들은 영원한 불로
벌을 받는다고 믿습니다.

제22장

1. 예수라고 불리는 하느님의 아드님은 다른 이들과 똑같은 인간에
지나지 않는다 하더라도 그분께서 지니신 지혜로 인하여 하느님의 아
드님이라고 일컬어지기에 합당합니다. 사실, 당신들의 모든 작가들은
하느님을 사람들과 신들의 아버지라고 부릅니다.

2. 그리고 앞에서 말했듯이, 하느님의 로고스께서 일반적인 탄생과

다른 특별한 방식으로 하느님에게서 태어나셨다는 우리 말은 여러분이 헤르메스가 하느님에 관해 소식을 전해 주는 로고스라고 말하는 것과 마찬가지입니다.

3. 그분께서 십자가에 못 박히신 사실 때문에 누군가가 [그는 하느님의 아드님이 아니라고] 이의를 제기한다면, 이 수치스러운 일 역시 앞에서 언급된, 제우스의 아들들이 고통을 겪은 일과 다를 바 없습니다.

4. 그들이 겪는 죽음의 고통들은 동일하지 않고 다양합니다. 그러므로 그분이 겪은 고통이 특수하다고 해서 그분이 그들보다 못한 것은 아닙니다. 그러나 우리는 약속한 대로, 그분이 더 우월하신 분임을 증명할 것입니다. 사실 그것은 이미 입증되었습니다. 누가 우위에 있는지는 행적에서 드러납니다.

5. 우리는 그분께서 동정녀에게서 태어나셨다고 하는데, 여러분도 페르세우스에 대해 비슷하게 생각합니다.

6. 그분께서 다리저는 이들, 중풍 병자들, 태어나면서부터 눈먼 이들을 치유하시고 죽은 이들을 되살리셨다고 우리가 말할 때, 아스클레피오스가 했다고 전해지는 것들과 비슷한 행적에 대해 말하는 것처럼 보일 것입니다.

제23장

1. 여러분이 이를 분명히 알도록, 우리가 그리스도와 그분 이전의 예언자들에게서 배워 말하는 것만이 참되며 또한 이들이 다른 모든 저자들보다 더 예전 사람들임을 증명하겠습니다. 우리가 이 저자들과 같은 것들을 말하기 때문이 아니라 참된 것을 말하기 때문에 받아들여지기를 바랍니다.

2. 그리고 오직 예수 그리스도만이 고유한 방식으로 하느님의 아들로 태어나셨고, 그분의 로고스이며 맏아들이고 능력이시며, 당신의 뜻에 따라 사람이 되시어 인류의 회심과 회복을 위하여 이 가르침들을 우리에게 주셨다는 것을 증명하겠습니다.

3. 또한 그분께서 인성을 취하시고 사람들 사이에서 사시기 전에 어떤 이들이 앞에서 말한 악령들의 영향으로, 증인도 증거도 없이 우리가 수치스런 말과 불경한 행동을 하고 있다고 고발하는 것도, 시인들을 통하여 그들이 꾸며 낸 이야기들을 마치 실제로 일어난 일처럼 미리 전하게 했다는 것도 증명하겠습니다.

제24장

1. 첫째로, 우리는 그리스인들과 비슷한 것들을 말하는데도 우리만이 그리스도의 이름 때문에 미움을 받습니다. 우리는 전혀 악행을 범하지 않는데도 죄인으로 죽임을 당합니다. 다른 곳에 사는 이들은 나무와 강, 쥐, 고양이, 악어를 비롯해 이성 없는 많은 동물을 숭배합니다. 모든 이가 같은 것들을 숭배하는 것도 아니고 여기서는 이것을 저기서는 저것을 숭배하므로, 서로 같은 것을 숭배하지 않는다는 점에서 서로에게 불경하게 보입니다.

2. 여러분이 우리를 고발하는 까닭은 우리가 여러분이 공경하는 그 신들을 공경하지 않고, 죽은 이들에게 술과 기름을 바치지 않고, 무덤에 화관과 제물을 바치지 않는다는 것뿐입니다.

3. 그러나 같은 것들이 어떤 이들에게는 신들로 여겨지고 다른 이들에게는 짐승들로, 또 다른 이들에게는 희생 제물들로 여겨진다는 것을 여러분은 잘 알고 있습니다.

제25장

1. 둘째로, 옛날에는 세멜레의 아들 디오니소스와 레토의 아들 아폴론(이들은 남자들을 사랑하여, 입에 담기도 부끄러운 행위들을 하였습니다), 페르세포네와 아프로디테(이들은 아도니스를 미친 듯이 사랑했고, 여러분은 이들의 신비 예식을 거행합니다), 아스클레피오스와 신이라고 일컬어지는 다른 이들을 섬겼던 우리는 이제 예수 그리스도를 통하여, 죽음으로 위협을 당하여도 이들을 버리게 되었습니다.

2. 또한 낳으심을 받지 않으시고 정념이 없으신 하느님께 우리 자신을 봉헌했습니다. 우리는 그분이 안티오페나 그와 같은 다른 여인들이나 가니메데스에 대한 욕정에 자신을 내맡기지 않았음을 확신합니다. 그분은 테티스의 도움으로 손이 백 개 달린 거인에게 힘입어 구출되지도 않으셨으며, 그것 때문에 테티스의 아들 아킬레우스가 브리세이스의 첩을 위하여 많은 그리스인을 죽이게 하지도 않으셨습니다.

3. 오히려 우리는 그런 이야기를 믿는 이들을 딱하게 여깁니다. 우리는 이러한 것들이 악령들이 꾸민 것임을 압니다.

제26장

1. 셋째로, 그리스도께서 승천하신 뒤 악령들은 신을 자처하는 사람들이 계속 생겨나게 했습니다. 이들은 여러분에게 박해를 받기는커녕 오히려 영예를 누렸습니다.

2. 기톤이라는 마을 출신인 사마리아의 시몬은 클라우디우스 황제 때에 여러분의 수도 로마에서 악령들의 힘을 빌려 마술로 기적을 행했는데, 그는 신이라고 여겨지며 동상까지 세워졌습니다. 그 동상은 테베레강의 두 다리 사이 [섬]에 세워졌는데, 거기에는 라틴어로 "거룩한

신 시몬에게"라고 적혀 있었습니다.

3. 거의 모든 사마리아인과 몇몇 다른 지역 사람들은 그를 첫째가는 신이라 부르며 그를 숭배했습니다. 또한 그들은 이전에 창녀였다가 그의 여행 동반자가 된 헬레나를 그에게서 나온 첫 번째 생각이라고 여겼습니다.

4. 우리는, 역시 사마리아인으로 카파레타이아스 출신이며 시몬의 제자인 메난드로스가 마귀들에게 사로잡혀, 안티오키아에서 마술로 많은 이들을 속였다는 것도 알고 있습니다. 그는 그를 따르던 이들에게, 그들이 죽지 않으리라고 믿게 했습니다. 그리고 지금도 그것을 믿는 사람들이 남아 있습니다.

5. 또한 지금도 가르치고 있는 폰투스 출신의 마르키온은, 그를 따르는 이들에게 창조주보다 더 큰 다른 하느님이 있다고 믿게 합니다. 그는 온갖 종류의 사람들 사이에서 악령들의 도움으로, 많은 이들이 신성을 모독하며 하느님이 만물의 창조주이심을 부인하고 그분보다 높은 다른 하느님이 그분보다 더 큰 일들을 행하였다고 믿게 하였습니다.

6. 앞에서 말했듯이, 그들을 따르는 모든 이들은 그리스도인들이라 불립니다. 이는 철학자들 사이에서 같은 학설을 지지하지 않는 이들도 다 철학자라고 불리는 것과 같습니다.

7. 그들이 신화에나 나오는 수치스런 일들을 행하는지, 곧 등불을 둘러엎고 문란한 관계를 맺고 사람의 살을 먹는지는 모릅니다. 하지만 우리는, 그들이 적어도 그들의 가르침 때문에 여러분에게 박해를 받거나 죽임을 당하지는 않는다는 것을 압니다.

8. 우리는 지금까지 생겨난 모든 이단들을 논박하는 논고를 작성했습니다. 여러분이 그것을 읽고자 한다면, 그것을 드리겠습니다.

제27장

1. 그러나 우리는 아무에게도 해를 입히지 않고 죄를 범하지 않도록, 갓난아기들을 버리는 것은 악인들의 특징이라는 것을 배웠습니다. 이는 무엇보다, 버려진 이들은 여자아이들뿐만 아니라 남자아이들도 모두 매춘을 하게 되기 때문입니다. 옛사람들은 소나 염소, 양, 말을 길렀다고 하는데, 지금 여러분은 오직 수치스런 목적으로 아이들을 기릅니다. 모든 나라에, 수많은 여자들과 양성을 지닌 이들과 이 수치스런 행동을 하는 혐오스런 이들이 있습니다.

2. 여러분은 그들에게서 공납과 세금을 받는데, 그들을 여러분의 땅에서 내쫓아야 할 것입니다.

3. 이러한 짓을 하는 이들 가운데 더러는 불경하고 수치스럽고 무절제한 관계를 할 뿐만 아니라, 자신의 자녀나 친척이나 형제와도 관계를 맺습니다.

4. 더러는 자신의 자녀나 부인들에게 매춘을 시킵니다. 또한 더러는 남색을 하기 위하여 공공연히 몸을 훼손하고, 신들의 어머니에게 바치는 비밀스런 예식을 거행합니다. 또한 여러분이 신으로 여기는 이들 곁에, 중요한 상징이며 신비로서 뱀을 그려 놓습니다.

5. 여러분이 공공연히 행하고 존중하는 것들을, 여러분은 신성한 등불이 뒤집히고 꺼진 듯이 우리에게 돌립니다. 하지만 그것은 우리를 해치지 못합니다. 우리는 그 같은 행위와는 거리가 멉니다. 그러나 그것은 그러한 행위를 하고 거짓 증언을 하는 이들에게 해를 입힐 것입니다.

제28장

1. 우리는 악령들의 지배자를 뱀, 사탄, 악마라고 부릅니다. 여러분이

우리의 글들을 읽어 보면 이를 알 수 있을 것입니다. 그리스도는 그에 대하여, 그가 그의 부하 악령들과 그를 따르는 사람들과 함께 불에 던져져 영원히 벌을 받으리라고 예고하셨습니다.

2. 하느님께서 이를 미루시는 것은 인류를 위해서입니다. 그분은 아직 태어나지 않은 이들 가운데에서도 더러는 회개로 구원되리라는 것을 미리 아십니다.

3. 그분은 태초에 인류를 지으실 때 생각할 수 있고 참된 것과 선한 행위를 선택할 수 있는 능력을 주셨습니다. 그러므로 사람들은 하느님 앞에서 변명할 수 없습니다. 이성과 성찰하는 능력을 지닌 존재로 창조되었기 때문입니다.

4. 하느님께서 이런 것들을 돌보신다는 것을 믿지 않는 사람은 그분께서 존재하지 않으신다고 말하는 것이거나, 그분이 존재하시지만 악을 즐기시거나 아니면 바위와 같이 가만히 계신다고 말하는 셈입니다. 또한 덕이나 악습이라는 것은 아무것도 아니고 다만 사람들이 자신의 견해에 따라 어떤 것을 선하거나 악하다고 판단하는 것이라고 말하는 셈입니다. 이것은 지극한 불경이고 불의입니다.

제29장

1. 또한 우리는 버려진 아기가 아무도 데려가지 않아 죽게 되어 우리가 살인자들이 되는 일이 없도록 갓난아기들을 버리지 않습니다. 그래서 우리는 처음부터 자녀를 낳아 기르기 위해서 혼인을 하거나, 아니면 혼인을 거부하고 끝까지 정절을 지키며 삽니다.

2. 우리 가운데 한 사람은 최근에, 문란한 성관계가 우리의 신비 예식에 들어 있지 않다는 것을 여러분에게 확신시키기 위하여 알렉산드

리아에서 펠릭스 총독에게, 의사에게 고자가 되는 수술을 받도록 허락해 주기를 서면으로 요청하기도 했습니다. 그곳의 의사들이 총독의 허락 없이는 결코 그러한 일을 할 수 없다고 했기 때문입니다.

3. 펠릭스가 거기에 서명하려 하지 않자, 그 젊은이는 자신의 양심과 그와 같이 생각하던 이들의 양심에 따라 독신으로 남았습니다.

4. 여기에서 근래에 있었던 안티누스[7]의 일을 기억하는 것도 빗나간 일은 아니라고 생각합니다. 그가 누구이며 어디 출신인지 모두가 알고 있었지만, 모두가 두려움 때문에 그를 신으로 경배하지 않을 수 없었습니다.

제30장

1. 누군가가 우리를 반대하여, 우리가 그리스도라고 부르는, 인간들로부터 태어난 인간이 마술로 우리가 기적이라고 부르는 것들을 행했고, 그래서 하느님의 아들처럼 보인 것일 수도 있지 않느냐고 묻지 않도록, 이제 증명을 하겠습니다. 우리는 말만 하는 이들을 믿지 않고, 이러한 일들이 이루어지기 전에 예언한 이들을 신뢰합니다. 예언된 일들이 그대로 일어났고 지금도 일어나고 있음을 우리 눈으로 보기 때문입니다. 이것은 여러분에게도 가장 분명하고 참된 증명이 되리라고 생각합니다.

제31장

1. 유대인들 가운데 하느님의 예언자들이 있었습니다. 예언의 영은

---

7 비티니아 출신의 그리스인 청년으로 하드리아누스 황제가 사랑하던 애인이었는데 나일강에서 익사한 뒤 하드리아누스에 의해 신격화되었다.

그들을 통하여, 앞으로 일어날 일들을 그 일이 일어나기 전에 예고하였습니다. 유대인들의 임금들은 여러 차례 예언자들 자신이 히브리어로 기록한 그 예언들을 발설된 그대로 주의 깊게 간직하였습니다.

2. 이집트인들의 임금 프톨레마이오스가 도서관을 짓고 모든 사람의 글을 모으기로 했을 때, 그는 이 예언들에 대해서도 듣고 당시에 유대인들의 임금이던 헤로데에게 사람을 보내어 예언자들의 책들을 보내라고 요청하였습니다.

3. 헤로데 임금은, 앞에서 말한 대로 히브리어로 기록된 책들을 그에게 보냈습니다.

4. 그러나 이집트인들은 거기에 기록된 것을 이해할 수 없었으므로 다시 사람을 보내어 그리스어로 번역할 이들을 보내 달라고 청했습니다.

5. 번역이 완성된 후로 이 책들은 오늘날까지 이집트인들에게 남아 있으며, 각지에 사는 유대인들은 모두 그 책들을 가지고 있습니다. 하지만 그들은 그것을 읽으면서도 그 내용을 이해하지 못하며, 우리를 원수요 적이라고 여기고 여러분과 마찬가지로 할 수만 있으면 우리를 죽이고 박해합니다.

6. 근래에 있었던 유대 전쟁 때에도, 유대인 항쟁의 지도자 바르 코크바는 예수 그리스도를 부인하고 모독하지 않는 그리스도인들만을 잔인한 형벌에 처하라고 명했습니다.

7. 하지만 바로 그 예언자들의 책에서 우리는 우리 주 예수 그리스도, 그분의 오심, 동정녀에게서 태어나심, 어른이 되심, 온갖 병과 약함을 치유하심, 죽은 이들을 되살리심이 예언되었음을 봅니다. 또한 그분이 미움을 받고 무시당하고 십자가에 못 박히실 것이며, 돌아가시고 부활하시어 하늘에 올라가실 것이고, 하느님의 아드님이시고 그렇게 불

리시며, 모든 민족에게 이를 알리도록 그분께서 사람들을 파견하시고, 이방인들이 더 그분을 믿으리라는 것이 예언되어 있습니다.

8. 그분은 나타나시기 오천 년 전, 삼천 년 전, 이천 년 전, 천 년 전, 팔백 년 전에 예언되었습니다. 세대들이 이어지면서 여러 예언자들이 있었기 때문입니다.

제32장

1. 첫 번째 예언자인 모세는 이렇게 말했습니다. "정해진 그분께서 오실 때까지 왕홀이 유다에게서, 통치자가 그의 다리 사이에서 떠나지 않으리라. 민족들이 그를 기다리리니, 그는 제 어린 암나귀를 포도나무에 매고 포도의 피로 제 겉옷을 빤다"(창세 49,10-11 참조).

2. 유대인들에게 그들 자신의 통치자와 임금이 언제까지 있었는지 자세히 알아내는 것은 여러분의 일입니다. 하느님의 거룩한 예언의 영이 모세를 통하여 예언한 대로, 그것은 우리 스승이시며 이해되지 못했던 예언들의 해석자이신 예수 그리스도께서 나타나실 때까지였습니다. 모세는 나라의 [주인으로] 정해져 있었던 그분께서 오실 때까지, 유다에게서 통치자가 끊이지 않으리라고 말했던 것입니다.

3. 유다는 유대인들의 원조이며, 유대인이라는 이름은 그로부터 유래합니다. 그리고 여러분은 그분이 나타나신 후에 유대인들을 통치하기 시작했고 그들의 온 땅을 차지했습니다.

4. "민족들이 그를 기다리리라"는 구절은, 그분께서 다시 오시기를 기다릴 이들이 모든 민족들 중에 있으리라는 뜻입니다. 여러분은 이를 눈으로 볼 수 있으며, 실제 사실들로 이를 확인할 수 있습니다. 모든 민족들이, 유대아에서 십자가에 못 박히신 분을 기다립니다. 그분께서 돌

아가신 후에 유대인들의 땅이 여러분에게 전리품으로 넘겨졌습니다.

5. "그는 제 어린 암나귀를 포도나무에 매고 포도의 피로 제 겉옷을 빤다"라는 말은, 그리스도께 일어날 일과 그분께서 행하실 일을 우의적으로 보여 주는 상징이었습니다.

6. 어린 암나귀는 마을 입구의 포도나무에 매여 있었고, 그분은 당신 제자들에게 그것을 풀어 당신께 끌고 오라고 명하셨습니다. 그것을 끌고 오자 그분은 그 위에 타시고 예루살렘으로 들어가셨습니다. 그곳에는 유대인들의 큰 성전이 있었는데, 그것은 그 후에 여러분에 의하여 파괴되었습니다. 그분은 나머지 예언이 이루어지도록 십자가에 못 박히셨습니다.

7. "포도의 피로 제 겉옷을 빤다"라는 말은 그분이 당신을 믿는 이들을 피로 정화하시기 위하여 겪으실 수난의 예고였습니다.

8. 하느님의 영이 예언자를 통하여 "겉옷"이라고 부르신 것은 그분을 믿는 이들을 가리킵니다. 그들 안에는 하느님의 거룩한 씨앗이, 로고스가 머물러 계십니다.

9. "포도의 피"라고 일컬어진 것은, 인간의 씨앗이 아니라 하느님의 힘으로부터 오실 분이 피를 지니고 계심을 나타냅니다.

10. 만물의 아버지이며 주님이신 하느님 다음가는 최고의 힘은, 그분의 아드님이신 로고스이십니다. 그분이 어떻게 인간의 육을 취하시고 사람이 되셨는지는 이어서 말하겠습니다.

11. 어떤 인간이 아니라 하느님이 포도나무의 피를 만드셨듯이, 그분의 피는 앞에서 말한 바와 같이 인간의 씨앗이 아니라 하느님의 힘에 의하여 태어나리라는 것입니다.

12. 또 다른 예언자 이사야는 같은 사건들을 다른 말로 예언했습니

다. "야곱에게서 별이 떠오르고 이사이의 뿌리에서 꽃이 피리라. 민족들이 그분의 팔에 희망을 두리라"(참조: 민수 24,17; 이사 11,1).

13. 찬란한 별이 떠올랐고, 이사이의 뿌리에서 꽃이 피었습니다. 그분은 그리스도이십니다.

14. 그분은 하느님의 힘으로 야곱의 후손인 동정녀에게서 태어나셨습니다. 야곱은 앞에서 말했듯이 유대인들의 원조인 유다의 아버지입니다. 그리고 이사이는 이 예언에 따라 그분의 조상이었습니다. 그 지파 안에서 이사이는 야곱과 유다의 후손이기 때문입니다.

제33장

1. 이제, 그분이 동정녀에게서 태어나시리라고 이사야가 어떻게 정확히 예언했는지 들어 보십시오. 그는 이렇게 말했습니다. "동정녀가 잉태하여 아들을 낳고 그 이름을 '하느님께서 우리와 함께 계시다'라 할 것입니다"(이사 7,14 참조).

2. 믿기지 않고 사람들에게는 불가능하다고 여겨지는 것을, 하느님께서 예언의 영을 통하여 그 일이 일어나리라고 예고하셨습니다. 그 일이 일어났을 때에, 그것이 예고된 것이므로 사람들이 믿기를 거부하지 않고 믿게 하시기 위해서였습니다.

3. 그리고 제우스가 욕망 때문에 여인들에게 접근했다고 말하는 시인들을 우리가 비난하듯이, 누군가가 우리가 말한 예언을 오해하여 우리를 비난하지 않도록, 이 말을 설명하고자 합니다.

4. "동정녀가 잉태하여"라는 구절은, 동정녀가 성관계 없이 잉태할 것임을 뜻합니다. 누군가와 성관계를 했다면 더 이상 동정녀가 아닐 것입니다. 그러나 하느님의 힘이 동정녀에게 내려오시어 덮어 주시고, 동

정녀로 그대로 있으면서 잉태하게 하셨습니다.

5. 그때에 그 동정녀에게 파견된 하느님의 천사는 기쁜 소식을 전했습니다. "너는 성령으로 잉태하여 아들을 낳을 것이다. 그분은 지극히 높으신 분의 아드님이라 불리실 것이다"(루카 1,31-32). "그 이름을 예수라고 하여라. 그분께서 당신 백성을 죄에서 구원하실 것이다"(마태 1,21). 우리 구원자 예수 그리스도에 관한 모든 것을 전해 준 이들이 우리에게 이렇게 가르쳤습니다. 우리는 그들을 믿습니다. 이미 말했듯이, 앞서 언급된 이사야를 통해서도 예언의 영이 그분의 탄생을 예고했기 때문입니다.

6. 그러므로 영과 하느님의 힘을 로고스 아닌 다른 무엇이라고 생각할 수는 없습니다. 앞에서 말한 예언자 모세가 밝힌 바와 같이 그분은 또한 하느님의 맏아들이십니다. 성령께서는 동정녀에게 내려와 덮어 주시고, 성관계를 통해서가 아니라 힘으로 그 동정녀가 잉태하게 하셨습니다.

7. 히브리어 이름 '예수'는 그리스어로 '소테르', 곧 '구원자'라는 뜻입니다.

8. 그래서 천사가 동정녀에게 "그 이름을 예수라고 하여라. 그분께서 당신 백성을 죄에서 구원하실 것이다"라고 한 것입니다.

9. 예언하는 이들이 다른 무엇이 아니라 신적인 로고스로 감도된다는 것은 여러분도 인정하리라고 생각합니다.

제34장

1. 다른 예언자 미카가, 땅의 어디에서 그분께서 태어나실 것인지 예언한 것을 들어 보십시오. 그는 이렇게 말했습니다. "그러나 너 유다 베

들레헴아 너는 유다의 군주들 가운데 가장 작은 이가 아니니, 너에게서 통치자가 나와 내 백성을 돌보리라"(미카 5,2 참조).

2. [베들레헴은] 유대인들의 땅에, 예루살렘에서 35스타디온 떨어진 곳에 있는 마을인데, 그곳에서 예수 그리스도께서 태어나셨습니다. 여러분은 유대아의 첫 총독 퀴리니우스[8] 때에 실시한 인구 조사에서도 이를 확인할 수 있습니다.

제35장

1. 그리스도께서 태어나신 뒤 성인이 되실 때까지 다른 사람들 눈을 벗어나 계시리라는 예언을 — 이 일은 실제로 일어났습니다 — 들어 보십시오.

2. 그 말마디는 다음과 같습니다. "우리에게 한 아기가 태어났고 우리에게 한 젊은이가 주어졌습니다. 주권이 그의 어깨에 놓이고"(이사 9,5 참조). 이는 십자가의 능력을 가리킵니다. 그분께서 십자가에 못 박히셨을 때, 그분의 어깨에 주권이 놓였습니다. 이 점은 이어서 더 상세히 설명하겠습니다.

3. 이사야 예언자는 예언의 영으로 감도되어 이렇게도 말했습니다. "나는 반항하는 백성에게 날마다 팔을 벌리고 있었다. 그들은 자기네 멋대로 좋지 않은 길을 걷는 자들"(이사 65,2).

4. "그들은 나에게 판결을 물으며 감히 하느님께 가까이 가기를 갈망한다"(이사 58,2 참조).

5. 그리고 [예언의 영은] 다른 예언자를 통하여 이런 말씀도 하십니

---

8 퀴리니우스는 시리아의 총독이었다.

다. "그들은 제 손과 발을 뚫었습니다. 그들은 제 옷을 놓고서는 제비를 뽑습니다"(시편 22,17.19 참조).

6. 이 말을 한 임금이며 예언자인 다윗은 이 모두를 전혀 겪지 않았습니다. 그러나 예수 그리스도는 손을 뻗으셨고, 유대인들에 의하여 십자가에 못 박히셨습니다. 그들은 그분을 거슬러 말했으며 그분이 그리스도이심을 부인했습니다. 예언자가 말했듯이, 그들은 그분을 조롱하며 왕좌에 앉게 하고 우리를 심판하라고 말했습니다.

7. "그들은 제 손과 발을 뚫었습니다"라는 구절은 그분의 손과 발을 십자가에 박은 못에 대한 설명입니다.

8. 그분을 십자가에 못 박은 다음, 그들은 제비를 던져 그분의 옷을 나누어 가졌습니다.

9. 이 모든 일이 실제로 일어났음을, 여러분은 본시오 빌라도 때의 기록에서 확인할 수 있습니다.

10. 그분이 암나귀 새끼를 타고 예루살렘에 들어가시리라는 사실이 정확히 예언되었다는 것을 증명하기 위하여, 우리는 또 다른 예언자 스바니야의 예언을 인용하겠습니다.[9]

11. "딸 시온아, 한껏 기뻐하여라. 딸 예루살렘아, 보라, 너의 임금님이 너에게 오신다. 그분은 온유하시어 어린 나귀를, 암나귀의 새끼를 타고 오신다"(즈카 9,9 참조).

제36장

1. 예언자들의 말을 들을 때, 여러분은 영감받은 예언자 그 자신의

---

9 이 인용은 스바니야가 아니라 즈카르야의 예언이다.

말로 생각하지 말고 그들을 움직이는 하느님의 로고스께서 하시는 말씀이라 생각하십시오.

2. 그분은 때로는 앞일을 말하는 이로서 미래를 예고하고, 때로는 만물의 아버지이며 주님이신 하느님을 대신하여 말하고, 때로는 그리스도를 대신하여 말하고, 때로는 주님 또는 그분의 아버지께 응답하는 민족들을 대신하여 말합니다. 여러분의 작가들에게서도 이 비슷한 예를 볼 수 있습니다. 모든 것을 한 사람이 쓰지만, 거기엔 대화하는 여러 인물이 등장합니다.

3. 유대인들은 이를 이해하지 못하여, 예언자들의 책을 가지고 있으면서도 그리스도께서 오셨을 때 그분을 알아보지 못했습니다. 심지어 그들은, 그분이 오셨으며 예고된 대로 그들에 의해 십자가에 못 박히셨다는 것을 증명하는 우리를 미워합니다.

제37장

1. 여러분이 이 점을 분명히 알도록, 앞에서 언급한 예언자 이사야를 통하여 아버지의 이 말씀들이 선포되었습니다. "소도 제 임자를 알고 나귀도 제 주인이 놓아 준 구유를 알건만 이스라엘은 나를 알지 못하고 나의 백성은 깨닫지 못하는구나.

2. 아아, 죄로 가득 찬 백성 사악한 종자 타락한 자식들! 너희는 주님을 버렸다"(이사 1,3-4 참조).

3. 이 예언자는 또 다른 곳에서도 아버지의 입이 되어 말합니다. "너희가 나에게 무슨 집을 지어 바치겠느냐? 주님께서 이렇게 말씀하신다.

4. 하늘이 나의 어좌요 땅이 나의 발판이다"(이사 66,1 참조).

5. 또 다른 곳에서는 이렇게 말합니다. "나의 영은 너희의 초하룻날

행사들과 너희의 안식일들을 싫어한다. 단식을 하고 일을 멈추는 중요한 날들에 나는 지쳤다. 너희가 내 앞에 보이러 오더라도 나는 들어 주지 않으리라.

6. 너희의 손은 피로 가득하다.

7. 너희가 나에게 밀과 향을 가져오더라도, 나에게는 혐오스럽다. 어린 양의 기름기와 황소의 피도 나는 싫다.

8. 누가 너희 손에서 이런 제물들을 요구했느냐?"(이사 1,11-15 참조). "불의한 결박을 풀어 주고 폭력적인 계약의 끈을 풀어 주며, 헐벗은 사람을 덮어 주고 네 양식을 굶주린 이와 함께 나누어라"(이사 58,6-7 참조).

9. 여러분은 하느님께서 예언자들을 통하여 무엇을 가르치셨는지 알 수 있을 것입니다.

제38장

1. 예언의 영이 그리스도의 이름으로 말할 때에는, 이렇게 말합니다. "나는 믿음이 없고 반항하는 백성에게 날마다 팔을 벌리고 있었다. 그들은 자기네 멋대로 좋지 않은 길을 걷는 자들"(이사 65,2 참조).

2. 또 이렇게 말합니다. "나는 매질에 내 등을, 때림에 내 뺨을 내맡겼고 침뱉음의 수모를 받지 않으려고 내 얼굴을 가리지도 않았다.

3. 그러나 주님께서 나를 도와주시니 나는 물러서지 않고 내 얼굴을 차돌처럼 만든다. 나는 부끄러운 일을 당하지 않을 것임을 안다. 나를 의롭다 하시는 분께서 가까이 계시기 때문이다"(이사 50,6-8 참조).

4. 또 이런 말씀도 있습니다. "그들은 제 옷을 두고 제비를 뽑고 제 손과 발을 뚫었습니다"(시편 22,17.19 참조).

5. "나 자리에 누워 잠들었다 깨어남은 주님께서 나를 받아 주시기

때문이니"(시편 3,6 참조).

6. "그들은 입술을 비죽거리고 머리를 흔들어 대며 말합니다. '너 자신이나 구해 보아라'"(시편 22,8-9 참조).

7. 여러분은 이 모든 것이 유대인들에 의해 그리스도께 일어났다는 것을 알 수 있습니다.

8. 그분께서 십자가에 못 박히셨을 때, 그들은 머리를 흔들며 이렇게 조롱하였습니다. "죽은 이들을 살렸으니, 너 자신이나 구해 보아라!"(마태 27,40 참조).

제39장

1. 예언의 영이 미래를 예고하려 할 때에는 이러한 방식으로 말합니다. "시온에서 가르침이 나오고 예루살렘에서 주님의 말씀이 나오기 때문이다. 그분께서 수많은 백성 사이의 시비를 가리시고 백성의 많은 이들을 심판하시리라. 그러면 그들은 칼을 쳐서 보습을 만들고 창을 쳐서 낫을 만들리라. 한 민족이 다른 민족을 거슬러 칼을 쳐들지도 않고 다시는 전쟁을 배워 익히지도 않으리라"(이사 2,3-4 참조).

2. 실제로 그렇게 되었다는 것을 여러분은 확인할 수 있습니다.

3. 예루살렘으로부터 사람들이 세상으로 나갔습니다. 그들은 열두 명이었습니다. 그들은 글도 모르고 말도 잘할 줄 몰랐지만, 자신들이 그리스도의 말씀을 모든 이에게 가르치도록 그분으로부터 파견되었다고 하느님의 힘으로 모든 민족에게 선포하였습니다. 우리는 전에는 서로 죽이곤 했었지만, 지금은 원수들과 전쟁을 하지 않을 뿐만 아니라 우리를 심판하는 이들에게 거짓말을 하거나 그들을 속이지 않기 위하여 기꺼이 그리스도를 고백하며 죽습니다.

4. 우리가 여기에서 "혀는 맹세했지만 마음은 맹세하지 않았다"[10]라는 말대로 할 수도 있을 것입니다.

5. 하지만 여러분이 소집하여 입대시킨 군인들도 여러분에게 한 맹세를 지키며 여러분이 죽지 않는 어떤 것을 전혀 줄 수 없는데도 자신의 생명이나 고국이나 그들의 친척보다 그 맹세를 우선하는데, 불사를 갈망하는 우리가 그것을 줄 수 있는 분으로부터 그것을 얻기 위하여 모든 것을 견디지 않는다면 그야말로 우스운 일일 것입니다.

제40장

1. 그분의 가르침을 알리고 그분의 오심을 선포한 이들에 대해서 어떻게 예언되었는지 들어 보십시오. 앞에서 언급한 예언자 임금은 예언의 영에 힘입어 이렇게 말했습니다. "낮은 낮에게 말을 건네고 밤은 밤에게 지식을 전하네.

2. 말도 없고 이야기도 없으며 그들 목소리조차 들리지 않지만

3. 그 소리는 온 땅으로, 그 말은 누리 끝까지 퍼져 나가네.

4. 태양 안에 그분의 거처가 있으며, 그분은 신방에서 나오는 신랑같고 용사처럼 길을 달리며 좋아하네"(시편 19,3-6 참조).

5. 이밖에도, 다윗의 다른 예언들도 언급하는 것이 좋고 올바르다고 생각했습니다. 그 말들에서 여러분은, 성령께서 사람들에게 어떤 삶의 방식을 권고하시는지 알 수 있을 것입니다.

6. 또한 성령께서는 유대인들의 임금, 유대인들, 여러분이 그들에게 파견한 총독 빌라도 그리고 그의 군인들이 그리스도를 거슬러 하나로

---

10 에우리피데스『히폴리토스』607 참조.

뭉칠 것을 예고하셨습니다.

7. 그리고 모든 민족의 사람들이 그분을 믿게 될 것이며, 하느님께서 그분을 아들이라고 부르시고 모든 원수들을 그분에게 굴복시킬 것임을 예고하셨습니다. 어떤 방식으로 마귀들이 만물의 아버지이며 주님이신 하느님과 그리스도의 권능을 벗어나려고 할 것인지, 그리고 심판의 날이 오기 전에 하느님께서 어떤 식으로 모든 이들을 회개로 부르실 것인지를 말씀하셨습니다.

8. 그 말씀은 이러합니다. "행복하여라! 악인들의 뜻에 따라 걷지 않고 죄인들의 길에 들지 않으며 오만한 자들의 자리에 앉지 않는 사람, 오히려 주님의 가르침을 좋아하고 그분의 가르침을 밤낮으로 되새기는 사람.

9. 그는 시냇가에 심겨 제때에 열매를 내며 잎이 시들지 않는 나무와 같아 하는 일마다 잘되리라.

10. 악인들은 그렇지 않으니 바람에 흩어지는 먼지와 같아라. 그러므로 악인들이 심판 때에, 죄인들이 의인들의 모임에 감히 서지 못하리라. 의인들의 길은 주님께서 알고 계시고 악인들의 길은 멸망에 이르기 때문일세"(시편 제1편 참조).

11. "어찌하여 민족들이 술렁거리며 겨레들이 헛일을 꾸미는가? 주님을 거슬러, 그분의 그리스도를 거슬러 세상의 임금들이 들고 일어나며 군주들이 함께 음모를 꾸미는구나. '저들의 오랏줄을 끊어 버리고 저들의 사슬을 벗어 던져 버리자.'

12. 하늘에 좌정하신 분께서 웃으신다. 주님께서 그들을 비웃으신다. 마침내 진노하시어 그들에게 말씀하시고 분노하시어 그들을 놀라게 하시리라.

13. 그분께서 나를 그분의 거룩한 산 시온 위에 임금으로 세우시어, 주님의 계명을 선포하게 하셨도다.

14. 주님께서 나에게 말씀하셨다. '너는 내 아들. 내가 오늘 너를 낳았노라.

15. 나에게 청하여라. 내가 민족들을 너의 재산으로, 땅끝까지 너의 소유로 주리라. 너는 쇠지팡이로 그들을 치고 옹기장이 그릇처럼 바수리라.'

16. 자, 이제 임금들아, 깨달아라. 세상의 판관들아, 가르침을 받아들여라.

17. 경외하며 주님을 섬기고 떨며 그분 앞에 환호하여라.

18. 가르침을 받아들여라. 그러지 않으면 그분께서 노하시어 너희가 올바른 길에서 멀어지리니 자칫하면 그분의 진노가 타오르기 때문이다. 행복하여라, 그분을 신뢰하는 이들 모두!"(시편 제2편 참조).

제41장

1. 또 다른 예언에서 예언의 영은 다윗을 통하여, 그리스도께서 십자가에 못 박히신 다음 통치하실 것을 이렇게 말하였습니다. "모든 땅들이여 주님께 노래하여라, 나날이 선포하여라, 그분의 구원을. 주님은 위대하시고 크게 찬양을 받으시며, 모든 신들 위에 두려우시도다. 민족들의 신들은 마귀들의 우상이어도 주님께서는 하늘을 만드셨네.

2. 영광과 찬양이 그분 앞에, 힘과 영화가 그분 성소에 있네. 주님께 드려라, 영원하신 아버지 주님께 영광을 드려라.

3. 선물을 받고 그분 앞으로 들어가라. 그분의 거룩한 성전에서 주님께 경배하여라. 온 세상아, 그분 앞에서 무서워 떨어라. 올바로 세워져

흔들리지 않으리라.

4. 민족들 사이에서 기뻐하여라. 주님께서 나무로부터 다스리셨다"

(시편 96,1.4-10 참조).

제42장

1. 때로 예언의 영은 미래의 일을 마치 이미 일어난 일처럼 말합니다. 이는 앞에 인용한 구절에서도 알 수 있습니다. 우리는 이 점을 설명하여, 읽는 이들에게 변명의 여지를 주지 않으려고 합니다.

2. 앞으로 반드시 일어나리라고 분명히 알고 있는 일에 대해서는, 이미 일어난 것처럼 예고합니다. 이제부터 하는 말에 주의를 기울여 보십시오. 그 말들을 그렇게 이해해야 한다는 것을 알게 될 것입니다.

3. 내가 앞서 했던 말을, 다윗은 그리스도가 사람이 되고 십자가에 못 박히기 천오백 년 전에 말했습니다. 그런데 그분 이전에 산 이들 가운데에는 아무도 십자가에 못 박힘으로써 민족들에게 기쁨을 준 이가 없었고, 그분 이후에 살았던 이들 가운데에서도 그런 사람은 없었습니다.

4. 반면 우리 예수 그리스도는 십자가에 못 박히시고 돌아가시고 부활하시고, 하늘에 오르신 다음 통치하셨습니다. 그리고 사도들을 통하여 모든 민족들에게 전해진 소식은, 그분께서 선포하신 불사를 기다리는 모든 이에게 기쁨이 되었습니다.

제43장

1. 아무도 우리가 한 말 때문에, 곧 미래의 사건들에 관한 예고가 이미 알려져 있었다는 말 때문에, 모든 일은 정해진 운명에 따라 일어난다고 결론짓지 않도록, 이 점도 설명하겠습니다.

2. 우리는 처벌과 꾸짖음, 좋은 상급이 각자에게 그 행동의 공과에 따라 주어진다는 것을 예언자들로부터 배웠고, 그 말이 참됨을 증명하겠습니다. 만일 그렇지 않고 모든 것이 운명에 따라 이루어진다면, 우리가 할 수 있는 것은 전혀 없을 것입니다. 어떤 사람은 선하고 어떤 사람은 악한 것이 정해져 있다면, 선한 사람을 칭찬할 일도 악한 사람을 비난할 일도 없을 것입니다.

3. 한편, 만일 인간이 비난받을 만한 것을 피하고 선을 자유롭게 선택할 수 없다면, 무슨 일을 하든 그에 대한 책임이 없을 것입니다.

4. 그러나 우리는, 인간이 자유롭게 선택을 하여 올바르게 행동하거나 잘못한다는 것을 증명하겠습니다.

5. 우리는 같은 사람이 상반되는 것들을 욕망한다는 것을 압니다.

6. 만일 그가 악하거나 선하다고 정해져 있다면, 상반되는 행동을 할 수도 없고 자주 바뀔 수도 없을 것입니다. 그렇다면 결국, 선한 이들도 없고 악한 이들도 없다는 말이 됩니다. 왜냐하면, 운명이 악함의 원인이면서 자신과 모순되는 것을 행한다는 것을 증명하는 셈이 되기 때문입니다. 아니면 처음에 했던 말이 참이라고, 곧 덕이나 악은 아무것도 아니고 어떤 것이 선하거나 악한 것은 그저 견해일 뿐이라고 하게 될 것입니다. 하지만 참된 이성이 보여 주듯이 그것은 지극한 불경이고 불의입니다.

7. 반면 우리는, 피할 수 없는 운명이란 선을 선택하는 사람에게는 마땅한 상급이 있고 그에 반대되는 것을 선택하는 사람에게는 마찬가지로 마땅한 벌이 있다는 것이라고 단언합니다.

8. 하느님은 인간을 다른 것들처럼, 곧 어떻게 행동할지 선택할 수 없는 나무나 네 발 짐승처럼 만들지 않으셨기 때문입니다. 만일 인간이

스스로 선을 선택하는 것이 아니라 본디 그렇게 만들어진 것이라면, 그는 상급이나 칭찬을 받기에 합당하지 않을 것입니다. 그가 악하다고 해도, 벌을 받는 것은 마땅치 않을 것입니다. 그는 스스로 악한 것이 아니며, 본디 만들어진 그 자신과 달라질 수 없기 때문입니다.

제44장

1. 예언의 거룩한 영은 하느님께서 당신께서 만드신 첫 인간에게 이렇게 말씀하셨다고 모세를 통하여 우리에게 이를 알려 줍니다. "네 앞에 선과 악이 있으니, 선을 택하여라"(신명 30,15.19 참조).

2. 또한 다른 예언자 이사야를 통해서는, 만물의 아버지이며 주님이신 하느님의 이러한 말씀을 전해 줍니다.

3. "너희 자신을 씻어 깨끗이 하여라. 너희 영혼의 악한 행실들을 치워 버려라. 선행을 배워라. 고아의 권리를 되찾아 주고 과부를 두둔해 주어라. 주님께서 말씀하신다. '오너라, 우리 시비를 가려 보자. 너희의 죄가 진홍빛 같아도 양털같이 희어지고 다홍같이 붉어도 눈같이 되리라.

4. 너희가 기꺼이 순종하면 이 땅의 좋은 소출을 먹게 되리라. 그러나 너희가 마다하고 거스르면 칼날에 먹히리라.' 주님께서 친히 말씀하셨다"(이사 1,16-20 참조).

5. "칼날에 먹히리라"라는 말은 순종하지 않는 이들이 칼로 죽임을 당하리라는 뜻이 아닙니다. 하느님의 칼은 불이고, 악행을 선택하는 이들은 그 불에 먹힐 것입니다.

6. 그래서 "칼날에 먹히리라.' 주님께서 친히 말씀하셨다"라고 말하는 것입니다.

7. 베고 갈라놓는 칼에 대해 말하는 것이었다면 "먹히리라"라고 하

지 않았을 것입니다.

8. 그러므로 "잘못은 선택하는 사람에게 있다. 신은 탓이 없다"[11]라는 플라톤의 말은 모세 예언자의 가르침을 빌려 온 것입니다. 모세가 모든 그리스 저자들 이전의 인물이기 때문입니다.

9. 철학자들과 시인들이 영혼의 불사에 관하여, 사후의 징벌이나 천상의 것들을 관조하는 것에 관하여, 그리고 그와 유사한 가르침들에 관하여 말한 모든 것은 예언자들로부터 취하여 이해하고 설명할 수 있었던 것입니다.

10. 그래서 모든 이들에게 진리의 씨앗이 있는 것처럼 보이는 것입니다. 그러나 그들이 서로 모순되는 주장을 할 때에는, 그들이 올바로 이해하지 못했다고 지적할 수 있습니다.

11. 그러므로 우리가 앞으로 일어날 일들이 예언되었다고 말할 때, 우리는 그것이 운명적인 필연으로 일어난다고 말하는 것이 아닙니다. 하느님께서는 사람들의 모든 행위를 미리 아시고, 모든 사람이 자신의 행위에 마땅한 갚음을 받도록 정해 놓으셨기 때문에 예언의 영을 통하여 행위에 마땅한 갚음이 따르리라고 예고하시며 인류를 이해와 기억으로 이끄시고, 인간을 돌보시고 섭리하신다는 것을 보여 주십니다.

12. 악령들의 부추김으로, 히스타스페스나 시빌라나 예언자들의 책을 읽는 이들은 사형에 처한다는 법령이 공포되었습니다. 이는 그것을 읽으려는 이들이 두려움 때문에 선을 알지 못하게 만들고, 그들을 예속시켜 두기 위해서였습니다. 그러나 끝까지 그렇게 하지는 못했습니다.

13. 우리는 두려움 없이 그 책들을 읽을 뿐 아니라, 여러분이 보듯이

---

11   플라톤 『국가』 10,617e.

그것을 검토하도록 여러분에게도 가져갑니다. 그것이 누구에게나 마음에 들리라는 것을 알기 때문입니다. 우리가 소수의 사람들만을 설득할 수 있다 하더라도, 우리는 매우 많은 것을 얻은 셈이 될 것입니다. 우리는 좋은 농부들로서 주인으로부터 상급을 받을 것입니다.

제45장

1. 다윗 예언자는 만물의 아버지이신 하느님께서 그리스도를 죽은 이들 가운데에서 일으키신 다음 하늘로 데려가실 것을 예언했습니다. 또한 그분의 원수들인 마귀들을 굴복시킬 때까지, 그리고 미리 아셨던 선하고 덕스러운 이들의 수가 찰 때까지 — 그분은 그들 때문에 아직 불의 재앙을 일으키지 않으신 것입니다 — 그분이 하늘에 계실 것임을 예언했습니다.

2. 다윗의 말은 이러합니다. "주님께서 내 주님께 하신 말씀. 내 오른쪽에 앉아라, 내가 너의 원수들을 네 발판으로 삼을 때까지.

3. 주님께서 당신 권능의 왕홀을 시온으로부터 보내시리니 당신께서는 원수들 가운데에서 다스리소서.

4. 당신의 거룩한 이들의 찬란함 속에, 당신 권능의 날에 통치권이 당신과 함께. 샛별이 뜨기 전에 품안으로부터 너를 낳았노라"(시편 110,1-5 참조).

5. "당신 권능의 왕홀을 시온으로부터 보내시리니"라는 구절은 힘 있는 말씀에 대한 예언입니다. 그분의 사도들은 예루살렘에서 나와 모든 곳에서 그 말씀을 선포했습니다. 그리스도의 이름을 가르치거나 고백하는 이들에게 사형이 선고되어도, 우리는 어디서나 그 이름을 받아들이고 가르칩니다.

6. 여러분이 이 말들을 적대적으로 읽는다 하더라도, 앞에서도 말했듯이, 여러분은 우리를 죽이는 것 이상은 할 수 없습니다. 그런 것은 우리에게 해를 입히지 못합니다. 그러나 여러분과 불의하게 우리를 미워하고 마음을 바꾸지 않는 이들에게는, 영원한 불의 징벌을 가져다 줄 것입니다.

제46장

1. 그리스도께서 백오십 년 전 퀴리니우스 통치 때에 태어나셨고, 얼마 후 본시오 빌라도 때에 우리가 그분의 가르침이라고 전하는 것들을 가르치셨다는 우리의 주장을 왜곡하여 [마치 우리가] 그리스도 시대 이전에 살았던 모든 이는 그들의 행동에 책임이 없다고 [말한 것처럼] 우리를 고발하는 사람이 아무도 없도록, 우리는 이 어려운 문제에 대해서도 예상하고 대답하려 합니다.

2. 우리는 그리스도가 [아버지] 하느님의 맏아들이시라고 배웠고, 앞에서 그분이 로고스이시며 온 인류가 그 로고스에 참여한다는 것을 증명했습니다.

3. 그 로고스에 따라 산 이들은, 비록 무신론자로 여겨졌다 하더라도 그리스도인입니다. 그리스인 가운데 소크라테스와 헤라클레이토스 같은 이들이 그러했고, 다른 민족들 가운데서는 아브라함, 엘리야, 하난야, 아자르야, 미사엘[12] 같은 많은 이들이 그러했습니다. 그들의 업적과 이름을 열거하진 않겠습니다. 그랬다가는 글이 너무 길어질 것입니다.

4. 그러므로 로고스보다 먼저 태어나 이성에 따라 살지 않은 이들은

---

12 하난야와 아자르야, 미사엘은 불가마의 불길에도 해를 입지 않은 다니엘의 세 동료이며 사드락, 메삭, 아벳 느고라고도 불린다.

쓸모없는 인간들이었으며 그리스도의 원수들이었고 이들은 이성에 따라 사는 이들을 죽였습니다. 반면 이성에 따라 살았거나 지금 그렇게 살고 있는 이들은 그리스도인이며, 두려움이 없고 마음이 편안합니다.

5. 로고스의 힘을 통하여 그분께서 만물의 아버지이며 주인이신 하느님의 뜻에 따라 동정녀에게서 인간으로 태어나셨으며 예수라고 불렸고 십자가에서 돌아가시고 부활하시어 하늘로 오르신 이유가 무엇인지는, 생각이 있는 사람이라면 지금까지 말한 것으로 이해할 수 있을 것입니다.

6. 그러나 지금 당장은 이 논제를 증명할 필요가 없으므로, 먼저 더 시급한 문제들을 증명하도록 하겠습니다.

제47장

1. 유대인들의 땅이 황폐하게 되리라는 것에 대해서 예언의 영이 하신 말씀을 들어 보십시오. 이 말들은 일어난 일에 놀라는 백성들의 입에서 나오는 말로 표현된 것입니다.

2. 그 말씀은 이러합니다. "시온은 광야가 되고 예루살렘은 황무지가 되었습니다. 저희 조상들이 당신을 찬양하던 곳, 저희의 거룩하고 영화로운 집은 불탔고 그 집의 장식들은 모두 폐허가 되어 버렸습니다.

3. 이렇게 되었는데도 당신은 가만히 계시고 침묵하셨으며, 저희를 이토록 극심하게 억누르셨습니다"(이사 64,9-11 참조).

4. 예루살렘이 예언대로 황폐하게 되었다는 것을 여러분은 잘 알고 있습니다.

5. 예루살렘이 파괴될 것이며 어떤 유대인도 그곳에서 살도록 허락되지 않으리라는 것에 관하여, 이사야 예언자가 이렇게 예언했습니다.

"그들의 땅은 황폐하고 원수들이 그들 앞에서 그 땅을 먹어치울 것이며, 그들 가운데 누구도 그 안에 살지 못하리라"(이사 1,7 참조).

6. 여러분은 아무도 그 안에 살지 못하도록 그곳을 감시했고 거기에 들어가다가 붙잡힌 유대인은 누구나 사형에 처해지는 법이 제정되었다는 것을 잘 알고 있습니다.

제48장

1. 우리 그리스도께서 모든 질병을 치유하시고 죽은 이들을 살리시리라는 예언을 들어 보십시오.

2. 그 말씀은 다음과 같습니다. "그때에 다리저는 이는 사슴처럼 뛰고 말못하는 이의 혀는 풀리리라. 그때에 눈먼 이들은 눈이 열리고 나병 환자는 깨끗해지며 죽은 이들이 살아나 걸으리라"(이사 35,5-6 참조).

3. 그분께서 이러한 일들을 하셨다는 것을, 여러분은 『빌라도 행전』에서 찾아볼 수 있습니다.

4. 그분이 당신께 희망을 둔 이들과 함께 죽임을 당하실 것임을 예언의 영이 어떻게 예언했는지, 이사야의 말을 들어 보십시오.

5. 그 말씀은 이러합니다. "의인이 사라져 가도 마음에 두는 자 하나 없다. 의인들이 제거되어도 신경쓰는 자 하나 없다.

6. 의인은 악 앞에서 제거되어 평화 속으로 들어가고, 그의 무덤은 평화를 누리리라. 그는 제거되었다"(이사 57,1-2 참조).

제49장

1. 이사야는 또한 그분을 기다리지 않았던 민족들이 그분을 경배하게 될 것이며 그분을 기다리던 유대인들은 그분이 나타나셨을 때 알아

보지 못하리라고 예언했습니다. 그는 그리스도의 입이 되어 이렇게 말합니다.

2. "나를 청하지 않는 이들에게 내가 드러났고 나를 찾지 않던 이들이 나를 발견하였다. 나의 이름을 부르지 않는 겨레에게 나는 '나 여기 있다' 하고 말하였다.

3. 나는 믿지 않고 반항하는 백성에게 날마다 팔을 벌리고 있었다. 자기네 멋대로 좋지 않은 길을 걷는 자들, 자기들의 죄를 쫓아다니며 내 앞에서 나의 마음을 상하게 하는 백성에게"(이사 65,1-3 칠십인역 참조).

4. 유대인들은 예언을 갖고 있었고 언제나 그리스도를 기다리고 있었지만, 그분이 오셨을 때에는 그분을 알아보지 못했습니다. 그뿐 아니라, 그분을 죽이기까지 했습니다. 그러나 예루살렘으로부터 떠나간 사도들이 그리스도에 관하여 선포하고 예언을 전파하자 그때까지 그분에 대해 들어보지 못한 다른 민족들은 기쁨과 믿음으로 가득 차 우상들을 버리고 태어남을 겪지 않은 하느님께 그리스도를 통하여 자신들을 바쳤습니다.

6. 이사야가 간략하게 한 말을 들어 보십시오. 그는 그리스도를 고백하는 이들을 거슬러 제기되리라는 비방이 미리 알려져 있었고, 그분을 모독하며 옛 전통을 보존하는 것이 좋다고 주장하는 이들이 재앙을 당하게 되리라고 말했습니다.

5. 그 말은 이러합니다. "불행하여라, 쓴 것을 단 것으로 만들고 단 것을 쓰다고 하는 자들!"(이사 5,20 참조).

제50장

1. 우리를 위해 사람이 되신 그리스도께서 고난과 수치를 겪으시고,

영광 중에 다시 돌아오시리라는 것에 관한 예언들을 들어 보십시오.

2. 그 말씀은 이러합니다. "그들은 그의 영혼을 그들 대신 죽음에 넘겼고, 그는 무법자들 가운데 하나로 헤아려졌기 때문이다. 또 그가 많은 이들의 죄를 메고 갔으며 무법자들을 위해 속죄했기 때문이다"(이사 53,12 참조).

3. 그리고 "보라, 나의 종은 깨달으리라. 그는 높이 올라 더없이 영광을 받으리라.

4. 많은 이들이 너를 보고 질겁하였듯이, 너의 모습과 너의 영광은 사람들에게 멸시를 받으리라. 그러나 이제 그는 수많은 민족들을 놀라게 하고 임금들도 그 앞에서 입을 다물리니, 그에 대해 이제까지 알려지지 않았던 이들과 들어 보지 못한 이들이 깨닫기 때문이다"(이사 52,13-15 참조).

5. "주님, 우리의 말을 누가 믿었습니까? 주님의 팔이 누구에게 드러났습니까? 우리는 어린아이처럼, 메마른 땅의 뿌리처럼 그분 앞에서 선포했습니다"(이사 53,1-2 참조).

6. "그에게는 풍채도 영광도 위엄도 없었으며 우리는 그를 보았다. 그의 모습은 아름답지 않았으며 사람들 앞에서 멸시를 받았고 배척당했다.

7. 그는 고통의 사람, 병고에 익숙한 이였다. 사람들은 그에게서 얼굴을 돌렸고 그는 멸시만 받았으며 우리도 그를 대수롭지 않게 여겼다.

8. 그렇지만 그는 우리의 병고를 메고 갔으며 우리의 고통을 짊어졌다. 그런데 우리는 그를 벌받은 자, 매 맞은 자, 고통을 겪는 자로 여겼다.

9. 그러나 그가 상처를 입은 것은 우리의 죄 때문이고 그가 으스러진 것은 우리의 죄악 때문이다. 우리의 평화를 위한 응징을 그가 받았고

그의 상처로 우리는 나았다.

10. 우리는 모두 양 떼처럼 길을 잃고 저마다 제 길을 따라갔지만 그는 우리 죄를 위하여 자신을 바쳤다. 학대받았지만 그는 자기 입을 열지 않았다. 도살장에 끌려가는 어미 양처럼 털 깎는 사람 앞에 잠자코 서 있는 어린 양처럼 그는 자기 입을 열지 않았다. 수치 속에 그에게 판결이 내려졌다"(이사 53,1-8 참조).

11. 그분께서 십자가에 못 박히신 후, 그분을 알던 이들까지도 그분을 부인하고 그분을 버렸습니다. 그러나 그 뒤, 그분께서는 죽은 이들 가운데에서 부활하시어 그들에게 나타나셔서는 이 모든 일이 일어나리라고 예고된 예언들을 읽도록 가르치셨습니다. 그들은 그분께서 하늘로 올라가시는 것을 보고 믿었으며, 위로부터 그분께서 그들에게 보내신 힘을 받았고, 모든 민족에게 가서 이것들을 가르쳤으며 사도들이라고 불렸습니다.

제51장

1. 예언의 영은 우리에게 이 고난을 겪는 분의 기원은 형언할 길이 없으며 그분께서 원수들을 지배하신다는 것을 이렇게 말하였습니다. "그의 탄생을 누가 이야기하랴? 정녕 그의 목숨은 산 이들의 땅에서 들어 올려지고 그는 그들의 악행 때문에 죽음에 이르렀다.

2. 그는 폭행을 저지르지도 않고 거짓을 입에 담지도 않았으니, 나는 그의 무덤 앞에 악인들을 두고 그의 죽음 앞에 부자들을 두리라. 주님은 그를 고통으로부터 깨끗하게 하고자 하신다.

3. 그가 속죄 제물로 바쳐지면 너희 영혼은 그의 후손이 길게 이어짐을 보리라.

4. 주님은 그의 영혼을 고통에서 풀어 주고 그에게 빛을 보여 주시며 예지로 그를 지으시고 많은 이들을 섬긴 의인을 의롭게 하고자 하신다. 그는 우리의 죄악을 짊어질 것이니, 그로써 많은 이들을 상속 재산으로 받고 강자들에게서 뺏은 전리품을 나누리라. 그의 영혼이 그들 대신 죽음에 넘겨졌고, 그가 무법자들 가운데 하나로 헤아려졌기 때문이다. 또 그가 많은 이들의 죄를 메고 갔으며 그들의 악행 때문에 넘겨졌기 때문이다"(이사 53,8-12 참조).

5. 또 그분께서 어떻게 하늘에 오르실 것인지에 대한 예언도 들어 보십시오.

6. 이런 말씀이 있습니다. "하늘의 문들을 열어라, 활짝 열어라. 영광의 임금님께서 들어가신다. 누가 영광의 임금이신가? 힘세고 싸움에 용맹하신 주님이시다"(시편 24,7-8 참조). 그분께서 영광스럽게 하늘로부터 다시 오시리라는 예레미야 예언자의 말도 들어 보십시오. "사람의 아들 같은 이가 하늘의 구름 위에 나타났고 그의 천사들이 함께 있었다"(다니 7,13 참조).[13]

제52장

1. 여태까지 일어난 일들을 모두 이전에 예언자들이 예언했다는 사실을 증명하였으니, 앞으로 일어나리라고 예언된 일들도 분명 일어나리라고 믿어야 합니다.

2. 그때까지 알려져 있지 않았지만 예고되었던 일들이 실제로 일어났듯이, 아직 알려져 있지 않거나 사람들이 믿지 않는 다른 일들도 역

---

13 예레미야서에는 이런 구절이 없다.

시 이루어질 것입니다.

3. 예언자들은 그분께서 두 번 오시리라고 선포했습니다. 첫 번째는 이미 일어났는데, 그것은 영예도 없고 고통을 당하는 인간으로서 오신 것이었습니다. 두 번째는, 예언된 바와 같이 당신 천사들의 무리와 함께 하늘로부터 영광스럽게 오실 때에 이루어질 것입니다. 그때에 그분은 그때까지 살았던 모든 사람의 몸을 부활시키실 것이며, 의인들의 몸에는 불사를 입혀 주시고 불의한 이들의 몸은 영원한 불로 보내시어 마귀들과 함께 영원히 고통을 당하게 하실 것입니다.

4. 이제 앞으로 일어날 일들도 예언되었음을 증명하겠습니다.

5. 에제키엘 예언자는 이렇게 말했습니다. "관절은 관절에, 뼈는 뼈에 붙고 살이 돋아나리라"(에제 37,7-8 참조).

6. "모든 무릎이 주님 앞에 굽혀지고 모든 혀가 그분을 고백하리라" (참조: 이사 45,23; 로마 14,11).

7. 불의한 이들이 어떤 감각으로 어떤 고통을 느끼게 될 것인지에 관하여 언급된 바를 들어 보십시오.

8. 그 말씀은 이러합니다. "그들의 구더기들은 죽지 아니하고 그들의 불은 꺼지지 아니하리라"(이사 66,24 참조).

9. 그때에 그들은 회개할 테지만, 아무 소용이 없을 것입니다.

10. 즈카르야 예언자는, 그분께서 영광스럽게 돌아오시는 것을 볼 때 유대 백성이 뭐라고 말하고 행할 것인지를 이렇게 예언했습니다. "나는 사방의 바람에게 명하여 흩어진 자녀들을 모아들이게 하리라. 북풍에게 명하여 그들을 데려오게 하고, 남풍에게는 그들을 가로막지 못하게 하리라.

11. 예루살렘에는 큰 울음이 있으리라. 입이나 입술로 우는 것이 아

니라 마음으로 울 것이며, 옷이 아니라 마음을 찢으리라.

12. 가문마다 모여 가슴을 칠 것이며, 그들은 자기들이 찌른 이를 보고 이렇게 말하리라. '주님, 어찌하여 저희를 당신 길에서 벗어나게 하셨습니까?' 우리 조상들이 자랑하던 영광은 우리에게 수치가 되었습니다"(참조: 이사 43,5; 63,17; 즈카 12,10-11).

제53장

1. 더 많은 예언들을 인용할 수 있지만, 그만두겠습니다. 듣고 이해할 귀가 있는 이들에게는 이것으로 충분하리라고 생각합니다. 또한 그들은 우리가 이른바 제우스의 아들들에 관한 신화를 꾸며 내는 이들과는 달리 증명할 수 없는 것은 말하지 않는다는 것도 알리라고 생각합니다.

2. 그분께서 사람이 되어 오시기 전에 그분에 관하여 선포된 증거들이 우리에게 없다면, 그리고 그것이 정확하게 실현되었다는 것을 보지 않았다면, 우리가 어떻게 십자가에 못 박힌 인간이 태어남을 받지 않으신 하느님의 맏아들이라고 믿고 또 그가 온 인류를 심판하시리라고 믿을 수 있겠습니까?

3. 유대인들의 땅은 황폐하게 되었고, 모든 종족의 사람들이 그분 사도들의 가르침에 설득되어 그릇되게 살아 오던 예전의 습관을 버렸습니다. 유대인이나 사마리아인이 아닌 이민족 출신 신자들이 더 많고 더 진실한 것을 우리는 봅니다.

4. 예언의 영은 다른 모든 인간 종족들은 "민족들"이라고 부르고 유대인들과 사마리아인들은 이스라엘의 지파들, 야곱 집안이라고 부릅니다.

5. 예언은 유대인이나 사마리아인 출신보다 이민족 출신 신자들이

더 많으리라고 예고하였습니다. 그 말씀은 이러합니다. "환성을 올려라, 아이를 낳지 못하는 여인아! 기뻐 소리쳐라, 외쳐라, 산고를 겪어보지 못한 여인아! 버림받은 여인의 아들들이 혼인한 여인의 아들들보다 많을 것이다"(이사 54,1 참조).

6. 자신의 손으로 만든 것을 섬기던 모든 민족들에게는 참된 하느님이 없었습니다. 그와 달리 유대인들과 사마리아인들은, 하느님의 말씀이 예언자들을 통하여 그들에게 선포되었고 언제나 그리스도를 기다리고 있었지만, 그분께서 오셨을 때에 그분을 알아보지 못했습니다. 소수만이 그분을 알아보았습니다. 예언의 거룩한 영은 이사야를 통하여, 그들이 구원되리라고 말했습니다.

7. 그는 그들의 입이 되어 이렇게 말했습니다. "만군의 주님께서 우리에게 씨앗을 남겨 주지 않으셨더라면 우리는 소돔처럼 되고 고모라같이 되고 말았으리라"(이사 1,9 참조).

8. 모세는 소돔과 고모라가 불경한 자들의 도성이었으며 하느님께서 불과 유황으로 그 도성들을 태워 없애셨고, 그 주민들은 칼데아 출신의 이방인인 롯이라는 사람 외에는 아무도 구원되지 못했다고 말합니다. 그의 딸들도 함께 구원되었습니다.

9. 보고자 하는 사람은, 그 지역 전체가 불타 황폐해지고 폐허가 된 것을 볼 수 있습니다.

10. 이민족 출신들이 더 진실하고 더 충실한 이들이리라고 예언되었음을 밝히기 위하여, 이사야 예언자의 말을 인용하겠습니다.[14]

11. 그는 이렇게 말했습니다. "이스라엘은 마음의 할례를 받지 않았

---

14 이사야서가 아니라 예레미야서 말씀이다.

고, 민족들은 육의 할례를 받지 않았다"(예레 9,25 참조).

12. 이러한 증명은 진리를 받아들이는 이들, 헛된 견해들을 따르거나 정념에 사로잡히지 않는 이들에게 확신을 주고 믿음으로 이끌 수 있을 것입니다.

제54장

1. 시인들이 꾸며 낸 신화를 가르치는 이들은 나이 어린 제자들에게 아무런 증명도 하지 못합니다. 그러나 우리는 이 이야기들이 인류를 속이고 타락시키려는 악령의 부추김으로 만들어진 것임을 증명할 수 있습니다.

2. 그리스도께서 오시리라는 것과 불경한 자들이 불로 벌을 받으리라고 예언자들이 예고하는 것을 들은 악령들은, 많은 이들이 제우스의 아들들이라고 여기던 이들에 대한 이야기들을 지어 내었습니다. 이로써 사람들이 그리스도에 관한 예언들을 시인들이 만들어 낸 것들과 비슷한 상상의 이야기라고 여기게 하려 한 것입니다.

3. 이 이야기들은 그리스인들 사이에서는 물론 다른 모든 민족들 사이에서도 퍼져나갔습니다. 악령들은 다른 민족들이 더 기꺼이 그리스도를 믿으리라고 예언자들이 예언하는 것을 들었습니다.

4. 우리는 그들이 예언자들이 말하는 것을 들으면서도 그것을 이해하지 못했고, 오류에 빠져 우리 그리스도에 관한 말을 모방했다는 것을 설명하겠습니다.

5. 앞에서 말한 바와 같이 이 모든 저자들 이전에 살았던 예언자 모세는, 이미 말한 바와 같이 자신의 말로 이렇게 예언했습니다. "유다에게서 통치자가, 그의 옆구리에서 지도자가 끊이지 않으리라. 다스리도

록 정해진 그분께서 오실 때까지. 민족들이 그를 기다리리라. 그는 제 어린 암나귀를 포도나무에 매고 포도의 피로 제 겉옷을 빤다"(창세 49,10-11 참조).

6. 악령들은 이 예언 말씀을 듣고, 디오니소스가 제우스의 아들이며 그가 포도나무를 발견했다고 말했고, 그의 신비 예식에 포도주를 도입했습니다. 또한 그들은, 그의 몸이 찢긴 후에 그가 하늘로 올라갔다고 가르쳤습니다.

7. 모세의 예언은 장차 오실 분이 하느님의 아들인지 명확하게 이야기하지 않았고, 암나귀를 타고 땅에 남아 있을 것인지 하늘에 오를 것인지도 분명하게 말하지 않았습니다. 게다가 "암나귀"라는 단어가 당나귀의 새끼일 수도 있고 말의 새끼일 수도 있습니다. 따라서 악령들은 오시기로 예언된 분이 나귀 새끼를 타고 오실지 망아지를 타고 오실지, 그리고 우리가 말한 대로 하느님의 아들일 것인지 아니면 인간의 아들일 것인지도 알지 못하면서, 인간에게서 태어난 인간인 벨레로폰이 페가수스라는 말을 타고 하늘로 올라갔다고 하였습니다.

8. 또한 다른 예언자 이사야가 그분께서 동정녀에게서 태어날 것이며 하늘로 올라가리라고 예언했다는 것을 듣고는, 그것을 페르세우스에 관한 말이라고 생각했습니다.

9. 앞에서 인용한 예언에서 그분이 "거인처럼 길을 달린다"(시편 19,6 참조)라고 예언되었다는 것을 알고는, 힘세고 온 땅을 돌아다닐 수 있었던 헤라클레스에 대해 말했습니다.

10. 마지막으로, 그분이 모든 질병을 치유하시고 죽은 이들을 되살리시리라고 예언되었음을 알고는, 아스클레피오스에 관한 이야기를 들려주었습니다.

제55장

1. 하지만 그 어디에서도, 제우스의 아들이라고 일컬어진 이들 가운데 누구도, 십자가에 처형되는 것을 모방하였다는 말은 없었습니다. 앞에서 증명한 바와 같이, 실로 그들은 십자가에 관한 모든 것은 상징으로 제시되었다는 것을 이해하지 못했던 것입니다.

2. 예언자가 예고했듯이, 이것이야말로 그분의 힘과 주권에 대한 가장 강력한 상징입니다. 이는 우리가 보는 모든 일들로 증명됩니다. 세상 안에 있는 모든 것을 살펴보십시오. 그것들이 이(십자가) 형태 없이 지탱되거나 연결될 수 있겠습니까?

3. 돛이라 불리는 [승리의 상징]이 배 위에 굳건히 서 있지 않다면 항해를 할 수 없습니다. 그 형태가 없다면 땅을 갈 수도 없습니다. 이 형태로 된 도구가 없다면 땅을 파는 이들은 그들의 일을 할 수 없고, 장인들도 그러합니다.

4. 인간의 형상은, 그가 똑바로 서서 손을 뻗을 수 있고 얼굴에는 이마 아래에 코가 있다는 점에서 이성이 없는 동물들의 형상과 구별됩니다. 그리고 살아 있는 것은 코로 숨을 쉬는데 그것은 다름아닌 십자가 모양입니다.

5. 예언자는 "우리 얼굴 앞의 영은 그리스도 주님"_(애가 5,20 참조)이라고 말했습니다.

6. 여러분이 사용하는 상징들도 이 형상의 힘을 보여 줍니다. 여러분은 깨닫지 못하면서도 어디서나 여러분의 행렬에서 깃발과 트로피들로써 지배권과 힘을 나타냅니다.

7. 그리고 여러분은 이 형상으로 여러분의 죽은 황제들의 상을 세우고, 거기에 새겨 넣은 문구에서 그들을 신이라고 부릅니다.

8. 우리는 논증과 이 형태의 증명을 통하여, 우리 능력껏 여러분을 설득하고자 했습니다. 이제는 여러분이 우리를 믿지 않더라도 우리에게는 책임이 없습니다. 우리는 임무를 다했습니다.

제56장

1. 그러나 악령들은 그리스도가 나타나기 전에 이른바 제우스의 아들들이 있었다고 말하는 것으로 만족하지 않았습니다. 그들은 그분께서 나타나시어 사람들 사이에서 사신 뒤에, 예언자들이 그분을 예고하였으며 모든 민족들이 그분을 믿고 또 고대하고 있음을 알고는, 앞에서 말했듯이 또 다시 다른 사람들을 내놓았습니다. 사마리아의 시몬과 메난드로스 같은 이들이지요. 이들은 주술적 능력을 지니고 있어 많은 이들을 속였고 지금도 그렇게 하고 있습니다.

2. 앞에서 말했듯이 시몬은 클라우디우스 황제 때에 제국의 수도 로마에서 살았습니다. 그는 거룩한 원로원과 로마 백성을 크게 놀라게 하여 신으로 여겨졌고 여러분들이 신으로 여기는 다른 이들처럼 동상까지 세워지는 공경을 받았습니다.

3. 그래서 우리는 거룩한 원로원과 여러분이 함께 우리의 이 요청을 잘 판단하시어 시몬의 교설에 넘어간 모든 이가 진리를 깨닫고 오류에서 벗어날 수 있게 해 주시기 바랍니다. 그렇게 하실 생각이시라면, 동상은 부수십시오.

제57장

1. 악령들은 그리스도께서 이미 오셨음을 숨길 수 없었듯이, 악인들을 벌하는 불이 없다는 것을 증명하지도 못합니다. 그들이 할 수 있는

것은 그저, 나쁜 습관 속에서 자라난 견해들에 사로잡혀 이성을 거슬러 사는 이들이 우리를 죽이고 미워하게 하는 것뿐입니다. 우리는 그들을 미워하지 않을 뿐만 아니라, 보시다시피 그들을 딱하게 여기며 그들이 생각을 바꾸도록 설득하고자 합니다.

2. 우리는 죽음을 두려워하지 않습니다. 어쨌든 우리는 죽으며, 새로운 것은 없음을 알기 때문입니다. 이러한 사물들의 질서 안에서는 언제나 같은 것들이 계속됩니다. 이것을 일 년 동안 겪은 사람이 지루함을 느낀다면, 정념과 욕구로부터 영원히 자유롭게 되기 위하여 우리의 가르침에 주의를 기울여야 할 것입니다.

3. 그들이, 죽은 다음에는 아무것도 없다고 믿고, 죽은 이들에게는 감각이 없다고 주장한다면, 그들은 우리에게 좋은 일을 하는 셈이 됩니다. 우리를 이 아래의 정념과 욕구로부터 벗어나게 해 주는 것이기 때문입니다. 반면 그들 자신은 악인이고 비인간적이며, 견해들에 사로잡혀 있음을 드러내는 것입니다. 그들은 우리에게 자유를 주기 위해 우리를 죽이는 것이 아니라, 우리에게서 생명과 즐거움을 빼앗기 위하여 우리를 죽이기 때문입니다.

제58장

1. 앞에서도 말했듯이, 악한 악령들은 폰투스의 마르키온도 내놓았습니다. 그는 지금도, 하느님이 하늘과 땅의 만물의 창조주이시며 그리스도가 예언자들이 예고한 그분의 아드님이심을 부인하도록 가르칩니다. 그는 만물의 조물주가 아닌 다른 하느님을, 그리고 마찬가지로 다른 아들을 선포합니다.

2. 많은 이들은 오직 그만이 진리를 아는 것처럼 그를 믿으며, 자신

들의 주장을 증명하지 못하면서도 우리를 비웃습니다. 그들은 늑대에게 잡힌 어린 양들처럼 이성 없이 끌려다니며, 무신론적인 학설들과 마귀들의 먹이가 됩니다.

3. 이른바 악령들이 바라는 것은 다름이 아니라 사람들을 창조주 하느님과 그분의 외아들 그리스도에게서 멀어지게 하는 것입니다. 땅으로부터 떨어지지 못하는 이들을 그들은 인간의 손으로 만든 지상적인 것들에 못 박았고 지금도 그렇게 하고 있습니다. 한편 하느님의 일들을 관상하는 데에 전념하려는 이들에 대해서는, 그들이 지혜로운 사고력을 지니지 못했거나 순수하고 정념이 없는 삶을 살지 않을 경우 은밀히 그들을 밀어 내어 불경에 떨어지게 합니다.

제59장

1. 여러분이 플라톤도 우리 스승들로부터 듣고 ― 예언자들을 통해 주어진 말씀들을 뜻합니다 ― 하느님이 형태 없는 질료로 세상을 만들었다는 사상을 펼쳤다는 것을 알 수 있도록, 모세가 직접 한 말을 들어 보십시오. 앞에서 증명했듯이 모세는 첫 번째 예언자이며, 그리스 저자들 이전의 인물입니다. 예언의 영은 그를 통하여, 하느님께서 처음에 어떻게 그리고 무엇으로부터 세상을 창조하셨는지를 계시하시며, 이렇게 말했습니다.

2. "한처음에 하느님께서 하늘과 땅을 창조하셨다.

3. 땅은 아직 보이지 않고 형태가 없었는데, 어둠이 심연을 덮고 하느님의 영이 그 물 위를 감돌고 있었다.

4. 하느님께서 말씀하시기를 '빛이 생겨라' 하시자 그대로 되었다"(창세 1,1-3 참조).

5. 그러므로 플라톤과 그의 추종자들도, 그리고 우리도 모든 것이 하느님의 말씀으로, 모세가 먼저 언급한 요소들로부터 만들어졌다는 것을 배웠습니다. 여러분도 이를 확신할 수 있습니다.

6. 우리는 시인들이 '에레보스'[15]라고 부른 것을 모세가 먼저 언급했음을 알고 있습니다.

제60장

1. 플라톤이 『티마이오스』에서 하느님 아들의 본성에 관하여 "그를 모든 곳에 X자 모양으로 배치했다"라고 말하는 것 역시 모세에게서 취한 것입니다.

2. 모세의 책들에는, 이스라엘인들이 이집트에서 나와 광야를 지날 때, 독이 있는 동물들, 독사와 코브라와 백성을 죽이는 온갖 뱀들을 만나게 되었다고 기록되어 있습니다.

3. 이때 모세는 하느님의 영감과 그분의 재촉을 받아 청동으로 십자가를 주조하여 거룩한 장막 위에 두고 백성에게 "이 표지를 바라보고 믿으면, 그것으로 구원을 얻으리라"(민수 21,8 참조)라고 쓰여 있습니다.

4. 이렇게 하자 뱀들이 죽었고 그로써 백성이 죽음을 피했다고 그는 전해 주었습니다.

5. 플라톤은 이것을 읽고 정확히 이해하지 못하여 그 표지가 십자가 표시임을 알지 못하고 X자라고 생각했고, 그래서 첫 번째 신 다음인 '능력'은 모든 것 안에서 X자 형태로 놓여 있다고 말했습니다.

6. 그가 말하는 셋째 요소는, 앞에서 말했듯이, 그가 하느님의 영이

---

15 에레보스는, 키메르족이 살고 있으며 해가 없는 지역과 지하세계가 위치한 세상의 서쪽 지역을 지배한, '어둠' 또는 '암흑'에 주어진 이름이다.

물 위에 감돌고 있었다는 것을 모세의 글에서 읽었다는 것으로 설명됩니다.

7. 그는 둘째 자리를 하느님과 함께 있는 로고스에게 배정합니다. 그는 그 로고스가 만물 안에서 X자 모양으로 되어 있다고 말합니다. 셋째 자리는 영에게 배정하는데, 그는 "세 번째 것들은 세 번째 것에 관련된다"라고 말하며 영이 물 위에 감돌았다고 말합니다.

8. 예언의 영이 모세를 통하여, 큰 불이 일어날 것임을 예고했음을 들어 보십시오.

9. 이렇게 말했습니다. "꺼지지 않는 불이 내려와 심연의 밑바닥까지 삼켜 버리리라"(신명 32,22 참조).

10. 그러니 우리가 다른 이들과 같은 것을 가르치는 것이 아니라, 다른 모든 이들이 우리의 가르침을 모방하여 말하는 것입니다.

11. 우리 사이에서는 글자를 모르거나 무지하고 말을 더듬지만 지혜롭고 정신으로 믿는 이들, 병약하거나 앞을 못 보는 이들로부터도 이러한 것들을 듣고 배울 수 있습니다. 그러므로 이것은 인간의 지혜로 이루어지는 일이 아니라 하느님의 힘으로 이루어지는 일임을 알 수 있습니다.

제61장

1. 우리가 그리스도에 의하여 새롭게 된 다음 우리 자신을 어떻게 하느님께 바쳤는지 설명하겠습니다. 이를 생략하면 우리의 설명이 허술하게 될 터이기 때문입니다.

2. 우리가 가르치고 설명하는 것이 참되다고 확신하고 믿으며 그에 따라 살기로 약속하는 모든 이들에게 우리는 기도할 것과 단식하며 하

느님께 죄의 용서를 청할 것을 가르치며, 우리도 그들과 함께 기도하고 단식합니다.

3. 그런 다음 그들은 우리에 의하여 물이 있는 곳으로 인도되고, 우리가 새로 태어났던 그 재생으로써 새로 태어납니다. 하느님이신 주님, 만물의 "아버지의 이름으로" 그리고 "우리 구원자 예수 그리스도와 성령의 이름으로" 물로 씻는 것입니다.

4. 그리스도께서는 "다시 태어나지 않으면 하늘 나라에 들어갈 수 없다"(요한 3,3.5 참조)라고 하셨습니다.

5. 한 번 태어난 사람이 자기가 태어난 그 모태로 되돌아갈 수 없다는 것은 누구나 압니다.

6. 앞에서 말했듯이, 이사야 예언자는 죄를 지었으나 회개하는 이들이 어떻게 죄에서 벗어나는지를 이렇게 말했습니다.

7. "너희 자신을 씻어 깨끗이 하여라. 너희 영혼의 악한 행실들을 치워 버려라. 선행을 배워라. 고아의 권리를 되찾아 주고 과부를 두둔해 주어라. 주님께서 말씀하신다. '오너라, 우리 시비를 가려 보자. 너희의 죄가 진홍빛 같아도 양털같이 희어지고 다홍같이 붉어도 눈같이 되리라.

8. 너희가 마다하고 거스르면 칼날에 먹히리라' 주님께서 친히 말씀하셨다"(이사 1,16-20 참조).

9. 그래서 우리의 세례 예식이 지금 같은 방식이 되었으며 우리는 사도들에게서 그 이유를 배웠습니다.

10. 우리가 처음 태어날 때에 우리는 알지 못하는 채로, 우리의 부모가 서로 결합함으로써 축축한 씨앗으로부터 필연적으로 태어났으며, 나쁜 습관과 해로운 성향들을 지니게 됩니다. 우리가 욕구와 무지의 자녀들로 남지 않고 신중한 선택과 지식의 자녀들이 될 수 있도록, 그리

고 이미 범한 죄들이 사해지도록, 다시 태어나기를 선택하고 죄에서 회개한 사람이 물 속에 들어가면 그의 위에다 대고 만물의 아버지시며 주님이신 하느님의 이름을 부릅니다. 세례받을 사람을 물이 있는 곳으로 데려가는 사람은 이 [하느님이라는] 이름만을 부릅니다.

11. 형언할 수 없는 하느님의 이름을 발음하는 것은 아무에게도 허락되어 있지 않습니다. 누군가 그분의 이름을 발음할 수 있다고 감히 말한다면, 그는 아주 미친 사람일 것입니다.

12. 이 씻음을 비추임이라고 합니다. 이 가르침들을 배우는 이들은 정신에 빛을 받기 때문입니다.

13. 비추임을 받아야 할 사람은 [하느님의 이름과 더불어], 본시오 빌라도 아래 십자가에 못 박히신 예수 그리스도의 이름으로, 그리고 예언자들을 통하여 예수에 관한 모든 것을 예고하신 성령의 이름으로 씻깁니다.

제62장

1. 이사야 예언자가 예고한 이 씻음에 대해 들어 알게 된 악령들은 그들에게 제주와 제물을 바치려고 신전에 오는 이들에게도 자신들에게 물을 뿌리게 하였습니다. 나아가 악령들은 방문자들이 신상들이 놓여 있는 신당에 들어가기 전에 몸을 완전히 씻도록 했습니다.

2. 또한 악령들은, 앞에서 말한 모세 예언자에게 일어난 일에서 배우고 그것을 모방하여, 사제들로 하여금 신전에 들어가 예식을 거행하려는 신자들에게 신발을 벗도록 명하게 했습니다.

3. 모세가 이집트로 내려가 그곳에 살고 있던 이스라엘 백성을 이끌어 내라는 지시를 받았을 때, 그는 아라비아 땅에서 외삼촌의 양 떼를

치고 있었고, 그때 우리 그리스도께서 덤불에서 불꽃 모양으로 나타나
시어 그에게 말씀하셨습니다. "신발을 벗고 다가와 들어라"(탈출 3,5 참조).

4. 그는 신발을 벗고 다가가, 이집트로 가서 그곳에 있는 이스라엘
백성을 이끌어 내라는 말씀을 들었습니다. 그리고 불꽃 모습으로 그에
게 말씀하셨던 그리스도에게서 큰 힘을 받아, 내려가서 크고 놀라운 일
들을 행한 다음 그들을 이끌어 냈습니다. 여러분이 알고자 한다면, 여
러분은 그의 글들에서 이를 자세히 읽을 수 있습니다.

제63장

1. 지금도 모든 유대인들은 이름을 입에 올릴 수 없는 하느님께서 모
세에게 말씀하셨다고 가르칩니다.

2. 그래서 예언의 영은, 앞에 언급한 이사야 예언자를 통하여 그들을
꾸짖으시며 앞에서 썼듯이 이렇게 말했습니다. "소도 제 임자를 알고
나귀도 제 주인이 놓아 준 구유를 알건만 이스라엘은 나를 알지 못하고
나의 백성은 깨닫지 못하는구나"(이사 1,3 참조).

3. 그리고 예수 그리스도께서는 유대인들이 아버지가 누구이며 아
들이 누구인지 알지 못했으므로 그들을 이렇게 꾸짖으셨습니다. "아들
외에는 아무도 아버지를 알지 못한다. 또 아버지 외에는, 그리고 아들
이 그를 드러내 보여 주려는 사람 외에는 아무도 아들을 알지 못한다"
(마태 11,27 참조).

4. 앞에서 말한 바와 같이, 하느님의 로고스는 그분 아드님이십니다.

5. 그 아드님은 천사, 사도라고 불립니다. 그분은 알아야 할 것을 선
포하시고, 선포된 것을 밝히도록 파견되셨습니다. 우리 주님은 이렇게
말씀하셨습니다. "내 말을 듣는 사람은 나를 보내신 분의 말씀을 듣는

사람이다"(참조: 마태 10,40; 마르 9,37; 루카 10,16).

6. 모세의 글들도 이를 분명히 밝혀 줍니다.

7. 거기에서는 이렇게 말합니다. "주님의 천사가 떨기나무 한가운데로부터 솟아오르는 불꽃 속에서 그에게 말했다. '나는 있는 나, 아브라함의 하느님, 이사악의 하느님, 야곱의 하느님, 네 조상들의 하느님이다.

8. 이집트로 내려가 내 백성을 이끌어 내어라'"(참조: 탈출 3,2.6.10.14). 더 알고 싶으시면 모세의 글들을 읽어 보십시오. 여기에 전부를 쓸 수는 없기 때문입니다.

9. 그러나 이러한 말씀들이 있는 것은 예수 그리스도께서 하느님의 아드님이며 파견된 분이심을 증명하기 위해서입니다. 그분은 먼저 로고스셨고, 때로는 불의 모습으로 때로는 비육체적인 존재의 모습으로 나타나셨습니다. 이제 하느님의 뜻에 따라 인류를 위해 사람이 되시고, 악령들이 어리석은 유대인들을 통하여 일으킨 고통을 당하셨습니다.

10. 유대인 그들은 모세의 책에 "주님의 천사가 떨기나무 한가운데로부터 솟아오르는 불꽃 속에서 모세에게 말했다. '나는 있는 나, 아브라함의 하느님, 이사악의 하느님, 야곱의 하느님이다'"라고 분명히 기록되어 있는데도, 이것이 만물의 아버지이며 창조주이신 분께서 하신 말씀이라고 말합니다.

11. 그래서 예언의 영은 그들을 꾸짖으시며 "이스라엘은 나를 알지 못하고 나의 백성은 깨닫지 못하는구나"라고 하였습니다.

12. 그리고 예수님은, 앞에서 증명하였듯이, 그들 가운데에 사실 때 이렇게 말씀하셨습니다. "아들 외에는 아무도 아버지를 알지 못한다. 또 아버지 외에는, 그리고 아들이 그를 드러내 보여 주려는 사람 외에는 아무도 아들을 알지 못한다."

13. 유대인들은 늘 만물의 아버지께서 모세에게 말씀하셨다고 여겼지만, 그에게 말씀하신 분은 천사나 사도라고도 일컬어지시는 그분의 아드님이셨습니다. 그래서 그들은 예언의 영에게서 그리고 그리스도에게서 꾸짖음을 들었습니다. 그들이 아버지도 아들도 알아보지 못했기 때문입니다.

14. 아들을 아버지라고 말하는 이들은, 아버지를 알지 못하고 만물의 아버지께 아드님이 있다는 것을 알지 못하기 때문에 꾸짖음을 듣습니다. 아들은 아버지의 맏아들인 말씀이시기에 또한 하느님이십니다.

15. 그분은 모세를 비롯한 예언자들에게 불의 모습으로 또 천사의 모습으로 나타나셨습니다. 그리고 여러분의 제국 때에 이르러, 앞에서 말한 바와 같이, 당신을 믿는 이들의 구원을 위하여 아버지의 뜻에 따라 동정녀를 통하여 사람이 되시어 멸시와 고통을 받으셨습니다. 돌아가시고 부활하심으로써 죽음을 이기시기 위해서였습니다.

16. 떨기에서 모세에게 하신 말씀, 곧 "나는 있는 나, 아브라함의 하느님, 이사악의 하느님, 야곱의 하느님, 네 조상들의 하느님이다"라는 말씀은 그들이 이미 죽었으나 지금도 있으며 그리스도께 속하는 사람들임을 뜻합니다. 모세가 기록했듯이, 모든 이들 가운데 가장 먼저 하느님을 찾은 이들은 이사악의 아버지 아브라함, 야곱의 아버지 이사악이었습니다.

제64장

1. 앞에서 했던 말에서 여러분은, 악령들이 코레[16]를 제우스의 딸이

---

16 코레는 하데스의 아내로 페르세포네라고도 불린다.

라고 하면서 모세가 한 말을 모방하여 샘 근처에 이른바 코레의 신상을 세우게 했다는 것을 알 수 있습니다.

2. 앞에 썼듯이, 모세는 이렇게 말했습니다. "한처음에 하느님께서 하늘과 땅을 창조하셨다.

3. 땅은 아직 보이지 않고 형태가 없었는데, 하느님의 영이 그 물 위를 감돌고 있었다"(창세 1,1-2 참조).

4. 그들은 물 위에 감돌았다고 일컬어지는 하느님의 영을 모방하여, 제우스의 딸인 코레에 대해 말했던 것입니다.

5. 그리고 그들은 같은 방식으로, 제우스의 딸인 아테나가 성관계 없이 태어났다고 말했습니다. 하느님께서 말씀을 통하여 생각으로 세상을 만드셨다는 것을 알고서는, 아테나가 첫 번째 생각이었다고 주장한 것입니다. 우리는, 생각의 모상을 어떤 여인의 형태에 적용하는 것이 너무나 우스운 일이라고 생각합니다.

6. 제우스의 자녀들이라고 일컬어지는 다른 이들 역시, 그들 자신의 행위가 그들을 고발합니다.

제65장

1. 우리는 믿고 동의한 사람을 씻은 다음, 그를 형제들이라고 불리는 이들이 모여 있는 곳으로 데려갑니다. 그리고 우리 자신을 위해, 빛을 받은 이와 모든 곳의 다른 모든 이를 위해 함께 열심히 기도합니다. 진리를 배운 우리가 우리의 행위로써 좋은 시민이 되고 계명을 충실히 지키는 이들이 되도록, 그리고 영원한 구원을 얻도록 기도하는 것입니다.

2. 기도가 끝나면 서로 입맞춤으로 인사합니다.

3. 그다음에 형제들의 주재자에게 빵 한 덩이와 물 섞은 포도주 한

잔을 가져옵니다. 그는 이것들을 받아 만물의 아버지께 아드님과 성령의 이름으로 찬미와 영광을 드리고, 우리가 그분으로부터 이것을 받기에 합당하게 된 데 대하여 길게 감사를 드립니다. 기도와 감사가 끝난 다음, 그 자리에 있는 회중 전체는 "아멘"이라고 동의를 표합니다.

4. 히브리어로 '아멘'은 '그대로 이루어지소서'라는 뜻입니다.

5. 주재자가 감사를 드리고 회중 전체가 동의하며 환호한 다음, 우리에게 봉사자(부제)라고 불리는 이들이 참석자들 각자에게 감사 기도를 드린 빵과 포도주와 물을 나누어 주고, 참석하지 않은 이들에게도 가져다 줍니다.

제66장

1. 우리는 이 음식을 '에우카리스티아'(감사제, 성찬)라고 부릅니다. 우리의 가르침이 참되다고 믿고 죄의 용서와 새로 남을 위한 씻음을 받고 그리스도께서 가르치신 대로 사는 이가 아니면 아무도 여기에 참여할 수 없습니다.

2. 우리는 이것을 보통의 음식이나 보통의 음료라고 여기지 않습니다. 우리 구원자 예수 그리스도께서 하느님의 말씀을 통하여 육화하시어 우리 구원을 위하여 살과 피를 취하셨기에, 우리는 그분 자신의 말씀이 담긴 기도로 축성되고 또한 우리의 피와 살에 자양분이 되어 주는 그 음식은 육화하신 예수님의 살과 피라고 배웠습니다.

3. 사도들은 복음서라고 불리는 그들의 비망록에서, 예수님께서 그들에게 이렇게 명하셨다고 전합니다. 그분은 빵을 들고 감사를 드리신 다음 "너희는 나를 기억하여 이를 행하여라. 이는 내 몸이다"(루카 22,19 참조)라고 말씀하셨습니다. 또한 같은 방법으로 잔을 들어 감사를 드리

시고 "이는 내 피다"라고 말씀하셨습니다. 그리고 그것을 그들에게만 나누어 주셨습니다.

4. 악한 영들은 이를 모방하여, 미트라의 신비 예식에서도 이렇게 하도록 했습니다. 여러분도 아시겠지만, 실제로 그들의 입교 예식에서는 빵과 물잔을 내놓으며 모종의 주문들을 외웁니다.

제67장

1. 그 후로 우리는 계속 서로 이를 상기시킵니다. 가진 것이 많은 이들은 곤궁한 이들을 도우며, 우리는 언제나 서로 일치하여 있습니다.

2. 우리가 받는 모든 것에 대하여 우리는 만물의 창조주께 그분 아들 예수 그리스도와 그리고 성령을 통하여 찬미를 드립니다.

3. 그리고 태양의 날[17]이라고 불리는 날에 우리는 도시에 사는 이들이나 시골에 사는 이들이나 모두 한곳에 함께 모여 사도들의 비망록이나 예언자들의 글을 시간이 되는 데까지 읽습니다.

4. 그다음, 독서자가 독서를 마치면 주재자는 이 좋은 사례들을 본받도록 말로 가르치고 권유합니다.

5. 우리는 모두 함께 일어서서 기도를 올립니다. 앞에서 말한 바와 같이, 우리가 기도를 마치면 빵과 포도주와 물을 가져오고, 주재자는 같은 방식으로 할 수 있는 대로 기도와 감사를 드립니다. 회중은 "아멘"이라고 응답합니다. 이어서 감사 기도를 바친 음식을 함께 나누며, 봉사자(부제)들을 시켜 참석하지 못한 이들에게 보냅니다.

6. 부유한 이들은 자신이 내놓고 싶은 것을 내놓고, 모인 것은 주재

17　주님의 날, 곧 일요일을 말한다.

자가 맡아 고아와 과부, 질병이나 다른 어떤 이유로 곤궁한 이들, 갇힌 이들과 우리 가운데 사는 외지인들을 도와줍니다. 간단히 말하면, 모든 곤궁한 이의 보호자가 되는 것입니다.

7. 우리 모두가 태양의 날에 모이는 것은, 이날이 하느님께서 어둠과 [원초적] 질료를 변모시켜 세상을 창조하신 날이고, 그날에 우리 구원자 예수 그리스도께서 죽은 이들 가운데에서 부활하셨기 때문입니다. 사람들은 그분을 토요일 전날 십자가에 못 박았고, 그분께서는 토요일 다음날인 태양의 날에 당신 사도들과 제자들에게 나타나시어, 우리가 지금 여러분에게 살펴보도록 제시하는 것들을 가르치셨습니다.

제68장

1. 이것이 여러분에게 합리적이고 참되게 보인다면, 이를 존중하십시오. 그러나 쓸데없는 소리로 보인다면, 별것 아닌 듯이 무시하십시오. 그러나 아무 잘못이 없는 사람들에 대해서 원수에게 하듯이 사형을 선고하지는 마십시오.

2. 우리는 여러분이 지금처럼 부당한 처사를 계속한다면 장차 올 하느님의 심판을 피할 수 없으리라고 경고하며, "하느님의 뜻대로 이루어지소서!"라고 외칠 것입니다.

3. 우리는 지극히 위대하시고 고명하신 여러분의 아버지 하드리아누스 황제의 서한에 따라 우리에게 법정에서 판결을 내려 주도록 명하기를 여러분에게 탄원할 수 있었습니다. 그러나 우리는 하드리아누스 황제의 결정을 근거로 이를 청하는 것이 아닙니다. 우리는 우리가 마땅한 것을 요청하고 있음을 알기에 이 호소문과 설명을 작성했습니다.

4. 하드리아누스의 서한 사본을 첨부합니다. 우리가 이에 관해서도

참되게 말하고 있음을 아시기 바랍니다.

5. 이것이 그 사본입니다.

그리스도인들을 위한 하드리아누스 황제의 서한

무니키우스 푼다누스에게[18]

6. 나는 고명한 당신의 선임자 세레니우스 그라니아누스가 나에게 쓴 편지를 받았습니다.

7. [죄 없는] 사람들이 황당한 일을 당하고 중상하는 이들이 악을 행할 기회를 주지 않기 위하여, 이 문제를 검토하지 않고 두는 것은 적절하지 않다고 생각합니다.

8. 당신 지역의 지도자들이 그리스도인들을 고발한 사건들에서 분명한 근거를 제시하여 법정에서도 응답할 수 있다면 그렇게 하도록 두지만, 요청이나 외침을 근거로 하는 일은 없도록 하십시오.

9. 만일 누군가 고발하고자 한다면 당신이 그것을 검토하는 편이 훨씬 적절합니다.

10. 만일 누가 그들을 고발하고 그들이 법률을 어기는 어떤 일을 했음을 증명한다면, 그 범죄의 경중에 따라 판결을 내리십시오. 하지만 어떤 사람이 중상을 하려고 고발한다면, 그 악행을 정확히 조사하고 심판하도록 하십시오.

18　아시아의 집정관인 무니키우스 푼다누스에게 보낸 하드리아누스 황제의 유명한 답서. 에우세비우스(『교회사』 4,8)는 유스티누스가 황제의 라틴어 원본 편지의 사본을 안토니누스에게 보냈다고 한다. 에우세비우스는 이 편지를 그리스어로 번역해 자신의 책에 수록했으며, 아퀼레이아의 루피누스는 에우세비우스의 『교회사』를 번역 증보 편찬하며 하드리아누스 황제의 편지 라틴어 원문을 그대로 실었다.

둘째 호교론

제1장

1. 로마인들이여, 여러분의 도시에서 우르비쿠스 [총독][1] 아래에서 어제와 그저께 일어난 일들과, 여러분의 통치자들이 어디서나 자행하는 비이성적인 일들은, 저로 하여금 여러분에게 이 글을 쓰지 않을 수 없게 만들었습니다. 여러분이 의식하지 못하더라도, 또는 이른바 여러분의 품위라는 자부심 때문에 이를 인정하지 않으려 하더라도, 여러분은 우리와 같은 감정을 지닌 형제들입니다.

2. 불의한 자들과 방탕한 자들은 영원한 불로 벌을 받을 것이며 덕성스러운 사람들과 그리스도 안에서 사는 사람들은 고통 없는 곳에서 하느님과 함께 살게 되리라고 믿는 이들, 곧 그리스도인이 된 이들을 제외하고 온 세상이 우리를 죽이려고 합니다. 완고함과 육체적 쾌락에 이끌려서, 또는 선을 따르기를 주저함에서 비롯한 어떤 결점 때문에 아버지나 이웃, 아들이나 친구, 형제나 남편이나 아내에게 쓴소리를 들은 모든 이와 우리를 미워하고 그러한 판단을 하는 이들을 종이 되게 하여 마귀 들린 통치자들이 되게 하는 악한 영들이 우리를 죽이려고 합니다.

3. 그러나 우르비쿠스 아래에서 일어난 모든 일들의 원인을 밝히기 위하여 여러분에게 사실을 알리고자 합니다.

제2장

1. 몹시 방탕한 생활을 하는 남편과 사는 여자가 있었습니다. 그 여자도 전에는 방탕한 생활을 했습니다.

2. 하지만 그리스도의 가르침을 알게 된 뒤 그 여자는 정신을 차렸습

---

1 퀸투스 롤리우스 우르비쿠스는 안토니누스 피우스 황제의 통치 시기에 로마의 총독praefectus praetorio이었다.

니다. 그녀는 그 가르침을 남편에게 전하고, 절제하며 바른 이성에 따라 살지 않는 이들이 영원한 불 속에서 벌을 받게 될 것이라고 알려 주면서 남편도 절제하는 사람이 되기를 바란다고 설득하였습니다.

3. 그러나 그는 계속 방탕한 생활을 하였으며, 마침내 그의 행실 때문에 아내와 사이가 나빠졌습니다.

4. 그 여자는, 자연의 법과 올바른 모든 것을 거슬러 온갖 방법으로 쾌락의 수단을 마련하려고 하는 남편과 계속 잠자리를 함께하는 것이 불경한 일이라고 생각하여, 그와 헤어지기로 결심했습니다.

5. 그러나 가까운 이들이 남편과 헤어지지 말라고 조언하고 간청하였으므로, 언젠가 남편이 회개하리라는 희망을 갖고 마지못해 혼인 생활을 유지했습니다.

6. 그녀는 남편이 알렉산드리아로 가서 더 나쁜 행동들을 했다는 소식을 듣고는, 그와 계속 식사와 잠자리를 함께하고 살면서 악하고 불경한 일들에 연루되지 않기 위하여, 이른바 “이혼장”이라고 하는 것을 그에게 건네고 그와 갈라섰습니다.

7. 그러나 이 오입쟁이 남편은, 아내가 예전에 술에 자주 취하고 온갖 악습을 즐기면서 종이나 일꾼들과 거리낌 없이 저지르던 경솔한 행실을 그만두었으며 그에게도 그 모든 것을 중단하게 하려는 것을 기뻐하기는커녕, 자신의 뜻을 거슬러 집을 나간 그 여자가 그리스도인이라며 고발하였습니다.

8. 황제여, 그 여자는 당신께 청원서를 제출하여, 먼저 자신의 집안일들을 정리하고 그다음에 고발에 맞서 항변하게 허락해 주시기를 청했습니다. 그리고 당신은 그것을 허락하였습니다.

9. 그 여자의 전 남편은 이제 그 여자에 맞서 아무 말도 할 수 없게 되

자 프톨레마이오스라는 사람을 공격했습니다. 그는 우르비쿠스가 단죄한 사람으로 그 여자에게 그리스도교 교리를 가르친 스승이었습니다.

10. 그 남편은 프톨레마이오스를 체포한 자기 친구인 백인대장에게 프톨레마이오스를 데려다가 그에게 단 하나, 곧 그가 그리스도인인지만 묻게 했습니다.

11. 프톨레마이오스는 참된 것을 사랑했고, 속임수를 쓰거나 거짓된 마음을 품은 사람이 아니었습니다. 그는 자신이 그리스도인임을 고백했습니다. 그러자 백인대장은 그를 감옥에 가두었고 오랜 기간 감옥에 갇히는 벌을 받게 했습니다.

12. 그가 재판을 받기 위해 우르비쿠스 앞으로 끌려갔을 때에도, 우르비쿠스는 오직 그가 그리스도인인지만 물었습니다.

13. 그때도 프톨레마이오스는 그리스도의 가르침에서 받게 되는 유익을 생각하고, 자신이 거룩한 덕을 추구하는 이들의 일원임을 고백했습니다.

14. 어떤 것을 부인하는 사람은, 그것을 단죄하기 때문에 부인하는 것이거나 아니면 자신이 그것에 부당하거나 낯설다는 것을 알아서 고백하기를 피하는 것입니다. 그러나 이 중 어떤 것도 참된 그리스도인에게는 해당하지 않습니다.

15. 우르비쿠스가 그에게 사형을 선고했을 때, 역시 그리스도인인 루키우스라는 이가 이러한 판결이 매우 불합리하다고 생각하여 우르비쿠스에게 말했습니다.

16. "이유가 무엇입니까? 왜 간음을 하지도, 불륜을 범하지도, 살인을 하지도, 강도질을 하지도, 훔치지도, 어떤 범죄를 저지르지도 않고 다만 자신이 그리스도인이라 불린다고 고백한 이 사람을 단죄한 것입

니까? 우르비쿠스여, 당신은 피우스 황제에게나 황제의 아들인 철학자에게나 신성한 원로원에게나 어울리지 않는 판결을 내리고 있습니다.”

17. 우르비쿠스는 다만 루키우스에게 이렇게 대답할 뿐이었습니다. “당신도 이자와 같은 부류 사람인 것 같군.”

18. 루키우스가 “그렇습니다” 하고 답하자, 우르비쿠스는 그도 데려가 처형하라고 명했습니다.

19. 하지만 루키우스는 그런 사악한 지배자들에게서 해방되어 하늘의 아버지이시며 임금님이신 분께 곧 가게 되리라는 사실을 알기에 감사를 표했습니다.

20. 세 번째 그리스도인도 앞으로 나와 판결을 받고 처벌을 받았습니다.

제3장

1. 저도 아마 제가 언급한 이들, 또는 허세와 자랑을 좋아하는 크레스켄스[2]의 음모에 걸려들어 희생자가 되리라 예상합니다.

2. 그자는 그리스도인들이 무신론자이고 불경한 이들이라고 떠들면서 우리에 대해서 자신이 알지도 못하는 것을 공공연히 증언하는데, 오류에 빠진 군중의 환심과 칭찬을 얻기 위하여 그렇게 하는 사람은 철학자라고 불릴 자격이 없습니다.

3. 크레스켄스가 그리스도의 가르침을 읽지도 않고 우리를 박해한다면, 그는 매우 악한 사람이며 무지한 이들보다 훨씬 더 나쁩니다. 무지한 이들은 흔히 자신이 알지 못하는 것에 대해 말하거나 거짓된 증언을

2　유스티누스와 가장 사이가 나빴던 견유학파 철학자다.

하는 것을 매우 조심합니다. 반면 그것(그리스도의 가르침)을 읽고 그 안에 있는 위대함을 이해하지 못했거나, 또는 그것을 이해하고도 자신이 그리스도인이라는 의혹을 받지 않기 위하여 이러한 짓들을 한다면, 그는 더욱 천박하고 악한 사람입니다. 그는 무지하고 비이성적인 의견과 두려움의 노예이기 때문입니다.

4. 저는 그에게 이에 관하여 몇 가지 물어 보고서 그가 정말 아무것도 모른다는 사실을 확인하였습니다. 여러분도 이를 알기 바랍니다.

5. 저와 크레스켄스의 질의응답이 아직 여러분에게 전해지지 않았다면, 저는 제가 진리를 말한다는 증거로 여러분 앞에 그 대화를 기꺼이 다시 제시하겠습니다. 이를 확인하는 것 역시 임금이 당연히 해야 할 임무일 것입니다.

6. 여러분이 저의 질문과 크레스켄스의 대답을 보신다면, 그가 우리의 가르침들을 전혀 알지 못한다는 것을 아시게 될 것입니다. 그가 만일 알고 있다면, 듣는 이들이 두려워 말하지 못하는 것임을 분명히 아시게 될 것입니다. (반면 소크라테스는 그렇게 했습니다.) 그러므로 앞에서 말한 바와 같이 크레스켄스는 지혜를 사랑하는 이가 아니라 그저 헛된 견해를 사랑하는 사람이고, "인간을 진리보다 중시해서는 안 된다"[3]는 소크라테스의 값진 말도 존중하지 않는 사람임을 보여 주고 있습니다.

7. 무관심을 궁극적 목표로 삼는 견유학파에게는 무관심 외에 다른 선을 아는 것이 불가능합니다.

---

3 플라톤 『국가』 10,595c.

제4장

1. 우리에게 "당신들 모두 스스로 목숨을 끊어 당장 하느님한테 가서, 우리를 귀찮게 하지 마시오"라고 말하는 사람이 아무도 없도록, 우리가 그렇게 하지 않는 이유와 우리가 조사를 받을 때에 두려움 없이 고백하는 이유를 말하겠습니다.

2. 우리는 하느님께서 세상을 계획 없이 만드신 것이 아니라, 인류를 위하여 만드셨다고 배웠습니다. 그리고 우리는 이미 앞에서, 그분은 당신의 속성들을 본받는 이들은 흐뭇해하시고, 말이나 행동에서 악을 택하는 이들은 못마땅히 여기신다고 말했습니다.

3. 그런데 만일 우리 모두가 스스로 목숨을 끊는다면, 아무도 태어나지 않고 거룩한 가르침을 배울 이도 아무도 없으며 나아가 인류도 더 이상 존재하지 않게 될 터인데, 그 일이 우리에게 달려 있는 한 그 탓도 우리에게 있게 될 것입니다. 우리가 만일 그렇게 한다면 하느님의 뜻을 거스르는 것이 될 것입니다.

4. 그러나 우리는 조사를 받게 되면 우리의 신앙을 부인하지 않습니다. 우리는 어떤 악도 행하지 않았다고 자각하고 있고, 모든 일에서 진리를 말하지 않는 것은 불경한 일이라고 생각하기 때문입니다. 우리는 하느님께서 이를 기꺼워하신다는 것을 압니다. 이제 우리는 여러분을 이 부당한 편견에서 벗어나게 하고 싶습니다.

제5장

1. 우리가 고백하는 대로 하느님께서 우리의 보호자시라면 우리는 불의한 이들에게 억압받고 괴롭힘을 당해서는 안 되는데 어째서 [그러한 상태를] 받아들이는 것인가 하고 생각하는 사람이 있다면, 그에 대

해서도 설명하겠습니다.

2. 하느님께서는 온 세상을 창조하시고 지상의 사물들을 인간들에게 종속시키셨으며, 과일이 자라고 계절들이 바뀌도록 천체들을 배치하셨으며, 명백히 인간들을 위해 창조하신 것들에 하느님의 법을 선포하셨습니다. 그때에 하느님께서 인간 위에 있는 천사들에게 사람들을 비롯하여 하늘 아래 있는 모든 것을 돌보는 일을 맡기셨습니다.

3. 그러나 천사들은 이러한 지시를 어기고, 여자들과 죄에 빠져 악령들이라고 불리는 자녀들을 낳았습니다.

4. 나아가 그들은 인류를 자기들 종이 되게 했는데, 때로는 주술적인 글로, 때로는 두려움과 그들이 가하는 고통으로, 때로는 욕망의 정념들에 떨어진 다음에 필요한 제사와 향과 제주를 바치도록 가르치는 것으로 그렇게 했습니다. 또한 사람들 사이에 살인과 전쟁, 간음, 방탕 등 온갖 악의 씨를 뿌렸습니다.

5. 시인들과 신화 저자들은 천사들에게서 태어난 악한 천사들과 악령들이 남자와 여자, 도시와 민족들에게 이러한 일들을 하고 있다는 것을 알지 못하고서, 그(제우스)와 그의 아들들, 이른바 그의 형제들인 포세이돈과 플루톤의 아들들을 신이라고 생각했습니다.

6. 그리고 그들은 천사들 각자의 이름을 그(제우스)와 그 자녀들의 이름으로 불렀습니다.

제6장

1. 하지만 만물의 아버지, 태어남을 겪지 않으신 분께 붙일 수 있는 이름은 없습니다. 어떤 이름으로 불리는 것은, 그보다 앞서 있던 누군가가 그 이름을 붙였음을 전제합니다.

2. '아버지', '하느님', '창조주', '주님', '주인'은 이름이 아니라, 그분의 은혜와 그분의 업적에 대한 명칭입니다.

3. 홀로 고유하게 '아들'이라고 불리기에 마땅한 하느님의 아드님, 아버지와 함께 존재하시며 태초에 그분을 통하여 하느님께서 만물을 창조하시고 질서를 부여하시던 때에 만물에 앞서 나신 로고스는 그리스도라고 불립니다. 그분은 기름부음을 받으셨고, 하느님께서 그분을 통하여 만물에 질서를 부여하셨기 때문입니다. 이 이름에는 알려지지 않은 의미도 담겨 있습니다. 이는 '하느님'이 진짜 이름이 아니라, 설명할 수 없는 어떤 것에 관하여 인간 본성 안에 심겨 있는 인식인 것과 같습니다.

4. 반면 '예수'는 '사람'이며 '구원자'로서의 이름이며 의미를 갖고 있습니다.[4]

5. 앞에서도 말했듯이, 그분께서는 믿는 이들의 유익을 위하여 그리고 악령들을 무너뜨리기 위하여 하느님 아버지의 뜻에 따라 사람이 되셨습니다. 여러분은 여러분 눈앞에서 일어나는 일들에서 이를 확인할 수 있습니다.

6. 우리 곧 그리스도인들 가운데 많은 이들이 본시오 빌라도 통치 때에 십자가에 못 박히신 예수 그리스도의 이름으로 악령을 쫓아냄으로써, 온 세상과 여러분의 도시에서 마귀 들린 많은 이들을 치유했고 지금도 하고 있습니다. 그들은 다른 어떤 구마자도, 주문이나 약을 쓰는 이들도 치유하지 못한 이들이었습니다.

---

4 유스티누스는 '그리스도'는 육화 이전부터 이미 계셨던 '말씀'에게 해당하는 이름으로, '예수'는 육화 이후의 이름으로 구별하여 이해했다.

제7장

1. 하느님께서 악한 천사들도 악령들도 인간들도 모두 사라지고 말 온 세상의 붕괴와 소멸을 미루시는 것은 그리스도인들이라는 씨앗 때문입니다. 그분께서는 그것이 자연이 보존되는 이유임을 아십니다.

2. 그렇지 않았다면, 여러분이 지금 하는 그런 짓들을 행하면서 악령들의 사주를 받고 살아 있을 수 없을 것입니다. 심판의 불이 내려와 모든 것을 없애 버릴 것입니다. 옛날에 홍수가 한 사람과 그의 가족들만 제외하고 아무도 남겨두지 않았던 것처럼 말입니다. 그를 우리는 노아라고 부르고 여러분은 데우칼리온이라고 부르지요. 그에게서 다시 사람들이 태어났는데 그들 가운데 어떤 이들은 악하고 어떤 이들은 선했습니다.

3. 또한 우리는, 큰 불의 재앙이 일어나리라고 믿습니다. 그러나 스토아학파들처럼, 만물이 변형되어 서로 융합되리라는 야릇한 생각에서 그렇게 말하는 것이 아닙니다. 우리는 [스토아학파와 달리] 운명에 따라 어떤 행위를 하거나 일을 겪게 되는 것이 아니라, 사람은 각자 자신의 선택에 따라 올바로 행하거나 죄를 범하는 것이라고 가르칩니다. 악한 영의 부추김으로 소크라테스나 그 같은 덕스러운 사람들은 박해를 받고 감금된 반면 사르다나팔루스[5]나 에피쿠로스 같은 이들은 풍요와 영광을 누리며 사는 듯 보입니다.

4. 악한 영들이 끼치는 힘에 대해 알지 못한 스토아학파는 모든 것이 운명의 필연성에 의하여 일어난다고 주장하였습니다.

5. 그러나 하느님께서 태초에 천사들과 인류를 자유의지를 지닌 존

---

5 그리스 작가 크테시아스에 따르면 사르다나팔루스Sardanapalus는 아시리아의 마지막 왕이다.

재로 창조하셨으므로, 마땅히 그들은 자기가 지은 죄에 대하여 영원한
불 속에서 벌을 받을 것입니다.

6. 모든 피조물은 본성적으로 악과 덕의 능력을 지니고 있습니다. 스
스로 덕과 악을 향할 능력을 갖고 있지 않다면, 아무도 칭찬을 받을 수
없을 것입니다.

7. 올바른 이성에 따라 법을 만들고 철학자가 된 사람들도 이를 증명
합니다. 그들이 어떤 것들을 행하고 다른 것들은 멀리하라고 권고하기
때문입니다.

8. 스토아철학자들도 그들의 윤리 이론에서는 이러한 것들을 지극히
존중하므로, 이들이 원리들과 형체 없는 존재들에 대한 이론에서는 바
른 길을 벗어나 있음이 분명히 드러납니다.

9. 그들이 사람들에게 일어나는 모든 일은 운명에 따른 것이라고 주
장한다면, 그것은 하느님이 변화하는 것들, 변천하고 자체 안에서 분해
되는 것들과 구별되지 않는다는 말이 되니 그들은 오직 소멸하는 것들
에 대한 개념만을 갖고 있는 것이며 하느님이 부분적으로나 전체적으
로나 모든 악한 것 안에 있다는 말이 됩니다. 그것이 아니면 악이나 덕
이 아무것도 아니라고 여기는 셈이 될 것입니다. 그러나 이것은 슬기로
운 생각과 이성과 사고에 완전히 반대됩니다.

제8장

1. 우리는 스토아학파의 학설을 따른 이들도 미움을 받고 죽임을 당
했음을 알고 있습니다. 모든 인간 종족 안에 심어져 있는 말씀의 씨앗
덕분으로, 그들은 적어도 윤리 문제에 관해서는 지혜로웠기 때문입니
다. 시인들도 어떤 점에서는 그러했습니다. 앞에서 언급했던 헤라클레

이토스[6], 그리고 우리 시대 사람인 무소니오스[7] 같은 이들을 예로 들 수 있습니다.

2. 앞에서 지적했듯이 악령들은 언제나, 말씀에 따라 살며 악을 피하려고 노력하는 이는 누구나 미움을 받게 만들었습니다.

3. 악령들이, 씨앗과 같은 말씀의 한 부분만을 따라 사는 것이 아니라 말씀 전체, 곧 그리스도에 관한 앎과 관조에 따라 사는 이들이 미움을 받도록 더욱 노력한다는 것은 놀라운 일이 아닙니다. 그러나 이들은 영원한 불에 갇혀, 마땅한 징벌과 고통을 받을 것입니다.

4. 지금도 그들이 예수 그리스도의 이름으로 사람들에 의해 쫓겨나고 있는 사실은 그들과 그들을 따르는 자들이 미래에 영원한 불 속에서 징벌을 받으리라는 표징입니다.

5. 모든 예언자가 그렇게 예언했고, 우리 스승이신 예수님께서도 그렇게 가르치셨습니다.

제9장

1. 불의한 자들은 영원한 불 속에서 벌을 받는다는 우리의 말이 사람들에게 공포를 불러일으키려는 허풍이며, 우리가 덕스러운 삶이 아름답고 즐거운 것이어서가 아니라 사람들이 두려움 때문에 덕스럽게 살기를 바란다는, 이른바 철학자라고 불리는 자들의 말을 따라하는 사람이 아무도 없도록, 이에 대해서도 답하겠습니다. 우리 말이 틀렸다면, 하느님은 존재하시지 않거나 또는 존재하시더라도 사람들에게 신경을

---

6 기원전 6세기 말의 고대 그리스 사상가.

7 고대에 흔한 이름이어서 유스티누스가 누구를 가리켜 말했는지 알 수 없다.

쓰지 않으신다는 것이 됩니다. 그리고 덕과 악은 빈말이 될 것이며, 앞에서도 말했듯이, 입법자들이 그들이 만든 훌륭한 법률을 위반하는 이들을 벌하는 것은 부당한 일이 됩니다.

2. 하지만 이 입법자들은 불의하지 않고, 말씀을 통하여 당신과 같은 것을 행하도록 가르치시는 그들의 아버지도 불의하지 않으시므로, 입법자들을 따르는 이들도 불의하지 않습니다.

3. 누가 사람들의 법이 다양함을 지적하며, 어떤 사람들에게는 이런 것이 선하고 저런 것은 악하다고 여겨지는데 다른 사람들에게는 저들에게 악한 것이 선하다고 여겨지고 선한 것이 악하다고 여겨진다고 말한다면, 우리의 대답을 들어 보라고 하십시오.

4. 우리는 악한 천사들이 그들의 악함에 어울리는 법들을 제정했음을 알고 있습니다. 그들과 비슷한 사람들은 그 법들을 좋아합니다. 그러나 참된 로고스께서는 [세상에] 오셨을 때 견해와 가르침이라고 해서 다 선한 것이 아니며 어떤 것들은 악하고 어떤 것들은 선함을 증명하셨습니다. 그러므로 저는 그런 이들에게 똑같은 말, 또 그와 비슷한 말을 할 것이며, 필요하다면 더 길게 설명하겠습니다.

5. 하지만 지금은 앞에서 이야기하던 주제로 돌아가겠습니다.

제10장

1. 우리의 가르침은 인간들의 그 어떤 가르침보다 뛰어납니다. 우리를 위해 지상에 나타나신 그리스도께서 온전한 로고스, 곧 로고스와 육체와 영혼이 되셨기 때문입니다.

2. 철학자들과 입법자들이 발견하고 훌륭하게 표현한 모든 것은 그들이 말씀의 한 부분을 발견하고 관조하여 얻어 낸 것입니다.

3. 그러나 그들은 로고스, 곧 그리스도 전체를 다 알지는 못했기에 자주 모순되는 것들을 말했습니다.

4. 그리스도께서 인간 본성을 취하시기 전에 살았던 이들은 인간 이성에 따라 생각하고 증명하려다 인간들의 편협함에 밉보이면, 불경하고 지나치게 호기심이 많다는 이유로 법정에 끌려갔습니다.

5. 어느 누구보다 이 면에서 열렬했던 소크라테스는 우리와 똑같은 죄목으로 고발당했습니다. 사람들은 그가 정부가 권장하는 신들을 거부하고 새로운 영들을 들여왔다고 떠들었습니다.

6. 그러나 그가 한 일은 호메로스를 비롯한 시인들의 작품을 배척하고, 악령들과 시인들이 이야기한 것들을 행한 이들을 거부하라고 사람들에게 가르친 것이었습니다. 그는 사람들에게, 이성의 탐구를 통하여 그들이 알지 못하던 신을 알아 가도록 이렇게 권고했습니다. "만물의 아버지이며 창조주를 찾아내는 것은 쉽지 않고, 그를 찾아낸 다음 모든 이들에게 그분을 알리는 것도 안전한 일이 아니다".[8]

7. 그러나 우리 그리스도께서는 당신 자신의 힘으로 이 모두를 행하셨습니다.

8. 소크라테스에게는 그의 가르침을 위하여 죽을 만큼 그를 믿은 사람이 없었습니다. 그러나 소크라테스도 부분적으로는 알았던 그리스도는 (그분은 만물 안에 계시는 말씀이셨고 지금도 그러하시며, 장차 일어날 일들을 예언자들을 통하여 예고하셨으며, 우리와 같은 본성과 감정을 취하셨을 때는 몸소 예고하시고 이러한 것들을 가르치셨습니다) 철학자들과 학자들만 그분을 믿은 것이 아니라 기술자들과 무지한

---

8 플라톤 『티마이오스』 28c 참조.

이들도 그분을 믿었고, 이들은 하나같이 명예와 두려움과 죽음을 아무 것도 아닌 듯이 여겼습니다. 실로 이는 인간 이성이 이루어 낸 것이 아니라 말로 표현할 길 없는 아버지의 힘이 이루시는 일입니다.

제11장

1. 세상에 태어난 모든 이가 죽음을 빚지고 있는 것이 아니었다면 우리는 죽임을 당하지 않을 것이고 불의한 사람들이나 악령들이 우리보다 강한 일도 없을 것입니다. 그래서 우리는 감사하며 이 빚을 갚습니다.

2. 이제 크레스켄스와 또 그처럼 정신 나간 자들에게, 크세노폰이 이야기한 신화를 들려주는 것이 좋겠다 생각됩니다.

3. 크세노폰은, 헤라클레스가 언젠가 어느 삼거리에서 여인의 모습으로 나타난 악습과 덕을 만났다고 합니다.

4. 악습은 관능적인 옷차림에 유혹하는 젊은 얼굴과 녹아드는 눈빛을 하고는, 헤라클레스에게 자신을 따라온다면 언제라도 그를 자신처럼 찬란하고 아름답게 꾸며 주고 영원히 쾌락 속에 살게 해 주겠다고 했습니다.

5. 그러나 덕은 누추한 옷차림을 한 모습으로 그에게 말했습니다. "당신이 내 말을 듣는다면, 덧없이 사라지는 아름다움과 장식물이 아니라 영원하고 찬란한 장식물들로 치장할 것입니다."

6. 우리는, 겉보기에 아름답게 보이는 것을 피하고 불편하고 부조리하게 여겨지는 것을 추구하는 사람은 행복을 얻는다고 절대적으로 확신합니다.

7. 악습은 불멸의 것들을 모방하여 자신의 행위들을 덕에 속하는 참으로 아름다운 것으로 덮어 가리고 (실제로 악습은 불멸하는 것을 그

무엇 하나 지니고 있지 않으며 만들어낼 수도 없습니다), 자신의 악한 습성들은 덕의 것인 양 굴면서 사람들 가운데 땅에 매여 있는 이들을 사로잡습니다.

8. 그러나 참된 선을 이해한 이들은 덕에 힘입어 불멸을 누립니다. 지성을 지닌 사람이라면, 바로 그리스도인들이, 운동 선수들이 그리고 시인들이 이른바 신들에 관하여 이야기한 행위들을 행한 이들이 이런 사람들이라고 결론 내려야 할 것입니다. 그리고 이러한 결론은 우리 그리스도인들이 죽음에서 달아나는 것을 경멸한다는 사실로부터 도출되어야 할 것입니다.

제12장

1. 저도 플라톤의 가르침을 좋아했고 그리스도인들이 비방을 받는 것을 들었지만, 그들이 죽음 앞에서도 그리고 사람들이 무서워하는 모든 것 앞에서도 두려워하지 않는 것을 보고서는 이들이 악하거나 쾌락에 대한 욕망 속에서 살고 있을 리가 없다고 생각했습니다.

2. 욕정적이거나 무절제하거나 인육을 먹는 것을 좋아하는 사람이 이러한 즐거움을 잃게 될 죽음을 바라겠습니까? 오히려 지금의 삶을 계속하고 싶어 통치자들의 감시를 피하려 하지 않겠습니까? 게다가 죽음이라는 징벌이 따르는데 스스로 자기가 죄 있다고 고백하겠습니까?

3. 악령들은 악한 사람들을 통해 이러한 일도 이루어지게 했습니다.

4. 그들은 우리에 대한 거짓된 고발로 어떤 이들을 죽게 만들었고, 어린아이들과 약한 여자들이 포함된 우리의 종들을 고문하고, 끔찍한 고문을 통해 그들이 짓지도 않은 범죄를 공공연히 저질렀다고 자백하게 만들었습니다. 그러나 우리는 그러한 범죄들엔 조금도 관심이 없습

니다. 우리는 그런 짓을 하지 않기 때문입니다. 낳음을 받지 않으신 형언할 길 없는 하느님이 우리의 생각과 행위들의 증인이십니다.

5. 만일 우리가 사람들이 말하듯이 사람을 죽이고 피를 마신다면, 여러분이 우상을 공경하며 그 위에 이성 없는 짐승들의 피만이 아니라 인간의 피를 붓고, 여러분 가운데 가장 뛰어나고 고귀한 사람을 통하여 죽임당한 이들의 피를 뿌리듯이, 우리가 크로노스의 신비를 행한다고 주장하면서 우리는 이러한 것들을 좋게 여긴다고 공공연히 고백하고 신적인 철학이라고 증명하지 않을 이유가 있겠습니까? 제우스 같은 신들을 본받아 남색을 하고 여자들과 수치스런 관계를 맺으며, 에피쿠로스 같은 시인들의 글을 핑계로 삼을 수 있지 않겠습니까?

6. 그러나 우리가 그러한 가르침과 그것을 행하는 이들과 그들을 모방하는 이들을 피하도록 사람들을 설득하기 때문에 ― 우리는 이 글로도 그렇게 하고 있습니다 ― 사람들은 온갖 방법으로 우리를 공격합니다. 하지만 우리는 신경쓰지 않습니다. 하느님께서 모든 것을 올바로 지켜보시기 때문입니다.

7. 제발 누가 지금이라도 높은 단상에 올라, 비극 배우와 같은 목소리로 이렇게 외치면 좋겠습니다. "부끄러운 줄 아십시오. 여러분은 여러분이 모든 사람이 보는 앞에서 하는 짓을 무죄한 이들에게 덮어씌우며 여러분과 여러분 신들이 한 짓을 그것과 전혀 상관없는 이들에게 돌리고 있습니다.

8. 회개하십시오, 깨달으십시오."

제13장

1. 저는, 악한 영들이 사람들이 그리스도인들의 거룩한 가르침을 멀

리하게 만들려고 거기에 사악한 덧칠을 한 것을 깨닫고는, 그러한 거짓을 꾸며 낸 자들과 그러한 날조 그리고 사람들의 생각에 대해 웃고 말았습니다.

2. 저는 제가 그리스도인으로 알려지기 위하여 힘써 노력한 것을 자랑스럽게 생각합니다. 플라톤의 가르침이 그리스도의 가르침과 다르기 때문이 아니라, 모든 면에서 비슷하지는 않기 때문입니다. 다른 이들, 곧 스토아학파와 시인들과 저자들의 가르침들도 마찬가지입니다.

3. 그들 각자는, 씨앗과 같은 거룩한 로고스에 속하는 것을 일부 지니고 있는 만큼은 올바른 말을 했습니다. 하지만 이들은 더 중요한 문제들에서 서로 모순되는 주장들을 했는데, 이는 그들이 확실하게 알지 못하며, 반박할 수 없는 지식을 지니지 못했음을 보여 줍니다.

4. 그러므로 누가 했든지 옳은 말을 한 것은 우리 그리스도인들에게 속합니다. 우리는 태어남을 겪지 않으셨으며 형언할 길 없는 하느님에게서 나신 로고스를 하느님 다음으로 경배하고 사랑합니다. 그분은 우리의 고통에 참여하심으로써 우리를 치유하시고자 우리를 위하여 사람이 되시기까지 하셨기 때문입니다.

5. 모든 저자들은 그들 안에 심긴 로고스의 씨앗을 통하여 희미하게 진리를 볼 수 있었습니다.

6. 그러나 각자에게 능력에 따라 주어지는 씨앗과 모방은 로고스 자체와는 다릅니다. 말씀에 대한 참여와 모방은 말씀에 힘입어 이루어집니다.

제14장

1. 부디 여러분이 우리의 이 진술을 시인하고 여러분이 적절하다고

생각하는 것을 덧붙여, 사람들이 우리의 관습을 제대로 알고 그릇된 견해들과 선에 대한 무지를 벗어날 수 있게 해 주시기를 청합니다. 사람들이 그 자신의 잘못으로 벌을 받는 것은 마땅합니다.

2. 선과 악을 아는 능력은 인간의 본성에 속합니다. 그런데 그들은 우리를 알지도 못하면서 사람들이 말하는 악한 행위들을 했다고 우리를 단죄하고, 그러면서도 그러한 짓들을 범하는 신들을 좋아하며, 지금도 사람들에게 그와 비슷한 행동들을 요구합니다. 그러므로 우리를 마치 그런 일들을 저지르는 사람들인 듯이 사형에 처하거나 감옥에 가두거나 다른 어떤 벌로 단죄함으로써, 그들은 그들 자신을 단죄합니다. 따라서 다른 심판관들은 필요하지 않습니다.

제15장

1. 저는 저와 동향 출신인 시몬의 불경하고 기만적인 가르침을 경멸했습니다.

2. 여러분이 이 글을 시인한다면, 우리는 그자의 정체를 모든 이에게 알려, 가능하다면 그들이 회개하도록 하겠습니다. 우리는 오직 이 목적으로 이 글을 썼습니다.

3. 여러분이 공정하게 숙고해 보시면, 우리의 가르침은 수치스러운 것이 아니라, 어떤 인간적 지혜보다 더 숭고한 것임을 아실 것입니다. 분명 이것은 공연된 것이든 낭독된 것이든 모든 이가 접할 수 있었던 소타데스파[9]나 필라이니스파,[10] 아르케스트라토스파,[11] 에피쿠로스파 또는 다른 어떤 이들의 학설과는 분명 비슷하지 않습니다.

9　트라키아 또는 크레타 출신인 소타데스*Sotades*는 기원전 3세기에 외설적인 시로 상당한 명성을 얻은 시인이다.

4. 우리는 할 수 있는 것을 다했으니 더 덧붙이지 않겠습니다. 모든 사람이 진리를 받아들이기에 합당한 이가 되기를 기원합니다.

5. 여러분도 여러분 자신을 위하여, 신심과 철학에 합당한 방식으로 어떤 것이 올바른 것인지 판단하시기 바랍니다.

---

10 여자 시인인 필라이니스*Philaenis*를 추종하는 이들. 그녀는 사모스 출신이며 고대의 유명한 성적 매뉴얼을 작성하였다고 한다

11 아르케스트라토스*Archesstratos*는 기원전 4세기에 시칠리아의 겔라 또는 시라쿠사에서 태어났으며, 요리에 관한 글을 쓴 고대 그리스의 시인이었다.

유대인 트리폰과의 대화

서문

제1장

1. 어느 날 아침 나는 크시스투스[1]의 대로를 거닐고 있었다.[2] 그때 근처에 모여 있던 이들 중 한 사람이 나를 보더니, "안녕하십니까, 철학자님" 하고 말했다. 그러고는 그와 일행이 내 곁에서 함께 걷기 시작했다. 그래서 나는 그에게, "제게 무슨 용무가 있으신지요?"라고 물었다.

2. 그는 이렇게 대답했다. "저는 아르고스에서 소크라테스학파 코린투스에게, 이런 옷[3]을 입은 사람들을 업신여기거나 무시해서는 안 되며 그들을 존중하고 대화를 나누라고 배웠습니다. 그 대화에서 그를 위해서든 저를 위해서든 유익을 얻을 수 있으리라고 했지요. 두 편 가운데 한편만이라도 유익을 얻는다면 그것은 쌍방에게 좋은 일일 것입니다. 그래서 저는 이런 옷을 입은 사람을 보면 기꺼이 그에게 다가갑니다. 지금도 참으로 기쁜 마음으로 당신께 인사한 것입니다. 이 친구들도 당신에게서 무언가 유익한 것을 듣기 바라는 저와 같은 마음입니다."

3. "그런데 당신은 누구신지요?" 나는 웃는 얼굴로 그에게 물었다. 그는 자신의 이름과 출신을 밝혔다. "저는 트리폰입니다. 할례 받은 히브리인으로, 최근의 전쟁[4]을 피하여 그리스에서, 정확히는 코린토에 살고 있습니다." 나는 물었다. "철학에서 당신들의 입법자와 예언자들을 능

---

1 사람들은 '크시스투스'를 자주 고급 별장 옆이나 뒤에 있는 산책길, 때때로 많은 조각품으로 장식된 큰 길로 이해하였다.

2 에우세비우스의 따르면 트리폰과 토론한 장소는 에페소였다(『교회사』 4,18 참조).

3 철학자들은 일반 사람들이 입은 '토가'와는 다른 긴 외투 '팔리움'pallium을 입었다.

4 기원후 132~135년 팔레스티나에서 진행된 바르 코크바의 난을 말한다.

가하는 것들을 얻을 수 있겠습니까?" 그가 대답했다. "왜 없겠습니까? 철학자들은 늘 하느님에 대해 말하지 않습니까? 그분께서 한 분이심과 그분의 섭리에 대해 끊임없이 탐구하지 않습니까? 하느님에 대해 연구하는 것이 철학의 과제가 아닙니까?"

4. 내가 말했다. "물론입니다. 저도 그렇게 생각합니다. 하지만 철학자들 대부분은 신이 하나인지 여럿인지, 인간 각자에 대해 섭리를 하는지 그렇지 않은지에 관하여 다루지 않습니다. 그들은 이러한 것에 대한 지식이 우리의 행복과 관계없다고 여깁니다. 그뿐 아니라 그들은 하느님이 우주와 류類와 종種들을 보살피지만 저나 당신 같은 개인들을 보살피지는 않는다고 우리를 가르치려 합니다. 그러지 않으면 우리가 밤낮으로 하느님께 기도할 필요가 왜 있겠냐고 하지요.

5. 그 끝이 어떤지는 어렵지 않게 알 수 있습니다. 그러한 생각을 지닌 이들은 파렴치하고 제멋대로 거리낌없이 말하고 행동하며, 벌을 두려워하지도 않고 하느님에게서 오는 선을 바라지도 않습니다. 그럴 수밖에 없겠지요. 그들은 모든 것이 끝없이 되풀이 된다고 여기며, 저나 당신이나 지금 그대로, 더 나아질 것도 더 나빠질 것도 없이 환생하리라고 믿습니다. 그런가하면 어떤 이들은 영혼이 불사하고 비물질적이라고 하며, 어떤 악을 범했더라도 아무런 단죄를 받지 않고 (비물질적인 것은 고통을 받을 수 없으니까요) 영혼은 그 자체로 불사이므로 하느님으로부터 무엇을 받을 필요가 없다고 생각합니다."

6. 그는 예의 있게 미소지으며 말했다. "그러면 당신은 그러한 주장들에 대해 어떻게 생각하십니까? 당신은 하느님에 대해 어떻게 생각하시는지요? 당신의 철학은 어떤 것입니까? 말해 주십시오."

제2장

1. 나는 이렇게 말했다. "제 생각을 말씀드리겠습니다. 철학은 매우 큰 자산이며 하느님 앞에서 매우 귀중한 것입니다. 우리를 그분께 이끌고 그분과 결합시키는 유일한 것입니다. 정신을 철학에 기울이는 이들에게도[5] 참으로 그러합니다. 하지만 많은 이들은 철학이 무엇인지, 또 철학이 왜 사람들한테 주어졌는지를 잊었습니다. 그렇지 않다면 플라톤학파도, 스토아학파도, 소요학파도, 사변철학자들도, 피타고라스학파도 없었을 것입니다. 이 지식은 오직 하나이기 때문입니다.

2. 철학이 그렇게 다양해진 이유를 설명하겠습니다. 어떤 철학을 최초로 시작해서 유명해진 이들을 추종한 사람들은 진리를 추구한 것이 아니라 다만 그들의 항구함과 자제력, 그리고 뛰어난 말에 매료되어 그들을 따랐던 것입니다. 각자는 자신의 스승에게서 배운 것만을 참되다고 생각했고, 그래서 그들 자신은 후계자들에게 그 가르침 및 그와 유사한 것들을 전해 주었습니다. 이것이 그 가르침의 아버지로 여겨진 이의 이름으로 불리게 되었습니다.

3. 저도 처음에는 그들 가운데 한 사람을 만나고 싶었습니다. 그래서 먼저 스토아학파의 한 사람을 만났습니다. 그와 꽤 시간을 보내고서도 하느님에 관하여는 아무것도 배우지 못하자 (그는 이를 전혀 알지 못했고, 그러한 지식은 불필요하다고 여겼습니다) 나는 그를 떠나 스스로 매우 영민하다 여기는 소요학파 철학자에게 갔습니다. 그는 며칠 나를 데리고 있더니 우리의 관계가 자신에게 이익이 되도록 수업료를 정하자고 하였습니다. 그래서 저는 그를 떠났습니다. 그가 진짜 철학자가

---

5 그리스어 본문에 따른 번역이다. 라틴어 본문은 "거룩한 이들은"이다.

아니라는 생각이 들었기 때문이었습니다.

4. 저의 영혼은 아직도 철학의 고유하고 뛰어난 가르침을 듣기를 갈망했으므로 저는 피타고라스학파의 아주 유명한 한 사람을 찾아갔습니다. 그는 자신의 지혜를 매우 자랑스러워하는 사람이었습니다. 그를 만나 제가 그의 제자가 되고 싶다는 뜻을 밝히자, 그는 이렇게 말했습니다. '말씀해 주십시오. 당신은 음악과 천문학과 기하학을 공부했습니까? 당신은 영혼을 감각적 대상들에서 멀어지게 하고 가지적인 것들을 습득하도록 준비시켜 선과 동등한 것인 아름다움을 관조하기에 이르도록 하는 그런 학문들을 먼저 배우지 않고서도 우리를 행복에 이르게 하는 것들을 파악할 수 있다고 생각하십니까?'

5. 그는 이 학문들을 높이 찬양하며 이것들이 꼭 필요하다고 거듭 말하고서는, 내가 이 학문들을 알지 못한다고 인정하자 나를 퇴짜 놓았습니다. 저는 초조해졌습니다. 저의 기대가 채워지지 않았기 때문이었습니다. 그 사람이 무엇인가를 안다고 생각했기 때문에 더욱 실망스러웠습니다. 그러나 그 학문들을 배우는 데에 걸릴 시간을 생각하면, 저는 그렇게 오래 기다릴 마음은 없었습니다.

6. 난감해진 저는 플라톤학파도 만나 보아야겠다고 생각했습니다. 그들도 매우 유명했습니다. 그래서 저는 얼마 전에 우리 도시에 온 한 사람을 만났습니다. 그는 플라톤학파 중에서도 매우 존경받는 사람이었습니다. 그의 밑에서 공부하며 나날이 저는 크게 진보했습니다. 저는 비물질적 실재들에 대한 지식에 매력을 느꼈고, 이데아들에 대한 관조는 저의 정신에 날개를 달아 주었습니다. 그래서 저는 얼마 후에는 스스로 지혜로워졌다고 생각했고, 순진하게도 곧 하느님을 뵙게 되리라고 기대했습니다. 사실 그것이 플라톤 철학의 목적입니다.

제3장

1. 그러던 어느 날, 사람들의 왕래를 피하여 홀로 고독 속에 머물며 시간을 보내고 싶은 생각이 들어, 바다에서 멀지 않은 어떤 곳으로 갔습니다. 제가 홀로 머물려고 한 곳 근처에 있던 어느 날, 기풍과 온유함이 느껴지는 한 노인이 조금 떨어진 거리에서 저를 따라왔습니다. 저는 급하게 몸을 돌려 그를 바라보았습니다.

2. 노인이 나에게 '나를 압니까?' 하고 물었습니다. 나는 모른다고 대답했습니다. 그러자 그는 '그렇다면 왜 그렇게 나를 빤히 봅니까?'라고 물었습니다. 나는 이렇게 대답했습니다. '당신이 이곳에 있는 것이 놀랍습니다. 여기서 사람을 만나리라고는 예상치 못했습니다.' 노인은 나에게 설명했습니다. '나는 헤어진 가족 몇 사람을 걱정하고 있습니다. 그들은 나에게서 멀리 떨어져 있습니다. 혹시 그들이 이 근처에 나타나지 않을까 하는 생각에 여기에 와 본 것입니다. 그런데 당신은 여기에 어찌 오셨습니까?' 노인의 물음에 나는 이렇게 대답했습니다. '저는 이렇게 산책하는 것이 좋습니다. 이렇게 있으면 아무것도 저 자신과의 대화를 방해하지 않습니다. 이런 곳은 학문에 매우 좋은 곳입니다.'

3. 노인이 말했습니다. '그러면 당신은 문헌학자[6]이고, 활동이나 진리를 사랑하는 사람은 아니군요? 궤변론자가 되기보다는 활동적인 사람이 되는 편이 어떤가요?' 나는 그에게 대답했습니다. '이성이 모든 것을 지배하며, 이성을 다스리고 이성으로 지탱받는 이는, 하느님께 어울리거나 하느님 마음에 드는 것은 전혀 하지 않는 다른 이들의 오류와 처신을 경멸할 수 있게 된다는 것을 증명하는 것보다 더 위대한 일이

---

6 유스티누스는 '문헌학, 학문'philology이라는 단어를 '이성의 추리 훈련, 사변'의 의미로 쓰고 있다. 그리스어 단어의 자구적 의미는 '말(로고스)을 사랑하는 사람'이다.

무엇이 있겠습니까? 철학과 올바른 사변이 없다면 현명이 있을 수 없습니다.

그러므로 모든 사람이 철학을 하고, 철학을 가장 위대하고 고귀한 활동으로 여겨야 합니다. 다른 모든 추구는 둘째 또는 셋째 등급에 속하며, 철학과 관련된다면 적절하고 받아들일 만하고, 그렇지 않고 철학을 실천하지 않는 사람이 행하는 것이라면 부적절하고 속된 것입니다.'

4. 노인이 '그렇다면 철학은 행복을 가져옵니까?' 하고 물었습니다. 나는 '물론입니다. 철학만이 행복을 가져옵니다'라고 대답했습니다. 노인이 이어서 말했습니다. '철학이란 무엇이며, 철학이 가져오는 행복은 어떤 것입니까? 괜찮으시다면 저에게 말해 주십시오.' 나는 그에게 설명했습니다. '철학은 존재자에 대한 지식이고 참된 것을 아는 것입니다. 그런 지식과 깨달음에 대한 보상이 행복입니다.'

5. 그러자 노인이 '그러면 당신은 무엇을 하느님이라고 부릅니까?' 하고 물었습니다. 나는 그에게 대답했습니다. '언제나 동일하고 일정하며, 다른 모든 존재의 원인인 것, 그것이 하느님입니다.' 노인은 내 말에 만족한 듯했습니다. 그가 또 다시 물었습니다. '학문이란 다양한 분야에 다 해당하는 말 아닙니까? 실상 모든 기술에서, 군사술에서든 항해술에서든 또는 의술에서든, 그것들에 대해 학문을 갖고 있는 사람은 전문가라고 일컬어집니다. 인간적인 것들이나 신적인 것들에서도 마찬가지 아니겠습니까? 신적인 것들과 인간적인 것들에 대한 지식을, 그러고는 그 신성과 정의로움에 대한 지식을 갖게 하는 학문이 있지 않습니까?' '물론입니다'라고 내가 대답했습니다.

6. 노인이 물었습니다. '하느님과 인간에 관한 지식은 음악이나 대수나 천문학에 관한 지식과 비슷한가요?' 나는 '천만에요'라고 답했습니

다. 노인이 말했습니다. '그렇다면 당신의 대답이 정확하지 않았군요. 어떤 학문은 배움이나 토론에서 오고, 어떤 것들은 봄으로써 알게 되는 것입니다. 어떤 사람이 당신에게 인도에는 다른 어떤 동물과도 비슷하지 않은 특징들을 지니고 있으며 여러 형태와 색깔을 지닌 것들이 있다고 말한다면, 당신은 그것을 보기 전에는 그것에 관해 아무것도 알 수 없었을 것이고, 그것을 본 사람의 말을 듣지 않았더라면 그것에 대해 말할 수도 없었을 것입니다.'

7. '사실 그럴 수 없었겠지요'라고 나는 수긍했습니다. 그러자 노인이 물었습니다. '그렇다면 철학자들은 하느님에 관한 지식이 전혀 없는데 어떻게 그분에 대해 올바로 생각하고 참된 것을 말할 수 있습니까? 그들은 하느님을 본 적도, 하느님의 말씀을 들은 적도 없지 않습니까?' 그래서 내가 말했습니다. '하느님은 그들에게 다른 동물들의 경우처럼 눈으로 보이는 것이 아니라, 플라톤이 말하듯이 지성으로만 파악되는 분이십니다. 저는 그의 말이 맞다고 생각합니다.'

제4장

1. 노인은 계속 말했습니다. '그러면 우리의 지성에 감각을 벗어나는 것을 파악할 수 있는 능력이 있습니까? 인간 지성은 성령의 도움 없이도 하느님을 볼 수 있습니까?' 내가 대답했습니다. '플라톤은 우리의 정신이 그러한 능력을 지니고 있으며, 그것을 통하여 정신이 파악할 수 있는 모든 것의 원인인 존재 자체를 볼 수 있도록 우리에게 정신이 주어진 것이라고 말합니다. 그 존재 자체는 색도 형태도 크기도 없으며, 눈이 지각할 수 있는 것이 전혀 아닙니다. 플라톤의 말에 따르면 그것은 모든 본질을 넘어서는 것이며, 형언할 수도 설명할 수도 없고, 다만

미美 또는 선善이라고 말할 수 있을 따름입니다. 그것은 그분과의 유사성으로 인하여 또는 그분을 보고자 하는 갈망으로 인하여 준비된 영혼 안에 갑자기 나타납니다.'

2. 노인이 물었습니다. '우리와 하느님 사이의 유사성이란 무엇입니까? 우리의 지성이 신적인 것을 파악할 수 있고 그래서 행복할 수 있듯이, 영혼도 신적이고 불사의 것입니까?' '물론입니다'라고 내가 대답했습니다. 그러자 노인이 되물었습니다. '모든 영혼은 모든 생명체에게 똑같이 내려옵니까? 아니면 인간의 영혼은 말이나 당나귀의 영혼과 다른 것입니까?' 나는 '아닙니다. 모두 똑같습니다'라고 대답했습니다.

3. '그렇다면 말이나 당나귀도 하느님을 보게 될 것입니까? 이미 보았습니까?'라고 노인이 물었습니다. 나는 대답했습니다. '아닙니다. 사람들 대부분도 보지 못할 것입니다. 올바로 살고, 의로움을 비롯한 모든 덕으로 자신을 정화하지 않는다면 보지 못할 것입니다.' 노인이 '그렇다면 그분과의 유사성으로도, 지성으로도 그분을 볼 수 없고, 지혜롭고 의로워야 볼 수 있는 것입니까?' 하고 물었습니다. 내가 '그렇습니다. 하지만 그것은 그가 하느님을 알 수 있는 능력을 가지고 있기 때문입니다'라고 대답했습니다. 노인이 '그런데 염소나 양도 불의를 저지릅니까?'라고 묻자 나는 '아니지요'라고 대답했습니다.

4. 노인이 계속 말했습니다. '그렇다면, 당신의 논리에 따르면, 그 동물들도 하느님을 보게 되겠지요.' 나는 '아닙니다. 그들 육체의 형태가 그것을 가로막습니다'라고 대답했습니다. 노인이 반박했습니다. '그 동물들이 말을 할 수 있다면, 분명 더 많은 이유들로 우리의 육체를 비웃으리라는 것을 알아 두십시오. 하지만 이 주제는 이만 접고, 당신 말이 옳다고 인정합시다. 그럼 이것은 어떻습니까? 영혼은 육체 안에 있을

때에 하느님을 봅니까, 아니면 육체에서 분리된 다음에 봅니까?'

5. 내가 대답했습니다. '인간 형상 안에 있을 때에는 정신을 통해서 볼 수 있습니다. 그러나 육체에서 풀려난 후에는, 내내 바랐던 것을 온전히 누리게 됩니다.' 노인은 말했습니다. '영혼이 인간 육체 안으로 돌아가게 되면, 그것은 자기가 본 하느님을 기억합니까?' 나는 '아니라고 생각합니다'라고 대답했습니다. 노인이 물었습니다. '그렇다면 영혼이 하느님을 보는 것이 무슨 이익이 있습니까? 영혼이 본 것을 기억하지도 못한다면, 하느님을 보지 못하는 영혼보다 나을 것이 무엇입니까?'

6. 나는 '뭐라고 답해야 할지 모르겠군요' 하고 대답했습니다. 노인이 '하느님을 뵙기에 합당치 못하다고 판단된 영혼들은 어떻게 됩니까?' 하고 묻자 나는 '짐승의 육체에 갇히게 되고, 이것이 그들이 받을 벌입니다'라고 말했습니다. 노인은 '하지만 그들은 그러한 이유로, 곧 잘못으로 인하여 그 육체 안에 있게 되었다는 것을 압니까?' 하고 되물었습니다. 나는 '아니라고 생각합니다'라고 말했습니다.

7. 그러자 노인이 말했습니다. '그렇다면 이 벌은 아무 소용이 없겠군요. 그들이 벌을 받는다는 것을 알지도 못한다면, 벌을 받는 것도 아닌 셈이군요.' 나는 '사실 그렇습니다'라고 말했습니다. 노인이 말했습니다. '그러니까 영혼들은 하느님을 보지도 못하고, 다른 육체들 안으로 들어가지도 않는 것입니다. 그렇지 않다면 그들은 이렇게 벌을 받는다는 것을 알 것이고, 잘못들로 더럽혀지는 것을 두려워할 것입니다. 그러나 영혼들은 하느님이 존재한다는 것, 의로움과 신심이 좋은 것이라는 것은 압니다. 그 점에는 저도 동의합니다.' 나는 노인에게 '옳습니다' 하고 말했습니다.

제5장

1. 노인은 말했습니다. '철학자라는 자들은 이런 문제에 대해 아무것도 알지 못합니다. 그들은 영혼이 무엇인지조차 설명하지 못합니다.' 나는 '그런 것 같습니다'라고 대답했습니다. 노인이 '영혼이 죽지 않는다고 말해서도 안 됩니다. 죽지 않는다면, 생성되지도 않았을 것이기 때문입니다' 하고 말했습니다. 나는 '일부 이른바 플라톤학파 사람들은 영혼이 생성되지도 않고 죽지도 않는다고 여깁니다'라고 말했습니다. 노인이 '당신은 세상도 생성되지 않았다고 여깁니까?' 하고 묻자 나는 '그렇게 말하는 사람들도 있지만, 저는 그렇게 생각하지 않습니다'라고 대답했습니다.

2. 노인이 말했습니다. '잘 보셨습니다. 단단하고 굳고 복합적이며 변화하는 육체, 매일 나빠지다가 새로워지는 육체가 어떤 원인으로부터 비롯되지 않았다고 여기는 근거가 도대체 무엇입니까? 그런데 세상이 생성되었다면, 영혼들도 생성되었어야 하고 어느 시점에서는 더 이상 존재하지 않아야 합니다. 영혼이 자신에게 상응하는 육체와 더불어 생겨나는 것이 아니라 오직 홀로 생겨난다고 전제한다면, 영혼은 인간이나 다른 생물들로 인하여 생겨나는 것입니다.' 나는 '당신의 말이 옳은 듯합니다'라고 말했습니다. 노인이 '그렇다면 영혼들은 죽지 않는 것이 아닙니까?' 하고 묻자 나는 '그렇다고 생각합니다. 세상이 생성된 것이라 하더라도 말입니다'라고 말했습니다.

3. 노인이 말했습니다. '그렇지만 내가 모든 영혼이 죽는다고 여기는 것은 아닙니다. 만일 그렇다면 그것은 악한 이들에게 참으로 복이 될 것입니다. 그럼 어떻게 될까요? 나는, 선한 이들의 영혼은 더 좋은 곳에 머물고, 불의한 이들과 악인들의 영혼은 더 나쁜 곳에서 심판의 때를

기다린다고 봅니다. 그러므로 하느님께 합당하게 여겨진 영혼들은 더 이상 죽지 않을 것입니다. 다른 영혼들은 하느님께서 그들이 존재하고 벌을 받기를 원하시는 기간 동안 벌을 받을 것입니다.'

4. 나는 말했습니다. '당신은 세상에 시작이 있었으므로 세상은 소멸하게 되어 있으나 하느님의 뜻에 의하여 해체되지 않고 죽음의 운명을 맞지 않으리라고 말하는데, 그것은 플라톤이 「티마이오스」에서 세상에 대해 말하는 것과 유사하지 않습니까? 영혼에 대해서도, 그리고 다른 모든 것에 대해서 일반적으로도 그렇게 말할 수 있다고 생각하지 않으십니까? 존재하는, 또는 앞으로 존재할 모든 것은 하느님 외에는 모두 본성상 소멸하게 되어 있고, 소멸하여 더 이상 존재하지 않을 수 있습니다. 하느님만이 생성되지 않으셨고 불멸의 본성을 지니고 계시며 그래서 하느님이시고, 그분 이후의 모든 것은 생성되었고 소멸합니다.

5. 그러므로 영혼들은 죽고 또 벌을 받습니다. 그들이 생성되지 않았다면 어떤 잘못도 없었을 것이고, 어리석음으로 채워지지도 않았을 것이며, 처음에는 소심하고 나중에는 무모하지도 않았을 것이고, 스스로의 뜻으로 돼지, 뱀 또는 개의 육체 안에 들어가지도 않았을 것이며, 정말로 생성되지 않았더라면 그렇게 강요당할 수도 없었을 것입니다. 생성되지 않은 것은 생성되지 않은 다른 것과 유사하고 동등하고 동일하며, 어떤 것이 다른 것보다 능력이나 품위에서 더 우위에 있을 수도 없습니다.

6. 그러므로 생성되지 않은 것은 다수일 수 없습니다. 그들 사이에 어떤 차이가 있다면, 그 원인을 찾아보아도 찾아낼 수 없을 것입니다. 무한까지 생각을 해 본다 해도, 생성되지 않은 한 분 앞에 멈추어 그분이 모든 것의 원인이심을 인정하게 될 것입니다. 철학의 기둥이요 요새

가 된 지혜로운 사람들인 플라톤과 피타고라스가 이것을 알아채지 못했다고 생각하십니까?'

제6장

1. 노인이 말했습니다. '플라톤이나 피타고라스, 그리고 또 누가 그런 주장을 했든 나는 관심 없습니다. 내가 말한 것이 진실이고 당신도 깨달을 수 있습니다. 이렇게 생각해 보십시오. 영혼은 곧 생명이거나 아니면 생명을 갖고 있습니다. 만일 영혼이 생명이라면, 마치 운동이 다른 것을 움직이게 하듯이 자신이 아니라 다른 어떤 것을 살게 할 것입니다. 그런데 영혼이 살아 있다는 것은 아무도 부인하지 않습니다. 그런데 영혼이 살아 있다면, 그것은 그것 자체가 생명이기 때문이 아니라 생명에 참여함으로써 살아 있는 것입니다. 그런데 무엇에 참여하는 존재는 그것이 참여하는 대상과는 다릅니다. 영혼이 생명에 참여하는 것은, 하느님께서 그것이 살기를 바라시기 때문입니다.

2. 그러므로 그분께서 그것이 살기를 더 이상 바라지 않으신다면 영혼은 더 이상 생명에 참여하지 못할 것입니다. 영혼에게는, 하느님께 그렇듯이 살아 있는 것이 그에게 고유한 것이 아닙니다. 그러나 영원히 사는 것이 인간에게 고유한 것이 아니고 육체가 언제나 영혼과 결합되어 있는 것이 아니라 그 조화가 깨지는 순간이 오면 영혼이 육체를 떠나고 인간이 더 이상 존재하지 않는 때가 오듯이, 영혼이 더 이상 존재하지 않아야 할 때에는 생명을 주는 영이 그 영혼에게서 분리되며 더 이상 영혼이 없게 됩니다. 영혼은 자신이 나왔던 곳으로 되돌아가게 됩니다.'

제7장

1. 나는 노인에게 물었습니다. '철학자들도 진리를 모른다면, 우리는 어디서 스승을 구하며 어디서 도움을 받을 수 있겠습니까?' 노인이 대답했습니다. '오래전에, 이른바 그 철학자들 이전에, 복되고 의로우며 하느님의 사랑을 받은 이들이 있었습니다. 그들은 성령에 의해 말을 했으며 미래를 예견했는데, 그것이 이제 이루어졌습니다. 그들은 예언자들이라고 일컬어졌습니다. 그들만이 진리를 보았으며 그들은 사람을 두려워하거나 개의치 않고 사람들에게 진리를 전했습니다. 그들은 영광을 찾지도 않았으며 성령으로 가득 차 오직 그들이 보고 들은 것을 선포했습니다.

2. 그들의 글은 지금도 전해지며, 그것을 읽는 사람이 그들을 믿기만 하면 사물의 시작에 대해서나 끝에 대해서나, 그리고 철학자가 알아야 하는 모든 것에 관한 지식에서 큰 도움을 받을 수 있습니다. 그들은 논거를 제시하면서 증명을 사용하지 않습니다. 그들은 모든 증명을 넘어서며 신뢰할 만한 진리를 증언하는 이들이었기 때문입니다. 이미 일어난 사건들과 지금 일어나고 있는 사건들은 그들을 통하여 전해진 말들을 받아들이게 합니다.

3. 또한 그들은 그들이 행한 기적들로 인하여 믿을 만한 이들로 드러났습니다. 그들이 만물의 하느님이며 아버지이신 창조주를 찬양하였고, 또한 그분께서 보내신 그분의 아드님 그리스도를 선포했기 때문입니다. 거짓되고 부정한 영으로 채워진 거짓 예언자들은 그러한 것을 행하지 않았고 지금도 행하지 않습니다. 그들은 사람들을 놀라게 하고 오류의 영과 마귀들에게 영광을 돌리기 위하여 이적들을 행합니다. 그러니 무엇보다도, 당신에게 빛이 열리기를 기도하십시오. 하느님과 그분

의 그리스도께서 깨닫게 해 주지 않으시면, 이것들을 깨닫고 이해할 수
없기 때문입니다.'

제8장

　1. 노인은 이것과 지금 다 말할 수 없는 다른 많은 것들을 말하고 나
서, 이에 주의를 기울이라고 권고하며 떠나갔습니다. 이후로 나는 다시
그를 보지 못했습니다. 하지만 내 영혼에는 곧바로 불이 붙었습니다.
나는 예언자들과 그리스도의 벗인 사람들에 대한 사랑에 사로잡혔습
니다. 노인의 말들을 되새기면서, 나는 이것만이 확실하고 유익한 철학
임을 깨달았습니다.

　2. 이렇게 그리고 이러한 이유로, 나는 철학자입니다. 나는 모든 이가
나와 같은 마음이 되어 구원자의 말씀에서 멀어지지 않기를 바랍니다.
그 말씀들은 자체 안에 무서운 엄위를 지니고 있어 올바름의 길에서 벗
어나는 이들에게 두려움을 갖게 하기에 충분하며, 반면 그 말씀들을 실
천하는 이들은 감미로운 안식을 누립니다. 그러므로 당신이 당신 자신
을 돌보고자 하고, 당신의 구원을 찾는다면, 그리고 하느님을 신뢰하고
이 문제에 무관심하지 않다면, 하느님의 그리스도를 알고 완전하게 되
어,[7] 행복해질 수 있습니다."

　3. 내가 말을 마치자, 트리폰과 함께 있던 동료들은 웃기 시작했다.
그러나 그는 미소를 지으며 말했다. "당신이 말한 다른 것들은 인정합
니다. 신적인 것들에 대한 당신의 열성도 훌륭합니다. 그러나 당신이 플
라톤이나 다른 어떤 철학자들의 철학에 집중하여 항구함과 자제, 절제

7　세례 받는 것을 의미하는 말로도 해석 가능하다.

를 실천하는 편이 그런 헛된 말들에 속아 넘어가 가당치 않은 사람들을 따라가는 것보다 나을 것입니다. 당신이 그런 철학을 고수하며 흠 없이 살았다면, 더 나은 운명을 바랄 수 있었을 것입니다. 하지만 당신이 하느님을 버리고 사람에게 희망을 두니, 어떤 구원이 가능하겠습니까?

4. 당신이 내 말에도 귀를 기울이겠다면 (나는 이미 당신을 친구라고 생각합니다), 먼저 할례를 받으십시오. 그리고 안식일과 축제일, 그리고 하느님의 초하룻날에 관한 규정들을, 한마디로 율법에 기록된 모든 것을 준수하십시오. 그러면 아마도 하느님께 자비를 입을 것입니다. 하지만 그리스도는, 만일 태어났고 어딘가에 있다면 아직 알려지지 않았으며 그 자신도 알지 못하고, 엘리야가 와서 그에게 기름을 붓고 모든 이에게 그를 드러낼 때까지 어떤 능력도 갖지 못할 것입니다. 여러분은 헛소문을 믿었고 여러분 자신을 위해 그리스도를 만들어 내었으며, 그를 위하여 맹목적으로 생명을 바치고 있습니다."

제9장

1. 내가 말했다. "나는 당신을 양해하고 용서합니다. 당신은 당신이 무슨 말을 하고 있는지 알지 못하고, 성경을 이해하지 못하는 스승들에게 설득되어, 점을 치듯이 그저 떠오르는 생각을 말합니다. 하지만 당신이 설명을 듣는다면, 당신은 우리가 속은 것이 아니며 사람들이 우리를 비난하고 무서운 폭군이 그분을 부인하도록 강요한다 하더라도 우리가 그분을 고백하기를 멈추지 않아야 한다는 것을 알게 될 것입니다. 나는 바로 이 자리에서 당신에게, 우리가 헛된 신화나 근거 없는 말들을 믿은 것이 아니며 하느님의 성령으로 가득하고 큰 능력을 지닌, 은총이 풍부한 말씀을 믿은 것임을 보여 주겠습니다."

2. 그와 함께 있던 이들이 다시 시끄럽게 웃기 시작하여, 나는 일어나서 떠나가려 했다. 그러자 트리폰이 내 겉옷을 붙잡았으며 내가 약속한 것을 다하기 전에는 갈 수 없다고 말했다. "그렇다면 당신의 동료들이 저다지 소란스럽게 방해하지 않고, 무례하게 행동하지 않게 하십시오. 그들이 원한다면 조용히 듣게 하시고, 더 중요한 일이 있다면 가라 하십시오. 그러면 우리는 다른 곳에 가서 머물며 이야기를 끝마칠 수 있을 것입니다."

3. 트리폰은 우리가 그렇게 하는 것이 좋겠다고 생각했고, 그래서 우리는 합의하여 크시스투스 경기장 가운데로 갔다. 그들 가운데 두 사람은 비웃으며 우리의 열정을 조롱하고는 자리를 떴다. 우리가 돌 의자가 마주 보는 곳에 이르자, 트리폰의 다른 동료들이 그 한편에 앉았다. 그들 중 누군가가 유대아에서 일어난 전쟁을 화제로 던졌고, 그들은 그 일에 대해 이야기했다.

제10장

1. 그들이 대화를 마쳤을 때, 나는 다시 그들에게 말했다. "친구들이여, 우리가 율법에 따라 살지 않고 여러분의 조상들과 달리 육에 할례를 받지 않으며 여러분과 달리 안식일을 지키지 않는다는 것 외에 또 우리를 비난할 것이 있습니까? 우리의 생활과 관습도 여러분에게 비판거리가 됩니까? 나는 이렇게 말하겠습니다. 여러분은 우리에 대해서, 우리가 사람의 살을 먹고, 잔치가 끝난 다음에는 불을 끄고 불법적인 관계들을 맺는다고 믿습니까? 아니면, 우리가 여러분이 참되지 않다고 여기는 주장들을 굳게 지킨다는 이유로만 우리를 비난하는 것입니까?"

2. 트리폰이 대답했다. "우리를 놀라게 하는 것은 바로 그것입니다.

많은 이들이 떠들어 대는 그런 것들은 인간 본성과 너무 거리가 먼 얘기라서 믿을 것이 못됩니다. 그러나 당신들이 복음이라 부르는 것에 들어 있는 계명들은 너무나 훌륭하고 위대해서, 아무도 지킬 수 없을 것 같습니다. 사실 나는 그것들을 잘 읽어 보았습니다.

3. 그런데 우리가 무엇보다 당황스럽게 여기는 점은, 스스로 신심 깊다고 말하고 일반 사람들과 다르다고 여기는 여러분이 실제로는 그들과 떨어져 살지도 않고, 생활도 이민족들과 다르지 않아 축제일과 안식일도 지키지 않고 할례도 받지 않는다는 점입니다. 게다가 여러분은 십자가에 못 박힌 사람에게 희망을 두고, 하느님의 계명을 지키지도 않으면서 그분으로부터 좋은 것을 받기를 바랍니다. 당신은, 여드렛날에 할례를 받지 않는 사람의 영혼은 자신의 백성에게서 잘려 나간다는 말씀을 읽어 보지 못했습니까?(창세 17,14). 이는 외국인들과 돈을 주고 산 종들에게도 규정된 바입니다.

4. 그런데 여러분은 이 계약을 무시하고 그 계약에 따르는 것들을 거부하며, 하느님을 두려워하는 이들이 행하는 것을 아무것도 하지 않으면서도 여러분이 하느님을 안다며 우리를 설득하려 합니다. 당신이 이에 대해 만족할 만한 답변을 하고 또 율법을 준수하지 않으면서 어떻게 희망을 가질 수 있는지를 보여 줄 수 있다면, 우리는 기꺼이 당신의 말에 귀 기울이고 다른 문제들에 대해서도 같은 식으로 살펴볼 수 있을 것입니다.”

제11장

1. (나는 그에게 이렇게 대답했다.) “트리폰이여, 우주를 만드시고 질서지으신 분 외에 다른 신은 결코 없을 것이며 영원으로부터 지금까지

없었습니다. 우리는 우리의 하느님과 여러분의 하느님이 다른 분이라고 생각하지 않으며, 바로 그분이 강한 손과 쳐든 팔로 여러분의 조상을 이집트에서 이끌어 내신 분이라고 생각합니다. 우리는 다른 어떤 하느님께 희망을 두는 것이 아니라 (네, 다른 하느님은 없습니다) 여러분이 희망을 두어 온 하느님, 아브라함과 이사악과 야곱의 하느님께 희망을 둡니다. 그러나 우리는 모세를 통해서나 율법을 통해서 희망하는 것이 아닙니다. 그랬더라면 우리도 여러분과 같은 것을 행했을 것입니다.

2. 그러나 트리폰이여, 나는 장차 마지막 율법이 있을 것이고 다른 모든 계약보다 중요하며 하느님의 유산을 받고자 하는 모든 이가 지켜야 할 계약이 있게 되리라는 것을 읽었습니다. 호렙에서 선포된 율법은 옛것이고 오직 여러분의 것이지만, 이 율법은 모든 이에게 똑같이 적용되기 때문입니다. 그런데 옛 율법과 반대되는 새 율법이 내리면 이전의 율법을 폐지되고, 어떤 계약 이후에 새 계약이 체결되면 이전의 계약은 효력을 잃습니다. 영원하고 최종적인 율법이며 믿을 만한 계약인 그리스도가 우리에게 주어졌고, 이후로는 율법도 계명도 규정도 없습니다.

3. 이사야의 말을 읽어 보지 않았습니까? '내 백성아, 내 말을 들어라. 내 말을 들어라. 임금들아, 내게 귀 기울여라. 나에게서 율법이 나가고, 나의 공정은 민족들의 빛이 되리라. 나의 의로움이 곧 다가오리니 나의 구원이 나아가고 민족들이 나의 팔에 희망을 걸리라'(이사 51,4-5 참조). 그리고 이 새 계약에 대해서는 예레미야를 통해 이렇게 말씀하십니다. '보라, 그날이 온다. 주님의 말씀이다. 그때에 나는 이스라엘 집안과 유다 집안과 새 계약을 맺겠다. 그것은 내가 그 조상들의 손을 잡고 이집트 땅에서 이끌고 나올 때에 그들과 맺었던 계약과는 다르다'(예레 31,31-32).

4. 하느님께서 장차 민족들의 빛이 될, 이제 맺어질 계약에 대해 예

고하셨습니다. 그리고 우리는, 사람들이 십자가에 달리신 그리스도의 이름으로 우상과 악행들을 버리고 하느님께로 돌아서 죽기까지 신앙고백에 충실하며 신심을 실천하는 것을 실제로 보고 확인합니다. 모든 이가 이러한 행동들과 기적들을 보고, 그분이 바로 새 율법이고 새 계약이며 하느님의 축복을 기다리던 모든 민족들이 바라던 분임을 알 수 있습니다.

5. 참된 영적 이스라엘, 유다와 야곱과 이사악과 아브라함의 후손은 (아브라함은 할례를 받기 전에도 믿음으로 인정을 받고 축복을 받았으며 많은 민족들의 조상이라고 일컬어졌습니다), 십자가에 못 박히신 그리스도를 통해서 하느님께 인도된 우리들입니다. 이제부터 이를 증명하겠습니다."

제12장

1. 나는 이사야의 또 다른 말씀도 인용했다. "너희는 나에게 귀를 기울여라. 너희 영혼이 살리라. 내가 너희와 영원한 계약을 맺으리니 이는 다윗에게 베푼 자애이다. 보라, 내가 그를 민족들을 위한 증인으로 만들었다. 보라, 너를 알지 못하는 나라를 네가 부르고 너를 알지 못하는 나라가 너에게 달려오리니 주 너의 하느님 이스라엘의 거룩하신 분께서 너를 영화롭게 하신 까닭이다'(이사 55,3-5).

2. 여러분은 이 율법을 무시했고 거룩한 새 계약을 소홀히 여겼습니다. 지금 여러분은 그것을 받아들이지 않고, 악행을 회개하지도 않습니다. 예레미야는 '너희 눈은 들어붙었고, 너희 마음은 무디어졌다'[8]라고

---

8 예레미야서가 아니라 이사 6,10이다.

외쳤습니다. 그러나 여러분은 듣지 않습니다. 입법자가 와 계시지만 여러분은 그분을 보지 못합니다. '가난한 이들에게 복음이 선포되고 앞을 못 보는 이들이 보지만'(마태 11,5; 루카 7,22) 여러분은 깨닫지 못합니다.

3. 필요한 것은 두 번째 할례인데, 여러분은 육의 할례를 크게 자랑합니다. 새 율법은 여러분이 끝없는 안식일을 지내기를 바라는데, 여러분은 하루 동안 일을 하지 않고서는 스스로 신심이 깊다고 여깁니다. 여러분은 그러한 규정이 생긴 이유를 깨닫지 못합니다. 또한 여러분은 누룩 없는 빵을 먹으면 하느님의 뜻을 행한 것이라고 말합니다. 주 우리 하느님께서는 그런 것들을 기뻐하지 않으십니다. 여러분 가운데 거짓 맹세를 하는 사람이나 도둑이 있다면, 그 짓을 그만두기 바랍니다. 간음하는 사람이 있다면, 회개하기 바랍니다. 그럼으로써 그는 감미롭고 참된 하느님의 안식일을 지낸 것이 될 것입니다. 어떤 사람의 손이 부정하다면, 손을 씻고 깨끗하게 되기를 바랍니다.

제13장

1. 이사야는 바닷물 전체로도 깨끗이 할 수 없을, 살인 같은 죄들을 없애라고 우리에게 씻으라고 한 것이 아닙니다. 예상할 수 있듯이, 그것은 참회하고 이제 더 이상 양이나 염소의 피, 송아지의 재나 밀가루 제물로 정화되는 것이 아니라 그리스도의 피와 죽음으로 자신을 깨끗하게 하는 이들을 위한 구원의 씻음을 말하는 것입니다. 그리스도는 이를 위하여 돌아가셨습니다. 그것을 이사야는 이렇게 말합니다.

2. '주님께서 모든 민족들이 보는 앞에서 당신의 거룩한 팔을 걷어붙이시니, 모든 민족들과 땅끝들이 우리 하느님의 구원을 보리라. 떠나라, 떠나라, 거기에서 나와라. 부정한 것에 손대지 마라. 그 가운데에서

나와라, 몸을 정결하게 하여라, 주님의 기물들을 나르는 자들아. 너희
는 황급히 나오지 않아도 되리니 주님께서 너희 앞에 서서 가시고 이스
라엘의 하느님께서 너희를 모아 주시기 때문이다. 보라, 나의 종은 깨
달으리라. 그는 높이 올라 더없이 영광을 받으리라.

3. 많은 이들이 너를 보고 질겁하리니, 너의 모습과 영광은 사람들에
게 멸시를 받으리라. 그러나 수많은 민족들이 그를 보고 놀라고 임금들
도 그 앞에서 입을 다물리니, 그에 대해 이제까지 알지 못했던 이들이
그를 보고 들어 보지 못한 이들이 깨닫기 때문이다. 주님, 누가 우리의
말을 믿었습니까? 주님의 팔이 누구에게 드러났습니까? 우리는 어린
아이처럼, 메마른 땅의 뿌리처럼 그분 앞에서 선포했습니다.

4. 그에게는 풍채도 영광도 위엄도 없었으며 우리가 바랄 만한 모습
도 없었다. 그의 모습은 멸시를 받았고 사람의 아들들에게 배척당했다.
그는 고통의 사람, 병고에 익숙한 이였다. 사람들은 그에게서 얼굴을
돌렸고 그는 멸시만 받았으며 우리도 그를 대수롭지 않게 여겼다. 그렇
지만 그는 우리의 병고를 메고 갔으며 우리의 고통을 짊어졌다. 그런데
우리는 그를 벌받은 자, 매 맞은 자, 천대받은 자로 여겼다.

5. 그러나 그가 상처를 입은 것은 우리의 죄 때문이고 그가 으스러진
것은 우리의 죄악 때문이다. 우리의 평화를 위하여 그가 징벌을 받았고
그의 상처로 우리는 나았다. 우리는 모두 양 떼처럼 길을 잃고 저마다
제 길을 따라갔지만 주님께서는 우리 모두의 죄악이 그에게 떨어지게
하셨다. 학대받았지만 그는 자기 입을 열지 않았다. 도살장에 끌려가는
어미 양처럼 털 깎는 사람 앞에 잠자코 서 있는 어린 양처럼 그는 자기
입을 열지 않았다.

6. 수치 속에 그에게 판결이 내려졌지만, 그의 탄생을 누가 이야기하

랴? 정녕 그는 산 이들의 땅에서 잘려 나가고 내 백성의 악행 때문에 죽음에 이르렀다. 폭행을 저지르지도 않고 거짓을 입에 담지도 않았으니, 나는 그의 무덤에 악인들을 내주고 그의 죽음에 부자들을 내주리라. 주님은 그를 고통으로부터 깨끗하게 하고자 하신다. 그가 자신의 생명을 속죄 제물로 내놓으면 너희 영혼은 장수할 후손을 보리라.

7. 주님은 많은 이들을 충실히 섬긴 의인의 의로움을 인정하시고자 그의 영혼을 고통에서 풀어 주고 그에게 빛을 보여 주시며, 예지를 갖게 하고자 하신다. 그는 우리의 죄를 짊어지고, 그래서 많은 이들을 상속 재산으로 받으며 강자들과 함께 전리품을 나누리라. 이는 그가 자기 영혼을 죽음에 내주었기 때문이다. 그는 무법자들 가운데 하나로 헤아려졌으며 많은 이들의 죄를 메고 갔고 그들의 악행 때문에 넘겨졌기 때문이다.

8. 환성을 올려라, 아이를 낳지 못하는 여인아! 기뻐 소리쳐라, 즐거워하여라, 산고를 겪어 보지 못한 여인아! 버림받은 여인의 아들들이 혼인한 여인의 아들들보다 많을 것이다. 주님께서 말씀하신다. 너의 천막과 장막의 터를 넓혀라. 네 천막 줄을 길게 늘이고 말뚝을 단단히 박아라. 좌우로 퍼져 나가라. 네 후손들이 뭇 나라를 차지하여 너는 황폐한 성읍들에 자리 잡을 것이다.

9. 부끄러운 일을 당했다고 두려워하지 마라. 창피를 당했다고 수치스러워하지 마라. 너는 영원한 부끄러움을 잊고, 네 과부 시절의 치욕을 네가 다시는 회상하지 않으리라. 주님께서 당신 자신을 위해 이름을 지으셨고, 너를 구하신 분이 온 땅에서 이스라엘의 하느님이라 불리시리라. 정녕 주님께서는 너를 소박맞아 마음 아파하는 아내인 양 젊을 때부터 미움 받은 여인인 양 부르신다'(이사 52,10-15; 53,1-12; 54,1-6).

제14장

1. 이처럼 우리는 이사야가 증언하듯이 하느님 백성의 죄악으로 말미암아 제정된 회개와 하느님에 대한 앎이라는 씻음을 통하여 믿게 되었고, 그가 선포한 이 세례야말로 참회하는 이들을 정화할 수 있는 유일한 세례이며 그것은 곧 생명의 물임을 우리는 압니다. 반면 여러분이 판 우물은 물이 새고 쓸모가 없습니다. 육과 육체만을 씻는 세례가 무슨 소용이 있습니까?

2. 분노, 탐욕, 시기, 미움을 영혼에서 '씻어 내십시오'(세례를 받으십시오). 그러면 육체가 깨끗해질 것입니다. 여러분이 악한 누룩인 옛 행실들을 더 이상 행하지 않는 것이 누룩 없는 빵의 상징적 의미입니다. 그런데 여러분은 모든 것을 육적으로 이해하고, 여러분의 영혼이 거짓과 온갖 사악함으로 가득하면서도 그러한 것들을 행한다면 여러분에게 신심이 있다고 여깁니다.

3. 그래서 하느님께서는 여러분에게, 칠 일 동안 누룩 없는 빵을 먹은 다음 새 누룩을 빚으라고, 곧 그 죄스런 옛 행실들을 되풀이하지 말고 다른 것들을 실천하라고 명령하셨습니다. 이것이 새로운 입법자께서 여러분에게 요구하시는 것임을 증명하기 위하여, 나는 앞에서 인용할 말씀들을 한 번 더 들려드리고 더불어 빠뜨린 말씀들도 인용하겠습니다. 이사야는 이렇게 말합니다.

4. 너희는 나에게 귀를 기울여라. 너희 영혼이 살리라. 내가 너희와 영원한 계약을 맺으리니 이는 다윗에게 베푼 자애이다. 보라, 내가 그를 민족들을 위한 증인으로, 민족들의 지배자와 명령자로 만들었다. 보라, 너를 알지 못하는 나라가 너를 부르고 너를 알지 못하는 나라가 너에게 달려오리니 주 너의 하느님 이스라엘의 거룩하신 분께서 너를 영

화롭게 하신 까닭이다.

5. 주님을 찾아라. 그리고 그분을 발견하면, 가까이 계실 때에 그분을 불러라. 죄인은 제 길을, 불의한 사람은 제 생각을 버리고 주님께 돌아오너라. 그분께서 그를 가엾이 여기시리라. 그분께서는 너그러이 용서하신다. 내 생각은 너희 생각과 같지 않고 너희 길은 내 길과 같지 않다. 하늘이 땅 위에 드높이 있듯이 내 길은 너희 길 위에, 내 생각은 너희 생각 위에 드높이 있다.

6. 눈이나 비는 하늘에서 내려와 그리로 돌아가지 않고 오히려 땅을 적시어 기름지게 하고 싹이 돋아나게 하여 씨 뿌리는 사람에게 씨앗을 주고 먹는 이에게 양식을 준다. 이처럼 내 입에서 나가는 나의 말도 나에게 헛되이 돌아오지 않고 반드시 내가 뜻하는 바를 이루며, 나는 내 계명을 잘되게 하리라.

7. 정녕 너희는 즐거이 떠나고 기쁨 속에 인도되리라. 산과 언덕들은 너희 앞에서 기뻐 뛰고, 들의 나무들은 모두 그 가지들로 손뼉을 치리라. 가시덤불 대신 방백나무가 올라오고 쐐기풀 대신 도금양나무가 올라오리라. 주님은 이름이 되고 결코 끊어지지 않는 영원한 표징이 되리라"(이사 55,3-13 참조).

8. 나는 말했다. "트리폰이여, 예언자들의 이 말과 또 그 비슷한 말들 가운데 일부는 그리스도의 첫 번째 오심에 대해 말합니다. 그 오심에서는 영예도 풍채도 없이 나타나시리라고 예고되었습니다. 그러나 다른 말들은 그분의 두 번째 오심에 대해 말하는데, 그때에 그분은 구름 위에 영광 속에 나타나실 것이며, 열두 예언자 가운데 하나인 호세아[9]와

---

9 호세아서가 아니라 즈카 12,10.

다니엘(다니 7,13)이 예언한 대로 당신 백성은 그분을 볼 것이며 그들이 찌른 분을 알아보게 될 것입니다.

제15장

1. 그러니 이사야가 말한 대로, 하느님께서 원하시는 참된 단식을 실천하기를 배우십시오.

2. 이사야는 이렇게 말합니다. '목청껏 소리쳐라, 망설이지 마라. 나팔처럼 네 목소리를 높여라. 내 백성에게 그들의 악행을, 야곱 집안에 그들의 죄악을 알려라. 그들은 마치 정의를 실천하고 자기 하느님의 공정을 저버리지 않는 민족인 양 날마다 나를 찾으며 나의 길 알기를 갈망한다.

3. 그들은 나에게 의로운 법규들을 물으며 하느님께 가까이 있기를 갈망하여 이렇게 말한다. ʹ저희가 단식하는데 왜 보아 주지 않으십니까? 저희가 고행하는데 왜 알아주지 않으십니까?ʹ 보라, 너희는 너희 단식일에 제 뜻만 찾고 너희 아래 있는 모든 이들을 다그친다. 보라, 너희는 단식한다면서 다투고 싸우며 불쌍한 이를 주먹으로 치고 있다. 너희는 왜 오늘처럼 나를 위하여 단식하느냐? 저 높은 곳에 너희 목소리를 들리게 하려는 것이냐?

4. 이것은 내가 택한 단식이 아니며, 사람이 고행하도록 내가 선택한 날이 아니다. 제 목을 골풀처럼 숙이고 자루옷과 먼지를 깔고 눕는다 해도, 너는 이것을 단식이라고, 주님이 반기는 날이라고 말할 수 없다. 내가 좋아하는 단식은 이런 것이 아니다. 주님이 말씀하신다. 오히려 불의의 결박을 풀어 주고 폭력에 의한 합의를 끌러 주는 것, 억압받는 이들을 자유롭게 하고 모든 불의한 속박을 부수어 버리는 것이다.

5. 네 양식을 굶주린 이와 함께 나누고 가련하게 떠도는 이들을 네 집에 맞아들여라. 헐벗은 사람을 보면 덮어 주고 네 혈육을 멸시하지 마라. 그리하면 너의 빛이 새벽빛처럼 터져 나오고 너의 옷이 곧바로 일어나리라. 너의 의로움이 네 앞에 서서 가고 주님의 영광이 너를 감싸리라. 그때 네가 부르면 주님께서 대답해 주시고, 네가 말을 마치기 전에 '나 여기 있다' 하고 말씀해 주시리라.

6. 네가 네 가운데에서 멍에와 삿대질과 나쁜 말을 치워 버린다면, 굶주린 이에게 진심으로 네 양식을 내어 주고 고생하는 이의 넋을 흡족하게 해 준다면 네 빛이 어둠 속에서 솟아오르고 암흑이 너에게는 대낮처럼 되리라. 네 하느님께서 늘 너와 함께 계시고 네 영혼이 갈망하는 바를 흡족하게 하시며 네 뼈마디를 튼튼하게 하시리라. 그러면 너는 물이 풍부한 정원처럼, 물이 끊이지 않는 샘터처럼, 물이 끊이지 않는 땅처럼 되리라'(이사 58,1-12).

7. 그러니 하느님의 이 모든 말씀을 따라 마음에 할례를 받으십시오.

제16장

1. 또한 하느님께서는 모세를 통하여 친히 이렇게 선포하셨습니다. '그러므로 너희 마음에 할례를 행하고, 더 이상 목을 뻣뻣하게 하지 마라. 주 너희 하느님은 주님들의 주님이시며, 사람을 차별 대우하지 않으시고 뇌물도 받지 않으시는, 위대하고 힘세며 경외로우신 하느님이시다'(신명 10,16-17). 레위기에서는 이렇게 말씀하십니다. '그들은 나에게 맞서 죄를 짓고 나를 업신여겼으며 내 뜻을 따르지 않았으므로, 나도 그들에게 맞서고 그들을 원수들의 땅으로 보낼 것이다. 그러면 할례 받지 못한 그들의 마음이 돌이켜질 것이다'(레위 26,40-41 참조).

2. 아브라함 이래로 있었던 육에 따른 할례는 여러분을 다른 민족들과 그리고 우리와 구별하기 위하여 표지로 주어진 것입니다. 이는 여러분만이 지금 여러분이 마땅히 겪고 있는 것을 겪고 또 여러분의 땅이 황폐해지며, 여러분의 도성들이 불타고 여러분의 눈앞에서 여러분의 원수들이 여러분의 결실들을 먹어치우고, 여러분 가운데 누구도 예루살렘으로 올라가지 못하게 되려는 것이었습니다.

3. 사실 여러분을 다른 사람들과 구별되게 하는 것은 육의 할례뿐입니다. 여러분 가운데 누구도 하느님께서 미래의 일들을 예견하지 않으셨다거나 예견하지 않으신다고, 그리고 각자에게 마땅한 것을 미리 준비하지 않으신다고 말하지는 않으리라고 생각합니다. 그러므로 여러분에게 일어난 일은 옳고 정당한 것이었습니다.

4. 여러분은 의로우신 분을 죽였고 그 전에는 그분의 예언자들을 죽였으며, 지금은 그분과 그분을 보내신 분, 곧 만물의 전능하신 창조주께 희망을 두는 이들을 배척하고, 여러분의 회당에서 그리스도를 믿는 이들을 힘껏 괴롭히고 저주합니다. 여러분은 지금 통치하고 있는 이들 때문에 우리에게 손을 댈 권한이 없는데도, 기회만 있으면 여러분은 그렇게 했습니다.

5. 그래서 하느님께서는 이사야를 통하여 여러분에게 외치십니다. '의인이 사라져 가도 마음에 두는 자 하나 없다. 의인이 불의 앞에서 사라지는 것이다. 그의 장례가 평화로이 치러지고, 그는 우리 가운데에서 사라진다. 너희 사악한 자식들아 간통하는 남자의 종자와 매춘부의 자식들아 이리 오너라. 너희가 누구를 조롱하느냐? 너희가 누구에게 입을 크게 벌리고 혀를 내미느냐?'(이사 57,1-4).

제17장

1. 다른 민족들은 우리와 그리스도에게 불의를 행하는 데에서 여러분만큼 심하지는 않았습니다. 다른 민족들이 의로우신 분과 그분을 따르는 우리에 대해 갖고 있는 편견은 여러분에게서 비롯한 것입니다. 여러분은 홀로 무죄하시며 의로우신 분을 십자가에 못 박은 다음 (그분의 고난을 통하여, 그분을 통해서 아버지께 다가가는 이들의 상처가 나았습니다), 그분께서 죽은 이들 가운데에서 부활하시고 하늘에 오르셨다는 것을 알고도 (예언들은 이러한 일이 일어나리라고 이미 예고했습니다) 악행을 뉘우치지 않았을 뿐만 아니라 예루살렘에서부터 사람들을 선택하여 온 땅에 보내어, 그리스도인이라는 불경한 이단이 나타났다고 말하고 또한 우리를 알지 못하는 모든 이가 우리를 거슬러 말하는 그런 것들을 퍼뜨리게 했습니다. 그러므로 여러분은 여러분 자신의 불의만이 아니라 다른 모든 이의 불의의 원인이 되었습니다.

2. 그러니 이사야가 외친 말이 옳습니다. '너희 때문에 내 이름이 민족들 사이에서 모독된다'(이사 52,5). 또한 '그들의 영혼은 불행하여라! 스스로 세운 계획으로 재앙을 불러들였다. 그들은, 의인은 불편하니 묶어 버리자고 말하였다. 그들은 자기가 한 일의 결과를 누리리라. 악인은 불행하여라! 그는 잘못되리라. 제 손이 저지른 대로 되갚음을 받을 것이다'(이사 3,9-11). 다른 단락에서는 이렇게 말합니다. '불행하여라, 끈을 당기듯 죄를 끌어당기고 암소의 멍에 줄을 당기듯 죄악을 끌어당기는 자들! '그분의 속도가 나에게 닥치고 우리가 알 수 있게 이스라엘의 거룩하신 분의 뜻이 이루어져 보라지' 하고 말하는 자들! 불행하여라, 좋은 것을 나쁘다 하고 나쁜 것을 좋다 하는 자들! 어둠을 빛으로 만들고 빛을 어둠으로 만드는 자들! 쓴 것을 단 것으로 만들고 단 것을 쓴

것으로 만드는 자들!'(이사 5,18-20).

3. 여러분은 하느님께서 사람들에게 보내신 유일하게 흠없고 의로운 빛을 거슬러 온 땅에 혹독하고 어두우며 불의한 말들을 퍼뜨리려고 애썼습니다. 그분께서 여러분을 향해 "나의 집은 기도의 집이라 불릴 것이다'라고 기록되어 있다. 그런데 너희는 이곳을 '강도들의 소굴'로 만드는구나'(마태 21,13)라고 외치시고 성전에서 환전상들의 상을 뒤엎으셨을 때, 그분은 여러분의 눈에 거슬렸습니다.

4. 그분은 외치셨습니다. '불행하여라, 너희 위선자 율법 학자들과 바리사이들아! 너희가 박하와 시라는 십일조를 내면서, 하느님의 의로움과 자비는 지키지 않는구나. 너희는 겉은 아름답게 보이지만 속은 죽은 이들의 뼈와 온갖 더러운 것으로 가득 차 있는 회칠한 무덤 같다'(마태 23,23.27; 루카 11,13). 율법 학자들에게는 이렇게 말씀하셨습니다. '불행하여라, 너희 율법 교사들아! 너희가 열쇠를 갖고 있으면서, 너희 자신들도 들어가지 않고 또 들어가려는 이들도 막아 버렸기 때문이다. 눈먼 인도자들이여!'(루카 11,52).

제18장

1. 트리폰이여, 당신이 우리 구원자께서 가르치신 것을 읽어 보았다고 하니, 예언자들의 말들 외에 그분의 짧은 말씀 몇 가지를 덧붙이는 것도 빗나간 일은 아니라고 생각합니다.

2. '너희 자신을 씻어 깨끗이 하여라. 너희 영혼의 악한 행실들을 치워 버려라'(이사 1,16). 이처럼 하느님께서는 여러분에게 이런 방식으로 씻고 참된 할례를 받으라고 지시하십니다. 육에 따른 할례, 안식일과 모든 축제일이 여러분에게 명해진 이유를, 곧 그것이 여러분의 죄악과

완고한 마음 때문에 명해졌다는 것을 몰랐더라면 우리도 그것들을 지켰을 것입니다.

3. 우리는 악한 사람들과 마귀들이 우리에게 저지르는 모든 것을 참아 내는 이들이며, 이루 말할 수 없는 고통과 죽음을 겪으면서도 새 입법자께서 우리에게 명하신 대로, 우리를 박해하는 이들을 위하여 자비를 빌고 누구에게도 조금도 되갚기를 원하지 않는 이들입니다. 그런데 우리에게 아무런 해도 입히지 못하는 규정들인 육의 할례나 안식일, 축제일들을 왜 지키지 않겠습니까?"

제19장

1. 트리폰이 대답하였다. "우리는 그것이 이해가 안 갑니다. 그런 온갖 일들은 다 견디면서, 지금 우리가 이야기하는 이 모든 것도 지키지 않는다는 것 말입니다."

2. 내가 대답했다. "이미 설명했듯이, 할례는 모든 사람에게 필요한 것이 아니라 여러분에게만 필요합니다. 지금 여러분이 마땅히 겪고 있는 것을 겪도록 여러분을 구별하기 위해서지요. 물구덩이의 쓸모없는 세례도 우리는 받지 않습니다. 그것은 생명을 주는 우리의 세례에 비하면 아무것도 아닙니다. 그래서 하느님께서는 여러분이 당신을 버렸다고 하십니다. '그들은 생수의 원천인 나를 저버렸고 제 자신을 위해 저수 동굴을, 물이 고이지 못하는 갈라진 저수 동굴을 팠다'(예레 2,13).

3. 육의 할례를 받은 여러분에게는 우리의 할례가 필요합니다. [마음의] 할례를 받은 우리에게는 여러분의 할례가 필요하지 않습니다. 당신들이 생각하듯이 할례가 꼭 필요하다면, 하느님께서 아담을 할례 받지 않은 채로 창조하지 않으셨을 것이며, 할례를 받지 않은 아벨이 바

친 예물들을 쳐다보지도 않으셨을 것입니다. 또한 할례 받지 않은 에녹을 마음에 들어 하지도 않으셨을 것입니다. 에녹은, 하느님께서 데려가셔서 사라진 인물이지요(창세 5,24 참조).

4. 할례 받지 않은 롯이 소돔에서 구출되었습니다. 그가 만났던 천사들과 주님께서 그를 데려 나오신 것입니다. 우리 종족의 시조인 노아는 아직 할례를 받지 않은 채로 자녀와 함께 방주로 들어갔습니다. 지극히 높으신 분의 사제 멜키체덱은 할례를 받지 않았었으나, 육에 할례를 받은 첫 사람인 아브라함이 그에게 십일조를 바쳤고 그는 아브라함을 축복했습니다. 또한 하느님은 다윗을 통하여, 그를 멜키체덱과 같은 영원한 사제로 세우시겠다고 선언하셨습니다.

5. 그러므로 이 할례는 여러분에게만 필요한 것이었습니다. 열두 소예언자 가운데 하나인 호세아도 말하듯이, 백성이 이미 백성이 아니고 민족이 이미 민족이 아니 되려고 그런 것이었습니다(호세 1,9 참조). 앞에 언급된 모든 의인들은 안식일을 지키지 않았지만 하느님의 마음에 들었고, 그들 이후에는 아브라함이, 또 모세 때까지의 후손들 역시 그러했습니다. 모세 때에 여러분 백성은 하느님의 은혜를 저버리고 광야에서 송아지를 만듦으로써 그분께 불의를 저질렀습니다.

6. 그래서 하느님께서는 나약한 백성에게 맞추시어, 여러분이 우상을 섬기지 않도록 당신 이름에 제사를 바치도록 명하셨습니다. 하지만 여러분은 이것도 지키지 않았고, 여러분의 자녀들까지 마귀들에게 제물로 바쳤습니다. 또한 하느님께서는 여러분이 당신을 기억하도록 안식일을 지키라 명하셨는데, 그것은 '내가 너희를 구원한 하느님임을 알도록'(에제 20,20) 하시려는 것이었습니다.

제20장

1. 또한 여러분에게는 어떤 음식들을 삼가라는 명령이 주어졌습니다. 이는 여러분이 먹고 마실 때에도 눈앞에 하느님을 모시도록 하기 위해서입니다. 여러분은 쉽게 하느님을 잊어버리기 때문입니다. 모세도 '백성들은 앉아서 먹고 마시다가 일어나 흥청거리며 놀았다'(탈출 32,6)라고 하고, '야곱은 먹고 배가 부르더니 살이 쪘다. 사랑받은 이가 살이 찌고 몸이 불어나 기름기가 흐르더니 자기를 만드신 하느님을 저버렸다'(신명 32,15)라고 합니다. 실상 모세는 창세기에서, 의인 노아에게 하느님께서 저절로 죽은 동물의 피가 있는 고기를 제외하고 모든 동물을 먹어도 된다고 허락하셨음을 알려 줍니다."

2. 트리폰이 "[내가] 풀을 주었듯이"라는 [구절을] 덧붙이려 하기에 내가 먼저 이렇게 말했다. "'풀을 주었듯이'(창세 9,3)라는 말을 여러분은 왜 하느님께서 뜻하신 대로, 곧 그분께서 풀을 인간에게 양식으로 주셨듯이 동물도 고기를 먹도록 주셨다는 뜻으로 이해하지 않습니까? 여러분은 풀 가운데에서도 어떤 것은 먹지 않으며, 노아가 풀을 구별해 먹으라는 지시를 받았다고 말합니다.

3. 여러분의 해석 방법은 믿을 만하지 않습니다. 첫째로 모든 풀이 양식이고 먹을 수 있습니다. 저는 이것을 증명할 수 있지만, 지금 여기서 하지는 않겠습니다. 우리가 모든 풀을 먹는 것이 아니라 풀들을 구별하고 어떤 것은 먹지 않는다 하더라도, 이는 그것들이 속되거나 부정해서가 아니라 쓰거나 독이 있거나 가시가 있기 때문입니다. 부드럽고 영양가 있고 맛있는 풀들은, 바다에서 나는 것이든 땅에서 나는 것이든 그것을 좋아하며 먹습니다.

4. 그러니까 하느님께서는 모세를 통해 여러분에게 부정하고 해롭고

사나운 동물들을 멀리하라고 명하신 것입니다. 여러분이 광야에서 만나를 먹고 하느님께서 하신 모든 놀라운 일을 보고서도 금송아지를 만들고 경배했기 때문입니다. 하느님께서 거듭 '지각없는 자식들, 그들에게 믿음이라고는 전혀 없다'(신명 32,20)라고 외치실 만했습니다.

제21장

1. 앞에서도 말했지만, 하느님께서 여러분에게 표지로 안식일을 지키도록 명하신 것은 여러분과 조상들의 불의 때문이었습니다. 또한 그분께서는 여러분 가운데 일부를 살아남게 하신 유일한 이유가 다른 민족들을 위해서라고 하셨습니다. 당신의 이름이 그들 사이에서 더럽혀지지 않게 하시려는 것이었지요. 이는 여러분에게 입증할 수 있습니다.

2. 에제키엘을 통하여 이러한 말씀들이 전해졌습니다. '나는 주 너희 하느님이다. 나의 규정들을 따르고 나의 법규들을 준수하여 지켜라. 이집트의 풍습들을 받아들이지 말고, 안식일을 거룩하게 지켜, 그것이 나와 너희 사이의 표징이 되게 하고, 나 주님이 너희의 하느님이라는 것을 알아라. 그러나 너희는 나에게 반항하였고, 너희 자손들은 누구나 그대로 지키기만 하면 살 수 있는 내 규정들을 따르지 않고, 내 법규들을 준수하여 지키지 않았으며, 나의 안식일을 더럽혔다.

3. 그래서 나는 광야에서 그들에게 내 화를 퍼붓고 내 분노를 쏟겠다고 생각했다. 그러나 나는 그렇게 하지 않음으로써, 내가 이스라엘을 이끌어 내는 것을 본 민족들 앞에서 내 이름이 더럽혀지지 않게 했다. 그렇지만 나는, 그들을 민족들 사이로 쫓아 버리고 여러 나라로 흩어 버리겠다고, 광야에서 그들에게 손을 들어 맹세했다. 그들이 나의 법규들을 지키지 않고 나의 규정들을 업신여겼으며, 나의 안식일을 더럽히

고, 그들의 눈이 자기 조상들이 만들어 낸 것들을 따라갔기 때문이다.

4. 나는 또 그들에게 좋지 않은 규정들과 지켜도 살지 못하는 법규들을 주었다. 나는 내가 모든 맏배들을 없애고자 지나갈 때에 그들 자신의 선물들로 그들을 부정하게 만들겠다'(에제 20,19-26).

제22장

1. 하느님께서 당신께 그러한 제사를 바치라고 명하신 것은 그러한 제사가 필요해서가 아니라 여러분 백성의 죄와 우상 숭배 때문이었습니다. 열두 소예언자 가운데 하나인 아모스가 이에 대하여 선포하는 바를 들으십시오.

2. '불행하여라, 주님의 날을 갈망하는 자들! 주님의 날은 너희에게 무엇을 위한 것이냐? 그날은 어둠일 뿐 결코 빛이 아니다. 사자를 피해 도망치다가 곰을 만나고 집 안으로 피해 들어가 손으로 벽을 짚었다가 뱀에게 물리는 것과 같으리라. 주님의 날은 어둠일 뿐 빛이 아니지 않으냐? 불빛이라고는 전혀 없이 캄캄할 뿐이다. 나는 너희의 축제들을 싫어한다. 배척한다. 너희의 그 집회의 냄새를 반길 수 없다.

3. 너희가 나에게 번제물과 제물을 바친다 하여도 받지 않고, 너희의 친교 제물을 보인다 해도 거들떠보지 않으리라. 너희의 시끄러운 노래를 내 앞에서 집어치워라. 너희의 악기 소리도 나는 듣지 못하겠다. 다만 공정을 물처럼 흐르게 하고 정의를 강물처럼 흐르게 하여라. 이스라엘 집안아, 너희가 광야에서 나에게 희생 제물과 곡식 제물을 바친 적이 있느냐? 주님께서 말씀하신다. 너희는 스스로 만든 몰록의 장막과 너희 신인 라판의 별을 짊어지고 가지 않았느냐?

4. 그러므로 내가 너희를 다마스쿠스 너머로 유배를 보내리라. 주님

께서 말씀하신다. 그 이름 전능하신 하느님이시다. 불행하여라, 시온에서 걱정 없이 사는 자들 사마리아산에서 마음 놓고 사는 자들, 으뜸가는 나라의 귀족들! 우두머리들 가운데 지명된 이들이 민족들의 만물을 거두었구나. 그들에게 이스라엘 집안이 의지하러 가는구나. 너희는 칼네로 건너가서 살펴보아라. 거기에서 큰 하맛으로 갔다가 이 모든 왕국들 중 최고인 외국인들의 성읍 갓으로 내려가 보아라. 너희의 영토가 그들의 영토보다 더 넓으냐?

5. 재앙의 날에 도달하는 이들, 거짓 안식일에 다가와 매달리는 이들, 그들은 상아 침상 위에 자리 잡고 안락의자에 비스듬히 누워 양 떼에서 고른 어린 양을 잡아먹고 우리에서 가려낸 송아지를 잡아먹는다. 악기 소리에 환호하며, 이런 것들이 지속되며 사라지지 않으리라고 생각한다. 대접으로 포도주를 퍼마시고 최고급 향유를 몸에 바르면서도 요셉 집안이 망하는 것은 아랑곳하지 않는다. 그러므로 이제 그들이 맨 먼저 사로잡혀 끌려가리니, 악인들의 거처는 사라지고 에프라임에서 말 우는 소리가 없어지리라'(참조: 아모 5,18-27; 6,1-8).

6. 또한 예레미야를 통해서도 말씀하십니다. '너희의 고기를 희생 제물에 섞어 먹어 치워라. 내가 너희 조상을 이집트 땅에서 이끌고 나올 때 그들에게 번제물과 희생 제물에 대하여 이야기하거나 명령한 적이 없기 때문이다'(예레 7,21-22).

7. 또한 다윗을 통해서는 시편 제49편[10]에서 이렇게 말씀하십니다.

10 　칠십인역 시편의 번호다. 히브리 성경의 시편은 150편으로, 칠십인역은 151편으로 이루어져 있다. 칠십인역은 히브리어 성경 시편 제9편과 제10편을, 제114편과 제115편을 합쳤다. 그러나 제116편과 제147편을 두 편으로 나누었다. 따라서 칠십인역은 시편 제1-10편, 제115-116편, 제147-150편을 제외하고 히브리 성경보다 번호가 한 편씩 앞선다.

'신들의 신이신 주님께서 말씀하시며 해 뜨는 데서 해 지는 데까지 땅을 부르시네. 그분 아름다움의 광채가 시온으로부터 나오네. 그분은 드러나게 오시네. 우리 하느님께서는 잠잠히 아니 오시니 그분 앞에 불이 타오르고 그분 둘레에는 엄청난 폭풍이 이네. 그분께서 당신 백성을 심판하시려 저 위 하늘과 땅을 부르시네. 그분 앞에 모여라, 그분의 거룩한 이들아, 제사로 계약을 맺은 자들아! 하늘이 그분의 의로움을 알리네, 하느님, 그분께서 심판자이심을.

8. 내 백성아, 들어라. 내가 말하노라. 이스라엘아, 나 너를 거슬러 증언하노라. 나는 하느님, 너의 하느님이다. 너의 제사 때문에 너를 벌하려는 것이 아니니 너의 번제야 늘 내 앞에 있다. 나는 네 집에 있는 수소도, 네 우리에 있는 숫염소도 받지 않는다. 숲속의 모든 동물이며 산들의 짐승과 소들이 내 것이기 때문이다. 나는 공중의 새들을 모두 안다. 들의 아름다움도 나와 함께 있다.

9. 나 비록 배고프다 하여도 네게 말하지 않으리니 누리와 그를 채운 것들이 나의 것이기 때문이다. 내가 황소의 고기를 먹고 숫염소의 피를 마시기라도 한단 말이냐? 하느님에게 찬양 제물을 바치고 지극히 높으신 분께 네 서원을 채워 드려라. 그리고 불행의 날에 나를 불러라. 나 너를 구하여 주고 너는 나에게 영광을 돌리리라. 악인에게는 하느님께서 이렇게 말씀하신다. '너는 어찌하여 내 계명들을 늘어놓으며 내 계약을 네 입에 올리느냐? 훈계를 싫어하고 내 말을 뒤로 팽개치는 너이거늘.

10. 너는 도둑을 보면 함께 뛰고 간음하는 자들과 한패가 된다. 네 입에는 악이 가득하고 네 입술은 간계를 엮는다. 너는 앉아서 네 형제를 거슬러 말하고 네 어머니의 아들에게 걸림돌을 놓는다. 네가 이런 짓들을 해 왔어도 잠잠히 있었더니 내가 악행에서 너와 똑같은 줄로 여기는

구나. 나 너를 벌하리라. 네 눈앞에 네 행실을 펼쳐 놓으리라. 이를 알아
들어라, 하느님을 잊은 자들아. 그러지 않으면 그분이 너를 잡아 찢어
도 구해 줄 자 없으리라. 찬양 제물은 나를 영광스럽게 하리니, 내 구원
을 보여 줄 길이 거기에 있으리라."

11. 그러므로 하느님은 여러분의 제물을 받지 않으십니다. 처음에
제물을 바치라고 명하신 것은 그것이 필요해서가 아니라 여러분의 죄
때문이었습니다. 예루살렘 성전이라고 일컬어지는 그 성전의 경우도
마찬가지입니다. 하느님께서 그것을 당신의 집 또는 뜰이라고 하신 것
은 그것이 그분께 필요했기 때문이 아니라, 이렇게 함으로써 여러분이
그분께 자신을 바치고 우상을 숭배하지 않게 하시려는 것이었습니다.
사실이 이러하다는 것을 이사야가 알려 줍니다. '주님께서 이렇게 말씀
하신다. 하늘이 나의 어좌요 땅이 나의 발판이다. 너희가 나에게 무슨
집을 지어 바치겠느냐?'(이사 66,1).

제23장

　1. 만약 우리가 이를 인정하지 않는다면, 우리는 우리의 하느님께서
에녹을 비롯하여 육에 할례를 받지 않고 안식일을 비롯한 계명들을 지
키지 않았던 모든 이들 시대의 하느님과 같은 분이 아니시라거나 (이
러한 관습들을 명한 것은 모세이니까요), 아니면 하느님께서 모든 세
대의 인류가 동일한 의로운 행위들을 실천하기를 바라시는 것이 아니
라는 식의 어리석은 생각에 떨어지고 말 것입니다. 이는 어처구니없고
몰지각한 일입니다.

　2. 그러므로 우리는, 변치 않으시는 분께서 이와 같은 규정들을 주신
것은 인간의 죄 때문이며, 그분은 다정하고 앞일을 예견하시며 아무것

도 필요로 하지 않으시고 의롭고 선하신 분이라는 것을 인정해야 합니다. 그렇지 않다면, 친구들이여, 이 문제들에 대한 여러분의 생각이 무엇인지 들려주십시오."

3. 아무도 대답하지 않기에 내가 이어 말했다. "그러니 트리폰이여, 당신과 개종하려는 모든 이에게 내가 그 노인에게서 들은 천상의 가르침을 알려 주고 싶습니다. 자연계의 요소들이 휴식도 안식일도 지키지 않는다는 것은 명백하지 않습니까? 태어났을 때의 상태 그대로 있으십시오. 아브라함 이전에 할례가 필요하지 않았고 모세 이전에 안식일이나 축일들과 제물들이 필요하지 않았다면, 하느님의 뜻에 따라 아브라함의 후손인 동정녀 마리아를 통하여 태어나신 하느님의 아드님 예수 그리스도께서 이미 나타나신 지금도 필요하지 않은 것입니다.

4. 성경이 말해 주듯이, 실로 아브라함은 아직 할례를 받기 전에 하느님께 대한 믿음으로 의로움을 인정받고 축복받았습니다. 할례는 그가 의화를 위해서가 아니라 표지로 받은 것입니다. 성경도 실제 사실들도 우리가 이를 인정하지 않을 수 없게 합니다. 그러므로 당신네 민족에 대하여, 여덟째 날에 할례를 받지 않은 남자는 자기 백성에게서 잘려 나가리라(창세 17,14)고 한 것은 마땅합니다.

5. 또한 여자들이 육에 할례를 받을 수 없다는 사실은, 할례가 의화를 이룰 수 있는 행위로서가 아니라 표지로 주어진 것임을 보여 줍니다. 실상 하느님께서는 여자들에게도 의롭고 덕스러운 모든 것을 지킬 수 있는 능력을 주셨습니다. 우리는, 남자와 여자의 신체 구조가 다르다고 해서 그 때문에 어느 한편이 의롭다거나 불의하다고 정할 수 있는 것이 아니라, 신심과 정의의 행위에 따라 그 여부가 정해져야 한다고 말할 수 있습니다."

제24장

1. 나는 계속해서 말했다. "친구들이여, 여덟째 날은 하느님께서 이를 통하여 선포하신 신비를 일곱째 날보다 더 잘 나타낸다는 점도 나는 증명할 수 있습니다. 하지만 여러분이 내가 주제를 바꾸려 한다고 여길 수도 있으니, 그 할례의 피가 폐지되었고 우리는 구원의 피를 믿는다는 것만 알아 두십시오. 지금은 시온으로부터 다른 계약이, 새 율법이 나왔습니다.

2. 오래전에 예고된 바와 같이 예수 그리스도께서는 원하는 모든 이들에게 돌칼로 할례를 베푸시어[11] 그들이 의로운 민족, 신앙을 지키고 진리를 추종하며 평화를 수호하는 백성이 되게 하십니다.

3. 그러므로 하느님을 두려워하고 예루살렘의 선을 보기를 갈망하는 이들이여, 나와 함께 '자, 주님의 빛 속에 걸어갑시다'(이사 2,5). 야곱 집안이여, 그분은 당신 백성을 해방시키셨습니다. 모든 민족들이여, 예루살렘으로 모여듭시다. 예루살렘은 더 이상 백성들의 죄 때문에 전쟁에 시달리지 않을 것입니다. 이사야는 이렇게 말합니다. '묻지도 않는 자들에게 나는 문의를 받아 줄 준비가 되어 있었고 나를 찾지도 않는 자들에게 나는 만나 줄 준비가 되어 있었다. 나의 이름을 부르지 않는 겨레에게 나는 '나 여기 있다' 하고 말하였다. 나는 반항하는 백성에게 날마다 팔을 벌리고 있었다. 그들은 자기네 멋대로 좋지 않은 길을 걷는 자들, 자기들의 죄를 쫓아다니며 내 앞에서 나의 마음을 상하게 하는 백성에게'(이사 65,1-3).

---

11 유스티누스는 쇠칼로 할례를 베푼 모세의 할례(첫 번째 할례)와 돌칼로 할례를 베푼 여호수아의 할례(두 번째 할례)를 구분한다. 여호수아의 할례는 돌칼로, 곧 성경이 돌이라고 부른 그리스도의 계명들로 베풀어진 그리스도인 할례의 예형이었다.

제25장

1. 스스로 의롭다고 여기며 아브라함의 자손들이라고 말하는 이들은 우리[12]가 받는 상속 재산의 작은 일부라도 나누어 받기를 바랄 것입니다. 성령께서는 이사야를 통하여, 그들을 대신하여 말씀하십니다.

2. ‘하늘에서 굽어보소서. 당신의 거룩하고 영화로운 거처에서 굽어보소서. 당신의 열정과 당신의 위력이, 당신의 크신 연민과 당신의 자비가 어디에 있습니까? 주님, 당신께서 저희를 지탱하셨습니다. 당신은 저희 아버지십니다. 아브라함이 저희를 알지 못하고 이스라엘이 저희를 알아보지 못합니다. 주님, 저희 아버지, 당신께서 저희를 구원하십니다. 처음부터 당신 이름이 저희 위에 있었습니다. 주님, 어찌하여 저희를 당신의 길에서 벗어나게 하십니까? 어찌하여 저희 마음이 굳어져 당신을 경외할 줄 모르게 만드십니까?

3. 당신 종들을 생각하시어, 당신의 유산인 이 지파들을 생각하시어 돌아오소서. 저희가 당신의 거룩한 산을 조금이라도 차지할 수 있게 해 주십시오. 저희는 처음처럼, 당신께서 다스리시지 않고 당신 이름으로 불리지 않던 때처럼 되었습니다. 아, 당신께서 하늘을 찢고 내려오신다면! 당신 앞에서 산들이 두려워 떨리이다. 마치 불 앞에 초가 녹듯 그들은 녹아 없어지고, 불이 당신 원수들을 삼킬 것입니다. 당신 이름이 원수들 앞에 드러나고, 민족들은 당신 앞에서 혼란에 빠질 것입니다.

4. 영광스러운 일들을 당신께서 하실 때, 산들이 당신 앞에서 두려워 떨 것입니다. 당신 아닌 다른 신은 예부터 저희 눈이 보지 못하였고 저희 귀로 듣지 못하였으며 어떠한 눈도 보지 못하였습니다. 당신의 업

12　수사본에는 ‘여러분’이지만 대부분의 편집자들은 “우리”가 원래 의미였다고 본다.

적, 당신께서 회개하는 이들에게 행하실 자비도 그러합니다. 당신께서는 의로운 일을 즐겨 하는 이들을, 당신의 길을 기억하는 이들을 만나 주실 것입니다. 그러나 당신께서는 진노하셨고 저희는 죄를 지었습니다. 그리하여 저희는 잘못을 저질렀고 모두 부정한 자처럼 되었습니다. 저희의 의로운 행동이라는 것들도 모두 개짐과 같습니다. 저희는 모두 저희의 죄악 때문에 나뭇잎처럼 시들어, 바람이 저희를 휩쓸어 갈 것입니다.

5. 당신 이름을 부르는 자도, 당신을 기억하여 붙잡으려는 자도 없습니다. 당신께서 저희를 외면하시고 저희 죄악 때문에 저희를 버리셨기 때문입니다. 그러나 주님, 돌아보소서. 저희는 모두 당신의 백성입니다. 당신 성소가 있는 성읍이 광야가 되었습니다. 시온은 광야가 되고 예루살렘은 저주가 되었습니다. 그 집, 저희 성소, 저희 조상들이 축복하던 영광은 불타 버렸고, 모든 영광스러운 민족들이 그와 더불어 무너졌습니다.[13] 주님, 이렇게 되었는데도 당신은 가만히 계시고, 침묵하시며, 저희를 이토록 극심하게 낮추셨습니다'(참조: 이사 63,15-19; 64,1-12)."

6. 트리폰이 물었다. "우리 가운데 그 누구도 하느님의 거룩한 산에서 유산을 전혀 받지 못하리라는 것이 도대체 무슨 소리입니까?"

제26장

1. 내가 말했다. "그 말이 아닙니다. 하지만 과거에 그리스도를 박해했고 지금도 그분을 박해하며 회개하지 않는 이들은, 거룩한 산에서 유산을 상속받지 못할 것입니다. 그러나 그분을 믿었고 자신들의 죄를 회

13　그리스어 본문이 칠십인역과도, 라틴어 성경과도 일치하지 않는다. "모든 민족들이 영광스럽게 되었습니다" 또는 "우리의 영광스러운 것들이 허물어졌습니다" 등으로 옮기기도 한다.

개한 이민족들은 비록 안식일을 지키지 않고 할례를 받지도 않으며 축일들을 지키지 않는다 하더라도 성조들과 예언자들, 그리고 야곱의 후손인 의인들과 함께 유산을 물려받을 것입니다. 그들은 분명 하느님의 거룩한 유산을 물려받을 것입니다.

2. 하느님께서 이사야를 통하여 이렇게 말씀하십니다. '주 하느님인 내가 의로움으로 너를 불렀다. 내가 네 손을 붙잡아 주고 너를 강하게 하리라. 내가 너를 백성을 위한 계약이 되고 민족들의 빛이 되게 하였으니 보지 못하는 이들의 눈을 뜨게 하고 갇힌 이들을 속박에서, 어둠 속에 앉아 있는 이들을 감방에서 풀어 주기 위함이다'(이사 42,6-7).

3. 또 이렇게 말씀하십니다. '민족들 위에 깃발을 올려라. 보라, 주님께서 땅끝까지 선포하셨다. 딸 시온에게 말하여라. 보라, 너의 구원자가 다가온다. 보라, 그분의 상급이 그분과 함께 오고 그분의 업적이 그분 앞에 온다. 그분이 이를 거룩한 백성, 주님의 구원을 받은 이들이라 부르리라. 그리고 너는 그리워 찾는 도성, 버림받지 않은 도성이라 불리리라. 에돔에서 오시는 이분은 누구이신가? 붉은 옷을 입고 보소르에서 오시는 이분은 누구이신가? 화려한 의복을 입고 위세 당당하게 걸어오시는 이분은 누구이신가? 나는 의로움을 말하고 구원의 심판을 말한다.

4. 어찌하여 당신의 의복이 붉습니까? 어찌하여 포도 확을 밟는 사람의 옷 같습니까? 밟힌 포도로 가득하여, 나는 혼자서 확을 밟았다. 민족들 가운데에서 아무도 나와 함께 있지 않았다. 나는 분노로 그들을 밟았고 땅처럼 그들을 짓밟아 땅에 피가 흐르게 했다. 그들에게 복수의 날이 왔다. 내 구원의 해가 온 것이다. 내가 살펴보았지만 도와주는 자 아무도 없었다. 찾아보았지만 거들어 주는 자가 아무도 없었다. 그러자 내

팔이 나를 풀어 주었고 나의 진노가 이르렀다. 그래서 나는 분노로 그들을 밟아 으깨어 그들의 피가 땅에 흐르게 했다'(이사 62,10-12; 63,1-7)."

제27장

1. 트리폰이 말했다. "어째서 당신은 예언서의 말들 가운데 당신이 원하는 것만을 선택하고, 안식일을 지켜야 한다고 분명하게 명하는 부분들은 언급하지 않습니까? 이사야는 이렇게 말했습니다. '네가 삼가 안식일을 짓밟지 않고 거룩한 날에 네 뜻을 행하지 않는다면 네가 안식일을 네 하느님의 거룩한 기쁨이라 부른다면, 네가 일을 하려고 발을 들지 않고 네 입에서 말을 삼가며 주님을 신뢰한다면, 그분께서 너를 세상의 좋은 것들 위로 올라가게 하시며 네 조상 야곱의 상속 재산으로 먹게 해 주리라. 주님께서 친히 말씀하셨다'(이사 58,13-14)."

2. 내가 말했다. "친구들이여, 내가 이 예언들을 언급하지 않은 것은 그것들이 나의 주장과 충돌하기 때문이 아니라, 하느님께서 모세를 통하여 명하신 것과 똑같은 것을 여러분도 행하도록 모든 예언자를 통하여 명하셨다 하더라도, 그것은 여러분의 마음이 완고하고 그분께 감사할 줄 모르기 때문이라는 것을 잘 알아 두십시오. 그분께서 거듭 같은 말씀을 하신 이유는 언젠가 여러분이 회개하여 그분을 기쁘게 해 드리고, 더 이상 여러분의 자녀를 마귀들에게 제물로 바치지 않으며 '도둑의 친구들, 선물을 쫓아다니는 자들, 고아의 권리를 되찾아 주지도 않고 과부의 송사에 마음을 두지 않는 자들'(이사 1,23)이 되지 않고 여러분의 손에 피가 가득하지 않도록 하시기 위해서였습니다.

3. 실상 '시온의 딸들이 목을 빼고 걸어 다니면서 호리는 눈짓을 하고 살랑살랑 걸어다닙니다'(이사 3,16). 하느님께서 이렇게 외치십니다.

'모두 빗나가 다 함께 쓸모없이 되어 버렸다. 깨닫는 이가 없다. 하나도 없다. 그들 목구멍은 열린 무덤, 혀로는 사람을 속이고 입술 밑에는 살무사의 독을 품는다. 그들이 가는 길에는 파멸과 비참만이 있다. 그들은 평화의 길을 알지 못한다'(로마 3,11-17).

4. 이처럼, 처음에 여러분의 악함 때문에 이러한 것들을 명하셨듯이, 지금은 여러분이 같은 규정들을 통하여 더욱더 죄의 노예가 되었거나 더욱 이끌리기에, 그분께서는 당신을 기억하고 알라고 권고하십니다. 그런데 여러분은 마음이 완고하고 어리석으며, 눈멀고 다리 저는 백성입니다. 믿음 없는 자녀들이고, 그분께서 말씀하시듯이 '입술로만 그분을 공경하고 마음은 그분에게서 멀리 있습니다. 여러분은 그분의 것이 아니라 여러분 자신의 것인 가르침들을 가르칩니다'(이사 29,13).

5. 나에게 말해 보십시오. 하느님께서 안식일에 제물을 바치는 사제들이 죄를 짓기 원하셨겠습니까? 그분께서 태어난 아기들이 그날이 안식일이라도 반드시 여덟째 날에 할례를 받아야 한다고 명하셨다면, 안식일에 할례를 받거나 주는 이들이 죄를 짓기를 바라신 것입니까? 안식일에 그렇게 하는 것이 죄가 되는 줄을 하느님께서 아셨다면, 아기들을 안식일 전날이나 다음 날 할례 받게 하실 수 있지 않았겠습니까? 그리고 모세와 아브라함 이전 사람들에게 왜 같은 계명들을 지키라고 가르치지 않으신 것입니까? 그들은 할례를 받지도 않았고 안식일을 지키지도 않았지만 의인이라고 일컬어지고 그분 마음에 들었습니다."

제28장

1. 그러자 트리폰이 말했다. "앞에서도 당신이 이러한 이야기를 하는 것을 귀 기울여 들었습니다. 솔직히 말해서, 주의 깊게 들을 만한 말이

었습니다. 그렇지만 그것이 하느님의 뜻이었다는 말은 저를 포함해 대부분의 사람들에게 옳다고 보이지 않습니다. 그것은 어떤 문제에 대답하지 못하는 이들이 보통 하는 말이기 때문입니다.”

2. 내가 다시 말했다. “나는 성경과 사실들에 근거해 증명하고 있으니, 여러분은 내가 할례를 받지 않았다고 해서 나를 믿기를 망설여서는 안 됩니다. 회개할 시간이 얼마 남지 않았기 때문입니다. 그리스도께서 여러분이 회개하기 전에 오신다면, 그때 가서는 회개하거나 울더라도 소용이 없습니다. 그분께서 들어주지 않으실 것이기 때문입니다. 예레미야는 백성에게 이렇게 외쳤습니다. ‘묵혀 둔 너희 땅을 갈아엎어라. 가시덤불에는 씨를 뿌리지 마라. 주님을 위하여 할례를 하여라. 너희 마음의 포피를 벗겨 내어라’(예레 4,3-4).

3. 그러니 가시덤불에나 갈지 않은 땅에는 씨를 뿌리지 마십시오. 거기에서는 열매를 얻지 못할 것입니다. 그리스도를 아십시오. 그러면 여러분 마음 안에, 아름답고 풍요로운 잘 갈린 밭이 있게 될 것입니다. ‘이제 그날이 오고 있다. 주님의 말씀이다. 그날에 내가 몸에 할례를 받은 자들 모두를 살펴보겠다. 그들은 곧 이집트와 유다와 에돔과 모압 자손들이다. 이 모든 민족들은 육의 할례를 받지 않았지만, 이스라엘 온 집안은 마음의 할례를 받지 않았기 때문이다’(예레 9,24-25).

4. 표지로 주어진 이 할례가 하느님께서 원하시는 것이 아님을 모르시겠습니까? 이집트인들에게나 모압 자손들에게, 또는 에돔 자손들에게 그것은 아무 쓸모가 없습니다. 그러나 스키티아인이나 페르시아인이라도 하느님과 그분의 그리스도를 알고 정의의 영원한 규정들을 지키는 사람은 참으로 유용한 할례를 받은 것입니다. 하느님은 그를 사랑하시고, 그의 선물과 제물들을 기뻐하십니다.

5. 친구들이여, 하느님께서 열두 소예언자 가운데 하나인 말라키를 통하여 당신 백성에게 하신 말씀을 여러분에게 들려 드리겠습니다. '나는 너희를 좋아하지 않는다. 만군의 주님께서 말씀하신다. 나는 너희 손이 바치는 제물을 받지 않으리라. 그러나 해 뜨는 곳에서 해 지는 곳까지, 내 이름은 민족들 가운데에서 드높다. 내 이름이 민족들 가운데에서 드높기에 곳곳에서 내 이름에 제물이, 정결한 제물이 바쳐진다. 만군의 주님께서 말씀하신다. 그러나 너희는 내 이름을 더럽힌다'(말라 1,10-12).

6. 다윗을 통해서는 이렇게 말씀하셨습니다. '제가 알지 못하던 백성이 저를 섬기고 제 말을 듣자마자 저에게 복종했습니다'(시편 18,44-45).

제29장

1. 함께 모인 민족들이여, 주님을 찬양합시다. 그분께서 우리에게도 찾아오셨습니다. 영광의 임금이시며 능력들의 주님이신 분을 통하여 그분을 찬양합시다. 그분은 다른 민족들에 대해서도 기뻐하시고, 우리가 바치는 제물을 여러분의 제물보다 기쁘게 받으십니다. 하느님께서 내가 옳음을 증언하시는데, 나에게 왜 할례가 필요합니까? 성령으로 세례받은 나에게, 그 다른 세례가 왜 필요합니까?

2. 이 말로 나는 이해력이 부족한 사람도 설득할 수 있다고 생각합니다. 이것은 내가 준비한 말도 아니고 인간의 기술로 아름답게 만든 말도 아닙니다. 이것은 다윗이 노래한 것, 이사야가 설교한 것, 즈카르야가 선포한 것, 모세가 쓴 것입니다. 트리폰이여, 당신은 이 말씀들을 잘 알지 않습니까? 이들은 여러분의 성경에, 아니, 여러분이 아니라 우리의 성경에 들어 있습니다. 우리는 이 말씀들을 믿는데, 여러분은 읽으

면서도 그 정신을 이해하지 못합니다.

3. 하지만 육체적으로 할례를 받지 않았다는 것 때문에 우리에게 화를 내거나 우리를 비난하지는 마십시오. 하느님께서 우리를 그렇게 만드셨습니다. 그리고 우리가 안식일에 뜨거운 것을 마신다고 해서 끔찍하게 여기지도 마십시오. 하느님은 이날에도 다른 날들과 마찬가지로 세상을 다스리시며, 대사제들에게는 이날에는 다른 날들처럼 제사를 바치도록 규정되었습니다. 또한 많은 의인들이, 법률 규정들을 준수하지 않았는데도 하느님의 인정을 받았습니다.

제30장

1. 그러나 지각없는 사람들이 하느님께서 언제나 모든 사람에게 동일한 정의의 규범들을 가르치지 않으셨다고 비난할 수 있게 된다면, 여러분은 그것을 여러분의 악함 때문이라고 여겨야 합니다. 실상 그러한 가르침은 많은 이들에게 불합리하고 하느님께 합당치 않은 것으로 보였습니다. 그들은 여러분 백성이 악을 행하고 영적으로 병들어 있었을 때 하느님께서 그들을 참회와 영적 회개로 불러 주셨으며, 모세의 죽음 이후의 예언이 영원한 것임을 깨달을 은총을 받지 못했기 때문입니다.

2. 친구들이여, 이는 시편에 언급된 것입니다. 그것으로써 지혜롭게 된 우리가 그것이 '꿀보다 생청보다 달다'(시편 18,11 칠십인역)는 것을 인정한다는 사실은, 우리가 죽음의 위협을 받으면서도 그분의 이름을 부인하지 않는다는 데에서 확인됩니다. 또한 그분을 믿는 우리가 그분께 우리를 낯선 이들에게서, 곧 악과 오류의 영들로부터 지켜 주시기를 기도한다는 것은 모든 이에게 드러나 있습니다. 이는 예언 말씀이 그분을 믿는 이들 가운데 한 사람의 이름으로 말하는 바와 같습니다.

3. 우리는 언제나 예수 그리스도를 통하여 하느님께, 우리를 하느님께 대한 경배에 반대되고 우리가 한때 섬겼던 것인 마귀들로부터 지켜 주시어, 예수 그리스도를 통하여 하느님께로 회심한 우리가 흠없게 될 수 있기를 청합니다. 우리는 그분을 도움이며 구속자라고 부릅니다. 마귀들도 그분 이름의 힘을 두려워합니다. 오늘도 그들은 유대아의 총독 본시오 빌라도 치하에서 십자가에 못 박힌 예수 그리스도의 이름으로 구마를 하면 굴복합니다. 이것을 보면, 아버지께서 그분에게 권능을 주시어 마귀들이 그분의 이름과 그분 수난의 구원 활동에 굴복한다는 것이 모든 이에게 명백합니다.

제31장

1. 그런데 그러한 권능이 수난의 구원 활동과 결합되어 있었고 지금도 그러하다면, 그분의 영광스러운 재림 때의 권능은 과연 어떠하겠습니까? 다니엘이 예언했듯이 그분은 사람의 아들로서 천사들을 거느리고 구름을 타고 오실 것입니다.

2. 그의 말들은 이러합니다. '내가 보고 있는데 마침내 옥좌들이 놓이고 연로하신 분께서 자리에 앉으셨다. 그분의 옷은 눈처럼 희고 그분 머리의 머리카락은 깨끗한 양털 같았다. 그분의 옥좌는 불꽃 같고 그분의 바퀴들은 타오르는 불 같았다. 불길이 강물처럼 그분 앞에서 터져 나왔다. 그분을 시중드는 이가 백만이요 그분을 모시고 선 이가 억만이었다. 책들이 펴지고 법정이 열렸다.

3. 그 뒤에 나는 그 뿔이 떠들어 대는 거만한 말소리 때문에 그쪽을 보았다. 마침내 그 짐승이 살해되고 몸은 부서져 불에 태워졌다. 그리고 나머지 짐승들은 통치권을 빼앗겼으나 생명은 얼마 동안 연장되었

다. 내가 이렇게 밤의 환시 속에서 앞을 보고 있는데 사람의 아들 같은 이가 하늘의 구름을 타고 나타나 연로하신 분께 가서 그분 앞에 섰다. 곁에 있던 이들이 그를 가까이 데려갔다.

4. 그에게 통치권과 영광과 나라가 주어지고, 땅의 모든 민족들이 집안에 따라, 그리고 영광이 그를 섬기게 되었다. 그의 권능은 영원한 권능으로서 사라지지 않고 그의 나라는 무너지지 않는다. 나는 정신이 산란해졌다. 머릿속에 떠오른 그 환시들이 나를 놀라게 하였다. 그래서 나는 그곳에 서 있는 이들 가운데 하나에게 다가가서, 이 모든 일에 관한 진실을 물었다. 그러자 그가 이 말들에 대한 판단을 알려 주었다. ′그 거대한 짐승들은 네 나라이다. 이들은 땅에서 사라질 것이며 영원히 왕권을 받지 못할 것이다.′

5. 나는 다른 모든 짐승을 제거한, 몹시 끔찍하게 생긴 네 번째 짐승에 관한 진실을 알고 싶었다. 그것은 쇠 이빨과 청동 발톱을 가졌으며, 먹이를 먹고 으스러뜨리며 남은 것은 발로 짓밟았다. 그리고 그 짐승의 머리에 있던 열 개의 뿔과 나중에 올라온 또 다른 뿔에 관한 진실도 알고 싶었다. 그 다른 뿔 앞에서 뿔 세 개가 떨어져 나갔다. 그리고 그 다른 뿔은 눈을 가지고 있었고 입으로 대단한 일들을 떠들어 대고 있었으며, 다른 것들보다 더 커 보였다. 내가 보니 그 뿔은 거룩한 이들과 전쟁을 벌여 그들을 압도하고 있었다. 마침내 연로하신 분께서 오시어 지극히 높으신 분의 거룩한 이들에게 판결을 내리셨다. 지극히 높으신 분의 거룩한 백성이 나라를 차지하게 되었다.

6. 네 번째 짐승에 관한 설명이 들려왔다. ′그것은 땅 위에 생겨날 네 번째 나라이다. 그 어느 나라와도 다른 이 나라는 온 땅을 집어삼키고 짓밟으며 으스러뜨리리라. 뿔 열 개는 일어날 열 임금이다. 그들 다음

으로 또 다른 임금이 일어날 터인데 앞의 임금들보다 더 악한 이 임금
은 그 가운데에서 세 임금을 굴복시키리라. 그는 지극히 높으신 분을
거슬러 떠들어 대고 지극히 높으신 분의 다른 거룩한 이들을 괴롭히며
때와 절기를 바꾸려고 하리라. 그들은 한 시기와 여러 시기와 한 시기
의 절반 동안 그의 손에 넘겨지리라.

　7. 그러나 법정이 열리고 그는 통치권을 빼앗겨 완전히 패망하고 멸
망하리라. 나라와 통치권과 하늘 아래 나라들의 큰 장소들이 지극히 높
으신 분의 거룩한 백성에게 주어지리라. 그들의 나라는 영원한 나라가
되고 모든 권세들이 그들을 섬기고 복종하리라.ʹ 이야기는 여기에서 끝
난다. 나 다니엘은 몹시 놀라 내 안에서 말이 달아났지만, 이 일을 마음
에 간직하였다ʹ(다니 7,9-28).”

제32장

　1. 내가 말을 마치자 트리폰이 말했다. “친구여, 이 말씀들과 또 유사
한 성경 말씀들은 우리에게, 사람의 아들로서 연로하신 분으로부터 영
원한 나라를 받는 이를 위대하고 영광스러운 메시아를 기다리게 합니
다. 그런데 여러분이 그리스도라 부르는 자는 명예도 영광도 없었고,
하느님의 율법에 담긴 마지막 저주를 받았습니다. 십자가에 못 박혔단
말입니다.”

　2. 내가 그에게 말했다. “여러분, 그분의 모습에 영광이 없을 것이고
그분의 출생이 말로 표현할 수 없을 것이며, 그분의 죽음으로 부유한
이들이 죽임을 당할 것이고 그분의 상처로 우리가 나으며 그가 양처럼
끌려가야 했음이 확인되지 않는다면, 그리고 그분의 오심이 두 번이며
그 첫 번째에 그분이 여러분에게 찔렸고 두 번째에는 여러분이 그분을

바라보며 자기들이 찌른 이임을 알아보고 여러분의 지파들이 각 지파
별로 남녀가 따로 그분을 애도할 것임을 내가 인용한 성경 구절들로 설
명하지 않았다면, 나는 불분명하고 의심스러운 말을 하는 것으로 보였
을 것입니다. 하지만 나는 모든 것을 여러분에게 거룩하고 예언적인 것
인 성경으로부터 증명하고자 합니다. 여러분 중 몇 사람이, 만군의 주
님의 은총으로 영원한 구원을 받도록 남겨진 이들에 속하게 되기를 바
라는 것입니다.

3. 이 문제를 여러분이 더 확실히 알도록, 복된 다윗의 또 다른 말을
언급하고자 합니다. 그 말에서 여러분은, 그리스도가 거룩한 예언의 영
에게 주님이라고 불렸으며 만물의 아버지이신 주님께서 그를 땅으로
부터 들어올려, 당신께서 그의 원수들을 그의 발판으로 삼으실 때까지
당신 오른쪽에 앉게 하셨음을 알게 될 것입니다. 그 일은 때가 차서 우
리 주 예수 그리스도께서 죽은 이들 가운데에서 부활하시어 하늘로 올
라가셨을 때 이미 이루어졌습니다. 다니엘이 '한 시기와 여러 시기와
한 시기의 절반' 동안 지배하리라고 예언한 자가 이미 문 앞에 와 있고,
지극히 높으신 분을 거슬러 하느님을 모독하는 무례한 말들을 하려 하
고 있습니다.

4. 여러분은 그가 얼마 동안 지배할 것인지를 알지 못하여 달리 생각
하며, 그 '때'가 백 년이라고 해석합니다. 하지만 그렇다면 그 죄의 인간
은 최소한 삼백오십 년 동안 다스려야 할 것입니다. 거룩한 다니엘이
말한 '여러 시기'가 단지 두 시기를 뜻한다고 보아도 그렇습니다.

5. 내가 이 모든 것을 이렇게 길게 이야기하는 것은, 하느님께서 여
러분을 거슬러 말씀하신 것, 곧 여러분이 어리석은 자식들이라는 것과
'나는 이 백성을 없애리라, 그들을 없애리라 그리고 지혜롭다는 자들의

지혜를 치워 버리고 슬기롭다는 자들의 슬기를 감추리라'(이사 29,14)라는 말씀을 여러분이 믿게 하기 위해서입니다. 그럼으로써 여러분이 더이상 여러분 자신과 여러분의 말을 듣는 이들을 속이지 않고, 그리스도의 은총으로 지혜롭게 된 우리에게 가르침을 받게 하려는 것입니다.

6. 다윗이 한 말은 이렇습니다. '주님께서 내 주님께 하신 말씀. 내 오른쪽에 앉아라, 내가 너의 원수들을 네 발판으로 삼을 때까지. 주님께서 당신 권능의 왕홀을 시온으로부터 보내시리니 당신께서는 원수들 가운데에서 다스리소서. 당신의 거룩한 이들의 찬란함 속에, 당신 권능의 날에 통치권이 당신과 함께. 샛별이 뜨기 전에 품안으로부터 너를 낳았노라. 주님께서 맹세하셨으며 후회하지 않으시리라. 너는 멜키체덱과 같이 영원한 사제다. 주님께서 당신의 오른쪽에 계시어 진노의 날에 임금들을 쳐부수셨도다. 그분께서 민족들을 심판하시어 온통 주검들로 채우시리이다. 그분께서는 길가 시내에서 물을 마시고 머리를 치켜드시리이다'(시편 109,1-7 칠십인역).

제33장

1. 여러분이 이 시편을 감히 히즈키야 임금에 관한 것으로 해석하려 한다는 것을 나는 모르지 않습니다. 하지만 나는 여러분이 틀렸다는 것을 그 시편 구절 자체로 설명해 보이겠습니다. '주님께서 맹세하셨으며 후회하지 않으시리라' 그리고 '너는 멜키체덱과 같이 영원한 사제다'라고 했고, 그 앞뒤의 말들이 있습니다. 그런데 히즈키야는 사제가 되지도 않았고 하느님의 영원한 사제도 아니라는 점을 여러분은 반박할 수 없을 것입니다. 오히려 이것은 우리 예수에 대해 말하고 있다는 것을, 그 표현들에서 알 수 있습니다. 그러나 여러분의 귀는 닫혀 있고 여러

분의 마음은 굳어 있습니다.

2. 하느님께서는 여러분의 불신앙 때문에 '주님께서 맹세하셨으며 후회하지 않으시리라. 너는 멜키체덱과 같이 영원한 사제다'라는 말씀으로 예수가 멜키체덱과 같은 대사제라고 단언하셨습니다. 다시 말하면, 모세가 기록한 대로, 멜키체덱이 지극히 높으신 분의 사제였고 그가 할례 받지 않은 이들의 사제로서 그에게 십분의 일을 바친 할례 받은 아브라함을 축복했던 것과 같이, 하느님께서는 성령이 주님이라고 부르는 당신의 영원한 사제가 할례 받지 않은 이들의 사제가 되게 하셨습니다. 할례 받은 이들이 마음에는 믿음을 입에는 기도를 담고 그분께 축복을 받고자 그분께 다가간다면, 그분께서는 그들을 기꺼이 맞아들여 축복하실 것입니다. 한편, '그분께서는 길가 시내에서 물을 마시고', 그런 다음 '머리를 치켜드시리이다'라는 이 시편의 끝부분은 그분께서 처음에 비천했다가 나중에는 높이 들어 올려진 사실을 입증해 줍니다.

제34장

1. 여러분이 성경을 전혀 이해하지 못한다는 사실을 확증하기 위하여, 성령께서 다윗을 시켜 말씀하신 다른 시편을 인용하겠습니다. 여러분은 그 시편이 여러분의 임금이었던 솔로몬에 대한 것이라고 잘못 말하는데, 그것 역시 우리 그리스도에 대해 말하는 것입니다. 여러분은 이중적 의미를 갖는 표현들을 잘못 해석합니다. '주님의 법은 흠이 없다'(시편 18,7 칠십인역)는 구절을 여러분은, 하느님께서 새 법과 새 계약이 맺어지리라고 선포하셨는데도 모세 이후에 법에 관한 말씀으로 해석하지 않고 모세 율법을 가리키는 말로 해석합니다.

2. 그리고 '하느님, 당신의 공정을 임금에게 베푸소서'(시편 71,1 칠십인

역)라는 말씀에 대해서도 여러분은, 솔로몬이 임금이었으니 이것은 솔로몬에 관한 말이라고 합니다. 그러나 시편의 말마디들은 그것이 영원한 임금, 곧 그리스도에 대한 것임을 분명히 알려 줍니다. 그리스도는 임금과 사제, 하느님, 주님, 천사, 인간, 지도자, 돌, [하느님에게서] 나신 아들, 먼저 고통을 받은 다음 하늘에 오르시고 영광스럽게 다시 오시며 영원한 왕권을 지니실 분으로 선포됩니다. 나는 성서 전체에서 이를 입증할 수 있습니다.

3. 여러분이 내 말을 이해할 수 있도록, 그 시편의 말씀을 인용하겠습니다. '하느님, 당신의 공정을 임금에게, 당신의 정의를 왕자에게 베푸소서. 그가 당신의 백성을 정의로, 당신의 가련한 이들을 공정으로 통치하게 하소서. 산들은 백성에게 평화를, 언덕들은 정의를 가져오게 하소서. 그가 백성 가운데 가련한 이들을 심판해 주고 불쌍한 이들의 자녀들을 구원하며 폭행하는 자를 쳐부수게 하소서. 그가 세세대대로 해처럼, 달 앞에서 살게 하소서. 그가 양털 위의 비처럼, 땅을 적시는 소나기처럼 내려오게 하소서.

4. 그의 시대에 정의가 싹트고 큰 평화가 꽃피게 하소서, 저 달이 다할 그때까지. 그가 바다에서 바다까지, 강에서 세상 끝까지 다스리게 하소서. 에티오피아인들이 그 앞에 엎드리고 그의 원수들은 먼지를 핥게 하소서. 타르시스와 섬나라 임금들이 예물을 가져오고 아랍과 사바의 임금들이 조공을 바치게 하소서. 땅의 모든 임금이 그에게 경배하고 모든 민족이 그를 섬기게 하소서. 그는 가난한 이를 힘센 자에게서 구해 주고, 도와줄 사람 없는 가련한 이를 구원합니다.

5. 그는 불쌍한 이에게 동정을 베풀고 불쌍한 이들의 영혼을 구해 줍니다. 그가 억압과 불의에서 그들의 영혼을 구하리니, 그의 이름이 그

들 눈에 영예로울 것입니다. 그가 살아 사람들이 그에게 아라비아의 황금을 바치고 그를 위하여 늘 기도하며 나날이 그를 축복하게 하소서. 산봉우리 위에는 땅의 창공이 있고, 그의 열매가 레바논 위에 있게 하소서. 사람들은 성읍에서 땅의 풀처럼 피어나게 하소서.

6. 그의 이름이 영원히 찬미를 받게 하소서. 그의 이름이 해 앞에서 계속되게 하소서. 땅의 모든 종족들이 그를 통하여 복을 받고 모든 민족들이 그를 칭송하게 하소서. 주 이스라엘의 하느님께서는 찬미받으시리라. 그분 홀로 기적들을 일으키신다. 그분의 영광스러우신 이름은 영원히 세세대대로 찬미받으시리라. 그분의 영광은 온 땅에 가득하리라. 그렇게 되기를, 그렇게 되기를!' 그리고 이 시편의 끝에는 이렇게 기록되어 있습니다. '이사이의 아들 다윗의 찬가는 여기에서 끝난다'(시편 71,1-20 칠십인역).

7. 솔로몬이 유명하고 위대한 임금이었고 그의 시대에 이른바 예루살렘 성전이 지어졌다는 것을 나는 압니다. 하지만 이 시편에서 언급된 것들 가운데 어떤 것도 그에게 이루어지지 않았다는 점 역시 분명합니다. 모든 임금들이 그 앞에 엎드리지도 않았고, 그가 세상 끝까지 다스리지도 않았으며, 원수들이 그 앞에 엎드려 먼지를 핥지도 않았습니다.

8. 그뿐 아니라, 나는 열왕기에 그가 행했다고 기록되어 있는 것들을 주저하지 않고 언급하겠습니다. 거기에는 솔로몬이 시온에서 여자 때문에 우상을 숭배했다고 기록되어 있는데, 이는 십자가에 못 박힌 예수를 통하여 만물의 창조주 하느님을 알게 된 이민족들은 행하지 않는 짓입니다. 그들은 우상을 숭배하거나 우상에게 바친 고기를 먹기보다는 차라리 온갖 고통과 박해를 견디며 죽음을 무릅씁니다."

제35장

1. 그러자 트리폰이 말했다. "하지만 예수를 믿는다고 고백하고 그리스도인이라 불리는 이들 가운데 많은 이가 우상에게 바쳐진 고기를 먹어도 해를 입지 않는다고 말합니다."

나는 이렇게 대답했다. "스스로 그리스도인이라고 고백하고 십자가에 못 박힌 예수가 그리스도이며 주님이라고 고백하지만 그분의 가르침이 아니라 거짓 영의 가르침을 따르는 이들 때문에, 예수 그리스도의 참되고 순수한 가르침의 제자인 우리는 믿음에서 더 열렬하게 되고 그분께서 선포하신 희망에서 더 굳세게 됩니다. 그분의 이름으로 이루어지리라고 미리 예언되었던 것들이 이루어지고 있음을 우리는 실제로 보고 있습니다.

3. 실상 이렇게 예언되었습니다. '많은 이들이 내 이름으로 올 것이다. 그들은 겉으로는 양의 옷차림을 하고 너희에게 오지만 속은 게걸든 이리들이다'(마태 7,15). 또 '여러분 가운데에 분열이 일어날 것입니다'(1코린 11,18 참조), '너희는 거짓 예언자들을 조심하여라. 그들은 겉으로는 양의 옷차림을 하고 너희에게 오지만 속은 게걸든 이리들이다'(마태 7,15), '거짓 예언자들과 거짓 사도들이 많이 나타나 많은 믿는 이들을 이를 속일 것이다'(마태 24,11.24).

4. 친구들이여, 많은 이들이 예수의 이름으로 와 하느님을 모독하는 불경한 것들을 말하고 행했으며, 지금도 그러합니다. 우리는 그 가르침과 학설을 각각 그것을 시작한 사람의 이름으로 부릅니다.

5. 각자 제멋대로 만물의 창조주와 오심이 예고되셨던 그리스도를, 그리고 아브라함과 이사악과 야곱의 하느님을 모독하는 방법을 가르쳤기 때문입니다. 그들은 우리와는 완전히 다르며, 하느님을 믿지 않고

불경하며 불의하고 죄악을 저지르고, 예수를 공경하지 않고 그 이름만을 고백합니다.

6. 이들은 마치 이민족들이 자기들 손으로 만든 것에 신의 이름을 새겨 넣고 온갖 사악하고 불경한 예식을 거행하듯이 스스로 그리스도인이라고 말합니다. 이들 가운데 더러는 마르키온파라고 불리고, 더러는 발렌티누스파, 더러는 바실리데스파, 더러는 사투르니누스파, 또 어떤 이들은 또 다른 이름으로 불립니다. 각각 학설의 창시자의 이름에 따라 불리는 것입니다. 앞에서 말한 바와 같이 스스로 철학을 한다고 여기는 이들이 학파의 창시자의 이름을 자신이 따르는 철학학파에 붙여야 한다고 생각하는 것과 같습니다.

7. 앞에서도 말했듯이, 우리는 이 모든 것으로부터 예수가 자신 이후에 일어날 일들을 예견했다는 것을 알 수 있을 뿐만 아니라, 그분이 그리스도이심을 믿고 고백하는 이들에게 일어나리라고 그분께서 예언한 다른 많은 것들로부터도 이를 알 수 있습니다. 그는 우리가 겪는 모든 것, 우리가 가까운 이들에게 죽임을 당하는 일이 일어나리라고 예고했습니다. 그러므로 그의 말이나 행위에서 어떤 잘못도 찾을 수 없다는 것이 명백합니다.

8. 우리는 여러분과 우리를 미워하는 다른 모든 사람을 위해서도 기도합니다. 여러분이 그분의 이름으로 지금도 이루어지는 업적과 기적으로, 그분 가르침의 말씀으로, 그분에 관한 예언으로 모든 면에서 완전하고 흠 없으신 그리스도 예수를 모독하지 않고 오히려 그분을 믿으며 그분께서 미래에 영광 가운데에 오실 때에 그분께 구원받아 불로 단죄받지 않기를 바랍니다."

유대인 트리폰과의 대화

제36장

1. 그러자 트리폰이 말했다. "당신 말이 맞다고 칩시다. 그리스도가 고난을 당하리라고 예언되었고, 그가 바위라고 불릴 것이었고, 그가 고통받는 이로 나타나리라고 선포되었던 첫 번째 오심 이후에 영광스럽게 다시 오시어 모든 사람의 심판자가 되시고, 영원한 임금이며 사제가 되시리라고 예언되었다고 합시다. 이제 나에게, 이 모든 말이 어째서 바로 그에 관한 예언인지 증명해 주십시오."

2. 내가 말했다. "트리폰이여, 적절한 때가 되면 당신이 바라는 증거들을 제시하겠습니다. 하지만 지금은 먼저, 성령께서 비유로 그리스도를 하느님, 권세들과 야곱의 주님이라고 불렀음을 증명하기 위하여 예언들을 인용하게 해 주십시오. 하느님께서도 말씀하셨다시피 여러분의 해석자들은 어리석습니다. 그들은 이 예언들이 그리스도에 대해 말하는 것이 아니라 자신이 지은 성전에 증거의 장막을 옮겨 올 때의 솔로몬에 관한 말이라고 하기 때문입니다.

3. 다윗의 시편은 이러합니다. '주님 것이라네, 땅과 그 안에 가득 찬 것들, 세상과 그 안에 사는 것들. 그분께서 바다 위에 그것을 세우시고 강 위에 그것을 마련하신 까닭일세. 누가 주님의 산에 오를 수 있으랴? 누가 그분의 거룩한 곳에 설 수 있으랴? 손이 깨끗하고 마음이 결백한 이 옳지 않은 것에 정신을 쏟지 않는 이 이웃을 거슬러 거짓으로 맹세하지 않는 이라네.

4. 그는 주님께 축복을 받고 자기 구원자 하느님께 자비를 입으리라. 이들이 그분을 찾는 이들의 세대, 야곱의 하느님의 얼굴을 찾는 이들의 세대라네. 통치자들아, 머리를 들어라. 영원한 문들아, 일어서라. 영광의 임금님께서 들어가신다. 누가 영광의 임금이신가? 힘세고 싸움에

용맹하신 주님이시다. 통치자들아, 머리를 들어라. 영원한 문들아, 일
어서라. 영광의 임금님께서 들어가신다. 누가 영광의 임금이신가? 권
능들의 주님 그분께서 영광의 임금이시다'(시편 23,1-10 칠십인역).

5. 이 구절은 '권능들의 주님'이 솔로몬이 아니라는 점은 증명해 줍
니다. 그러나 우리의 그리스도께서는 죽은 이들 가운데에서 부활하시
어 하늘에 오르셨을 때, 천상에서 하느님께서 정하신 통치자들은 하늘
의 문을 열라는 명을 받았습니다. 영광의 임금님께서 들어가시어, 다른
시편(시편 109,1 칠십인역)으로 증명한 바와 같이, 아버지께서 그분의 원수
들을 그분 발판으로 삼으실 때까지 아버지 오른쪽에 앉아 계시도록 하
시기 위해서입니다.

6. 천상의 통치자들은 그분의 모습에 아름다움도 명예도 영광도 없
는 것을 보자, 그분을 알아보지 못하고 묻습니다. '누가 영광의 임금이
신가?' 그러자 성령께서 그들에게, 아버지의 이름으로 그리고 성령 자
신의 이름으로 대답합니다. '권능들의 주님 그분께서 영광의 임금이시
다.' 솔로몬이 비록 임금이었지만, 솔로몬에 대해서나 증거의 장막에
대해서 예루살렘 성전의 문 앞을 지키던 이들 가운데 아무도 '누가 영
광의 임금이신가?'라고 감히 묻지 않았으리라는 것을 누구나 인정하리
라고 나는 확신합니다.

제37장

1. 그리고 시편 제46편[14]의 쉼표[15] 다음에서는 그리스도에 대해 이렇

14　히브리어 성경에서는 시편 제47편.

15　히브리어 시편에서 '셀라'라고 표시되어 있을 때, 히브리어에서는 그 의미가 분명치 않으나
칠십인역 시편에서는 이를 쉼표로 이해하여 번역했다.

게 말합니다. '하느님께서 환호 소리와 함께 오르신다. 주님께서 나팔 소리와 함께 오르신다. 노래하여라, 하느님께 노래하여라. 노래하여라, 우리 임금님께 노래하여라. 하느님께서 온 땅의 임금이시니 슬기롭게 노래하여라. 하느님께서 민족들을 다스리셨다. 하느님께서 당신의 거룩한 어좌에 앉으신다. 뭇 민족의 통치자들이 아브라함의 하느님과 함께 모여 온다. 땅의 강한 자들이 하느님의 것이니 그분께서는 지극히 존귀해지셨도다.'

2. 그리고 시편 제98편[16]에서 성령께서는 여러분을 꾸짖으시며, 여러분이 임금으로 인정하려 하지 않은 분이 사무엘과 아론과 모세를 비롯한 모든 이의 임금이며 주님이시라고 말씀하십니다.

3. 그 시편의 말마디는 이러합니다. '주님께서 임금이 되시니 백성들이 분노하는구나. 커룹들 위에 좌정하시니 땅이 흔들리는구나. 주님께서는 시온에서 위대하시고 모든 백성 위에 드높으시다. 당신의 거룩하고 경외로우신 이름을 그들은 찬송하리니 그 이름 두렵고 거룩하십니다. 임금의 명예는 공정을 사랑함이니 당신께서 공의를 굳히셨습니다. 야곱에 공정과 정의를 당신께서 베푸셨습니다. 주 우리 하느님을 높이 받들어라. 그분의 발판 앞에 엎드려라. 그분께서는 거룩하시다.

4. 모세와 아론은 그분 사제들 가운데에, 사무엘은 그분 이름을 부르는 이들 가운데에 있네. 그들이 주님께 부르짖자 (성경에서 그렇게 말합니다) 그들에게 응답하셨네. 구름 기둥 안에서 그들에게 말씀하시자 그들은 그분의 증언과 그분께서 내리신 명령을 지켰네. 주 저희 하느님, 당신께서는 그들에게 응답하셨습니다. 하느님, 당신은 그들에게 용

192

서하시는 하느님. 그러나 그들의 모든 행동을 응징하셨습니다. 주 우리 하느님을 높이 받들어라. 그분의 거룩한 산을 향하여 엎드려라. 주 우리 하느님께서는 거룩하시다.'"

제38장

1. 트리폰이 말했다. "여러분 가운데 누구와도 대화하지 말자고 한 우리 스승들 말을 따르는 편이, 당신과 이러한 일들에 관해 대화를 나누지 않는 편이 낫겠습니다. 당신은 십자가에 못 박힌 사람이 모세와 아론과 함께 있었고 구름 기둥 속에서 그들에게 말했으며, 그 후에 사람이 되고 십자가에 못 박혔고 하늘로 올라갔고 다시 땅으로 돌아올 것이며 그를 경배해야 한다고 설득하면서 모독이 되는 말을 많이 했습니다."

2. 내가 대답했다. "하느님의 말씀이 증언하시듯이 만물의 창조주이신 전능하신 하느님의 이 위대한 지혜가 여러분에게는 감추어져 있다는 것을 나는 압니다. 그래서 여러분이 안타까워, 여러분이 모순이라 여기는 것들을 이해할 수 있게 하려고 온갖 노력을 하고 있습니다. 여러분을 이해시키지 못한다 해도, 나는 심판 날에 잘못이 없을 것입니다. 여러분은 더 모순처럼 보이는 다른 가르침들을 듣게 될 것입니다. 그러나 당황하지 말고, 오히려 더 열심히 듣고 찾는 이들이 되십시오. 여러분 스승들의 전통을 버리십시오. 예언의 성령은 그들이 하느님께서 말씀하신 것들을 이해하지 못하고 그들 자신의 가르침을 퍼뜨리려 한다고 말씀하십니다.

3. 시편 제44편[17]은 그리스도에 대하여 이렇게 말합니다. '좋은 말이

---

17 히브리어 성경에서는 시편 제45편.

제 마음에 넘쳐흘러 임금님께 제 일들을 말씀드립니다. 제 혀는 능숙한 서기의 붓입니다. 당신께서는 어떤 사람보다 수려하시며 당신의 입술은 우아함을 머금어 하느님께서 당신에게 영원히 강복하셨습니다. 능하신 분이시여, 허리에 칼을 차소서. 당신의 엄위와 영화와 함께 나아가 이루소서, 진실과 자비와 정의로 다스리소서. 당신의 오른팔이 당신을 놀랍게 이끌리이다. 능하신 분이여, 당신의 화살은 날카롭습니다. 임금의 원수들의 심장 안에서 백성들이 당신 아래 쓰러집니다.

4. 하느님, 당신의 왕좌는 영원무궁하며 당신의 왕홀은 공정의 홀입니다. 당신께서 정의를 사랑하시고 불의를 미워하셨기에 하느님께서, 당신의 하느님께서 기쁨의 기름을 당신 동료들에 앞서 당신에게 부어 주셨습니다. 몰약과 침향과 계피로 당신 옷들이 모두 향기로우며 상아 궁들이 당신을 즐겁게 합니다. 제왕의 딸들이 당신의 영예이며 왕비는 금실로 수놓은 옷을 입고 당신 오른쪽에 서 있습니다. 들어라, 딸아, 보고 네 귀를 기울여라. 네 백성과 네 아버지 집안을 잊어버려라. 임금님이 너의 아름다움을 열망하시리니 그분께서 너의 주인이시기 때문이다. 그분 앞에 엎드려라.

5. 티로의 딸이 선물을 가져오고 백성 가운데 부자들이 네 얼굴을 경배하는구나. 임금님 딸의 모든 영광이 그 안에 있으며, 금실로 수놓은 오색 옷에 싸여 안으로 드는구나. 처녀들이 그 뒤를 따르며 임금님께 인도되고, 동무들이 너에게 안내되는구나. 기쁨과 즐거움으로 인도되어 그들은 왕궁으로 들어가는구나. 당신 아들들이 조상의 뒤를 이으리니, 당신께서 그들을 온 땅의 제후로 삼으시리이다. 저는 당신 이름을 세세 대대에 알리리니 백성들이 당신을 영원무궁토록 찬송하리이다.'"

제39장

1. 내가 이어 말했다. "이렇게 생각하며 여러분의 마음이 완고하다고 주장하는 우리를 여러분이 미워하는 것은 놀라운 일이 아닙니다. 엘리야는 하느님 앞에서 여러분에 대하여 이렇게 말합니다. '주님, 이들은 당신의 예언자들을 죽였고 당신의 제단들을 헐었습니다. 이제 저 혼자 남았는데, 저들은 제 목숨마저 없애려고 저를 찾고 있습니다.' 그러자 하느님께서 이렇게 말씀하셨습니다. '나는 바알에게 무릎을 꿇지 않은 칠천 명을 남겨 두겠다'(1열왕 19,14.18).

2. 그때에 하느님께서 그 칠천 명 때문에 분노를 터뜨리지 않으셨던 것처럼, 지금도 매일 그분의 그리스도의 이름으로 가르침을 받고 오류의 길을 버리는 이가 있다는 것을 아시기 때문에 심판을 내리지 않으셨고 지금도 내리지 않으십니다. 그들은 그리스도의 이름으로 각자에게 적합한 만큼 선물들을 받을 것입니다. 어떤 사람은 슬기의 영을, 어떤 사람은 의견의 영을, 어떤 사람은 굳셈의 영을, 어떤 사람은 치유의 영을, 어떤 사람은 예견의 영을, 어떤 사람은 가르침의 영을, 어떤 사람은 하느님 경외의 영을 받을 것입니다."

3. 그러자 트리폰이 "그런 말을 하다니 당신은 정신이 나갔습니다. 그런 줄을 아셨으면 좋겠습니다!" 하고 말했다.

4. 내가 그에게 말했다. "들어 보십시오. 나는 미치지도 않았고 정신이 나가지도 않았습니다. 그리스도께서 승천하신 다음 우리를 오류의 종살이에서 풀어 주시고 우리에게 선물을 주시리라는 예언이 있습니다. 예언은 이러합니다. '높은 데로 오르시어, 포로들을 사로잡으시고 사람들에게 선물을 주셨습니다'(시편 67,19 칠십인역).

5. 그래서 높은 데로 올라가신 그리스도께 선물을 받은 우리는 '스스

로 지혜롭다 하는 자들, 자신을 슬기롭다 여기는 자들'(이사 5,21)인 여러분이 실제로는 어리석다는 것을 예언 말씀들을 들어 여러분에게 보여 줄 수 있습니다. 여러분은 하느님과 그분의 그리스도를 입술로만 공경합니다. 반면 그분의 모든 진리로 가르침을 받은 우리는 행동과 지식과 마음으로 죽음에 이르기까지 공경합니다.

6. 그러나 성경과 여러분이 목격한 사건들, 그리고 그분의 이름으로 이루어진 기적들이 증언하는데도 여러분이 예수가 그리스도이심을 고백하기를 주저하는 이유는 통치자들에게 박해를 받지 않기 위해서일 수도 있습니다. 통치자들은 뱀, 곧 악의와 오류의 영으로 인하여, 그리스도께서 다시 오시어 그들 모두를 물리치시고 각자에게 갚음을 주실 때까지, 그리스도의 이름을 고백하는 이들을 죽이고 박해하기를 그치지 않을 것입니다."

7. 트리폰이 말했다. "당신이 십자가에 못 박혔고 하늘에 올라갔다고 말하는 그 사람이 하느님의 그리스도라는 근거를 우리에게 설명해 주십시오. 그리스도가 고난을 받아야 한다고 성경에서 선포되었고, 그가 영광스럽게 다시 와서 모든 민족들에 대한 영원한 왕권을 받을 것이며, 모든 나라가 그에게 종속되리라는 것을 당신은 앞에서 인용한 성경으로 충분히 증명했습니다. 하지만 이제, 바로 이 사람이 그라는 것을 우리에게 입증해 보십시오."

8. 내가 말했다. "귀가 있는 사람이라면, 내가 여러분에게 이미 한 말로 그것이 이미 입증되었음을 알 것입니다. 그러나 여러분이 내가 당황하며 예수가 그리스도임을 보여 주는 다른 증거들을 제시하지 못한다고 생각하지 않도록, 적당한 자리에서는 그것을 하겠습니다. 그러나 지금은 우리가 하던 논의를 계속합시다.

제40장

1. 하느님께서 파스카 희생 제물로 바치라고 명하신 어린 양의 신비
는 그리스도의 예표였습니다. 그분에 대한 믿음의 가르침에 따르면, 그
분을 믿는 이들은 그들의 집, 곧 그들 자신에게 그 피를 바릅니다. 하느
님께서 지으신 아담이 하느님으로부터 나오는 영의 거처였다는 것을
여러분은 다 알고 있습니다. 그러나 이제 여러분에게, 그 계명 역시 일
시적인 것이었음을 밝히겠습니다.

2. 하느님은 당신 이름이 불리우는 곳 외에 다른 어떤 곳에서 파스카
어린 양이 바쳐지는 것을 허락하지 않으십니다. 그리스도의 수난 이후,
예루살렘에 있는 그 장소 역시 여러분의 원수들에게 넘어가 모든 희생
제사가 중단될 날이 오리라는 것을 아셨기 때문입니다.

3. 그리고 그 양을 통째로 구워야 했던 것은, 그리스도가 겪어야 했
던 십자가 수난의 상징이었습니다. 구워지는 양은 십자가와 비슷한 형
태로 구워집니다. 머리 아래쪽에 똑바로 꼬챙이 하나를 꽂고, 다른 꼬
챙이는 등을 가로지르면서 앞다리들을 고정하도록 꽂기 때문입니다.

4. 마찬가지로, 똑같이 생긴 염소 두 마리를 단식 때에 바치는데 그
가운데 한 마리는 대속물로 바치고 한 마리는 죄를 지워 쫓아 보내도록
되어 있는데, 이는 그리스도의 두 번의 오심의 예고였습니다. 첫 번째
오심의 예고가 되는 것은, 그때에 여러분 백성의 원로와 사제들이 그분
을 붙잡아 죽임으로써 그분을 대속물이 되게 했기 때문입니다. 두 번
째 오심의 예고가 되는 것은, 그때에 여러분이 예루살렘의 바로 그곳에
서 여러분에게 모욕을 당하시고 회개하기를 원하는 모든 죄인을 위한
제물이 되신 그분을 알아볼 것이기 때문입니다. 그 죄인들은 이사야가
'불의한 결박을 풀어 준다'라고 말하는 그 단식을 실천하며, 예언자가

열거한 다른 모든 지침을 준수합니다. 나는 그 지침들을 이미 언급했으며, 예수를 믿는 이들은 이것들을 준수합니다.

5. 또한 단식 기간에 염소 두 마리를 바치는 제사도 마찬가지로 예루살렘 아닌 곳에서 바치는 것은 허락되지 않는다는 것을 여러분은 잘 알고 있습니다.”

제41장

1. 나는 계속 말했다. “나병이 깨끗이 나은 이들을 위하여 바치도록 전해져 온 곡식 제사 역시, 성찬의 빵의 예표였습니다. 우리 주 예수 그리스도께서는 온갖 죄로부터 영혼이 깨끗해지는 사람들을 위하여 당신께서 겪으신 수난을 기념하여 이를 행하도록 우리에게 전수하셨습니다. 이로써 인간을 위하여 세상과 그 안의 모든 것을 창조하셨음에 대하여, 우리가 그 안에서 생겨난 악으로부터 우리를 해방시키신 것에 대하여, 그리고 당신 뜻에 따라 고난을 받으신 분을 통하여 주권과 권능들을 완전히 없애신 것에 대하여 우리가 하느님께 감사를 드리게 하시기 위해서였습니다.

2. 앞에서도 말했듯이, 그때에 여러분이 바치던 제사들에 대해서는 열두 소예언자 가운데 하나인 말라키를 통하여 하느님께서 이렇게 말씀하십니다. ‘나는 너희를 좋아하지 않는다. 만군의 주님께서 말씀하신다. 나는 너희 손이 바치는 제물을 받지 않으리라. 그러나 해 뜨는 곳에서 해 지는 곳까지, 내 이름은 민족들 가운데에서 드높다. 내 이름이 민족들 가운데에서 드높기에 곳곳에서 내 이름에 제물이, 정결한 제물이 바쳐진다. 만군의 주님께서 말씀하신다. 그러나 너희는 내 이름을 더럽힌다’(말라 1,10-12).

3. 한편 우리 이민족들이 세상 곳곳에서 그분께 바치는 제사, 곧 성찬의 빵과 성찬의 잔에 대해서 그분은 여러분은 당신의 이름을 더럽히는 반면 우리는 그 이름을 영광스럽게 한다고 예고하셨습니다.

4. 그리고 모든 사내아이에게 여드렛날에 할례를 베풀도록 하는 계명은 우리가 안식일 다음 날인 주간 첫날, 죽은 이들 가운데에서 부활하신 우리 주 예수 그리스도를 통하여 오류와 악의가 잘려 나간 그 참된 할례의 예표입니다. 주간 첫날은 모든 날들 가운데 첫날이지만, 날들의 순서에 따르면 여덟 번째 날이며 그러면서도 여전히 첫 번째 날입니다.

제42장

1. 대사제의 겉옷에 방울 열두 개가 달려 있어야 했던 것 역시, 영원한 사제 그리스도의 권능에 의지하는 열두 사도의 상징입니다. 그들의 목소리를 통하여 온 땅이 하느님과 그분의 그리스도의 영광과 은총으로 가득 채워졌습니다. 그래서 다윗은 이렇게 말합니다. '그 소리는 온 땅으로, 그 말은 누리 끝까지 퍼져 나가네'(시편 18,5 칠십인역).

2. 그리고 이사야는 그리스도께 사람들이 그들의 말 때문에 믿은 것이 아니라, 그들을 보내신 분의 권능으로 인하여 믿었다고 말하는 사도들의 입이 되어 이렇게 말합니다. '주님, 우리의 말을 누가 믿었습니까? 주님의 팔이 누구에게 드러났습니까? 우리는 어린아이처럼, 메마른 땅의 뿌리처럼 그분 앞에서 선포했습니다'(이사 53,1-2). 여기에 앞에서 인용한 예언이 이어집니다.

3. 이 구절에서 여러 사람이 말하는 투로 '우리는 그분 앞에서 선포했습니다'라고 한 다음 '어린아이처럼'이라고 덧붙인 것은, 악인들이 그분께 복종하고 모두가 한 명의 어린아이처럼 되리라는 것을 뜻합니

다. 그러한 예는 몸에서 볼 수 있습니다. 몸은 많은 지체들로 이루어져 있지만 그 전체가 몸이라고 불리고 실제로 몸입니다. 마찬가지로, 군중이나 회중도 많은 수의 사람들로 이루어지지만 하나이며, 하나의 이름으로 불립니다.

4. 이처럼 나는 모세를 통해 주어진 다른 모든 지시를 하나씩 열거함으로써, 그것이 그리스도에게, 그리고 그분을 믿으리라고 미리 예견된 이들에게 일어날 일들과 그리스도에 의하여 이루어질 일들에 대한 예표, 상징, 예고임을 입증할 수 있습니다. 그러나 지금까지 든 예들만으로도 충분하다 생각되니, 우리 논의의 다음 주제로 넘어가겠습니다.

제43장

1. 할례는 아브라함에게서 시작되었고 안식일과 제사, 제물, 축제일은 모세에게서 시작되었으며, 모세의 모든 규정은 여러분 백성의 마음이 완고했기 때문에 내린 것임이 입증되었습니다. 그리고 이것들은 아버지의 뜻에 따라 아브라함의 후손 가운데 유다와 다윗의 지파에서 동정녀에게서 태어난 하느님의 아들 그리스도에게서 끝나야 했다는 것도 입증되었습니다. 그분은 영원한 법이며, 앞에 언급된 예언들이 보여주듯이, 온 세상에 예고된 새 계약이십니다.

2. 그분을 통하여 하느님 가까이 가는 우리는 육에 따른 할례를 받은 것이 아니라 에녹과 같은 이들이 지켰던 영적 할례를 받았습니다. 죄인이었던 우리는 하느님의 은총 덕분에 세례를 통하여 그 할례를 받았고, 모든 이가 그렇게 해야 합니다.

3. 그러나 지금 다루어야 하는 주제는 그분 탄생의 신비이므로, 이에 대해 말하겠습니다. 이사야는 그리스도의 탄생에 관하여, 사람이 그것

을 말로 설명할 수 없다는 뜻으로 이렇게 말했습니다. '그의 탄생을 누가 이야기하랴? 정녕 그는 산 이들의 땅에서 잘려 나가고 내 백성의 악행 때문에 죽음에 이르렀다'(이사 53,8). 여기서 보듯이, 예언의 성령은 당신의 상처로 우리 죄인들을 낫게 하기 위하여 돌아가셔야 했던 그분의 탄생은 말로 설명할 수 없는 것이라고 잘라 말합니다.

4. 또한 그분을 믿는 이들이 그분이 어떻게 태어나고 세상에 오셨는지를 알게 하기 위하여, 예언의 성령은 이사야를 통하여 그러한 일이 어떤 식으로 일어날 것인지 예언하였습니다.

5. '주님께서 아하즈에게 다시 이르셨다. ′너는 주 너의 하느님께 너를 위하여 표징을 청하여라. 저 낮은 곳에 있는 것이든, 저 높은 곳에 있는 것이든 아무것이나 청하여라.′ 아하즈가 대답하였다. ′저는 청하지 않겠습니다. 그리고 주님을 시험하지 않으렵니다.′ 그러자 이사야가 말하였다. ′다윗 왕실은 잘 들으십시오! 여러분은 사람들을 성가시게 하는 것으로는 부족하여 나의 하느님까지 성가시게 하려 합니까? 그러므로 주님께서 몸소 여러분에게 표징을 주실 것입니다. 보십시오, 동정녀가 잉태하여 아들을 낳고 그 이름을 임마누엘이라 할 것입니다. 나쁜 것을 물리치고 좋은 것을 선택할 줄 알게 될 때, 그는 엉긴 젖과 꿀을 먹을 것입니다.

6. 그 아이가 아버지나 어머니를 부를 줄 알게 되기 전에, 그는 아시리아인들의 임금 앞에서 다마스쿠스의 권세와 사마리아의 전리품을 받을 것입니다. 임금님께서 혐오하시는 저 두 임금의 땅은 황량하게 될 것입니다. 그 땅은 빼앗길 것이며 당신은 그 땅의 두 임금과 함께 힘겹게 그 땅을 견딜 것입니다. 그러나 하느님은 임금과 임금의 백성과 임금의 부친 집안에, 에프라임이 유다에서 아시리아 임금을 떠나가게 한

이후 겪어 본 적이 없는 날들을 닥치게 하실 것입니다?'(이사 7,10-17).

7. 육에 따른 아브라함의 후손 가운데에서 우리의 그리스도 외에는 아무도 동정녀에게서 태어나지 않았고, 그렇게 태어나리라고 일컬어진 일도 없다는 사실은 누구나 압니다.

8. 그러나 여러분과 여러분의 스승들이 이사야가 실제로 한 말이 '동정녀가 잉태하리라'가 아니라 '젊은 여인이 잉태하여 아들을 낳으리라'라고 주장하며 이 예언을 여러분의 임금이었던 히즈키야에 관한 것으로 설명하니, 나는 간략하게 여러분의 해석을 논박하여 이 예언이 우리가 우리의 그리스도라고 고백하는 그분에 관한 것임을 증명하겠습니다.

제44장

1. 내가 증거를 들며 여러분을 설득하고자 온갖 노력을 한다면, 나는 여러분에 대한 책임에서 어떠한 흠도 없을 것입니다. 그러나 여러분이 마음이 완고해서, 또는 그리스도인들을 기다리는 죽음이 두려워 마음이 약해져서 진리를 받아들이지 않는다면, 그 탓은 온전히 여러분 자신에게 있을 것입니다. 여러분이 육에 따른 아브라함의 후손이라고 해서 하느님께서 그리스도를 통하여 베푸시리라고 선포된 선들을 상속 재산으로 받으리라고 생각한다면, 참으로 안타까운 오해입니다.

2. 아브라함의 믿음을 본받고 모든 신비를 알아보는 이들이 아니라면, 누구도 그 선물들을 나누어 받지 못합니다. 어떤 규정들은 하느님을 경배하고 정의를 실천하도록 주어진 것이고, 어떤 규정과 관습들은 그리스도의 신비와 관련하여 또는 여러분 백성의 마음이 완고하기 때문에 주어졌던 것입니다. 하느님은 에제키엘을 통하여 '노아와 야곱과

다니엘이 아들딸을 위하여 전구한다 하더라도, 그들에게 허락되지 않을 것이다'(에제 14,20 참조)라고 말씀하심으로써 이를 확인해 주십니다.

3. 이사야에서는 이에 관하여 이렇게 말합니다. '주 하느님께서 말씀하신다. 사람들은 밖으로 나가 나를 거역하던 자들의 주검을 보리라. 정녕 그들의 구더기들은 죽지 아니하고 그들의 불은 꺼지지 아니한 채 그들은 모든 사람에게 역겨움이 되리라'(이사 66,24).

4. 자기 영혼에서 이러한 희망을 잘라 버린 여러분은 어떻게 하면 죄의 사함과 약속된 축복을 나누어 받으리라는 희망을 얻을 수 있을 것인지를 알도록 힘써야 합니다. 그리고 그 길은 오직 한 가지, 그리스도를 알고 그리하여 이사야가 선포한, 죄를 사하는 씻음을 받는 것입니다. 그러면 여러분은 죄에서 해방되어 살게 될 것입니다."

제45장

1. 트리폰이 말했다. "당신은 이 논의가 당신이 미리 정한 순서대로 진행되어야 한다고 말하지만 묻고 싶은 절실한 질문이 있으니 잠깐 끼어들겠습니다." 내가 말했다. "뭐든 물어보십시오. 그것을 대답한 다음 논의를 마저 끝내겠습니다."

2. 그가 말했다. "그러면 나에게 말해 주십시오. 모세 율법에 따라 사는 이들은 죽은 이들이 부활할 때 야곱과 에녹, 노아처럼 살게 될 것입니까?"

3. 나는 이렇게 대답했다. "내가 에제키엘을 인용하여 '노아와 야곱과 다니엘이 아들딸을 위하여 전구한다 하더라도, 그들에게 허락되지 않을 것'이고 '자기들의 의로움으로 제 목숨만 구할 수 있을 따름'이라고 말했을 때, 나는 모세 율법을 따라 산 이들도 마찬가지로 구원되리

라고 말한 것입니다. 모세의 율법에는 그 율법을 믿는 이들이 행하도록 규정된 본성상 선하고 경건하고 의로운 것들이 있었고, 또한 백성의 마음이 완고하기 때문에 율법 아래 있는 이들에게 의무로 부과된 것들도 있었습니다.

4. 보편적, 본성적으로 영원하게 선한 것을 행하는 이들은 하느님의 마음에 들고, 그래서 이들은 그리스도를 통하여 부활 때에 앞 시대의 의인들, 곧 노아와 에녹, 야곱 등과 더불어, 그리고 하느님의 아들 그리스도를 받아들이는 이들과 함께 구원될 것입니다. 그리스도는 샛별과 달 이전부터 계셨고, 육화하기를 받아들이셨으며, 다윗의 후손인 이 동정녀에게서 태어나기를 받아들이셨습니다. 이 구원 활동을 통하여, 태초에 죄를 범한 뱀과 그를 따른 천사들이 제거되고 죽음이 끝나게 될 것입니다. 또한 그리스도께서 두 번째 오실 때에는 그분을 믿고 그분 마음에 들게 사는 이들 안에서 죽음이 더 이상 힘을 떨치지 못하게 될 것입니다. 어떤 이들은 불의 심판과 단죄로 영원히 벌을 받고, 어떤 이들은 고난, 부패, 고통, 죽음을 겪지 않게 될 것입니다.”

제46장

1. 트리폰이 나에게 물었다. “어떤 사람이 지금도 모세의 규정들을 준수하며 살기를 원하고 그러면서도 십자가에 못 박힌 이 예수가 하느님의 그리스도이고 그가 모든 이를 심판할 권한을 받았으며 그의 나라가 영원한 나라라고 믿는다면, 그는 구원될 수 있겠습니까?”

2. 그래서 나는 다시 말했다. “이 점에 대해서도 함께 살펴봅시다. 실제로 모세를 통하여 전해진 모든 규정을 준수할 수 있습니까?” 그가 대답했다. “불가능합니다. 사실 우리는 당신이 말한 바와 같이, 다른 곳에

서 파스카 어린 양을 제물로 바치거나, 단식 때에 바치도록 규정된 염소들을 바치거나, 다른 어떤 봉헌물을 바치는 것은 불가능하다는 것을 알고 있습니다." 내가 말했다. "그러면 준수할 수 있는 것들은 어떤 것들인지 말해 주십시오. 그러면 어떤 사람이 영원한 계명들을 준수하거나 실행하지 않고서도 구원될 수 있음을 당신은 믿게 될 것입니다." 그가 말했다. "이를테면, 안식일을 지킬 수 있고, 할례를 받을 수 있고, 달들[의 시작]을 기릴 수 있고, 모세가 금한 어떤 것에 접하거나 부부 관계를 가진 다음에 정결례를 행할 수 있습니다."

3. 내가 말했다. "아브라함, 이사악, 야곱, 노아, 욥 그리고 그들 이전이나 이후에 마찬가지로 의인으로 살았던 이들, 또한 아브라함의 아내 사라, 이사악의 아내 레베카, 야곱의 아내 라헬, 레아 그리고 이들 같은 여인들, 충실한 종 모세의 어머니까지, 이들 모두는 그러한 규정들을 지키지 않았는데, 여러분은 이들이 구원되리라고 생각합니까?" 트리폰이 대답했다. "아브라함과 그 후의 사람들은 할례를 받지 않았습니까?"

4. 내가 말했다. "나는 아브라함과 그 후의 사람들이 할례를 받았다는 것을 알고 있습니다. 하지만 그들에게 할례가 주어진 이유가 무엇인지 이미 여러 차례 말했습니다. 지금까지 한 말로 여러분이 혼란에 빠지지 않았다면, 이 문제를 다시 살펴봅시다. 여러분도, 아브라함에게서 시작된 할례를 제외하면, 모세 때까지 어떤 의인도 우리가 지키고 있는 규정들을 지키지 않았고 그것을 지키라는 명령을 받은 일도 없다는 것을 알고 있습니다." 그가 말했다. "그렇게 알고 있습니다. 그리고 그들이 구원되었다는 것도 인정합니다."

5. 내가 다시 말했다. "여러분은 하느님께서 모세를 통하여 이 모든 규정을 내리신 것이 여러분 백성의 완고한 마음 때문이라는 것을 압니

다. 이는 그 많은 규정들 덕분으로 여러분이 모든 행위에서 항상 하느님을 눈 앞에 모시고 살며 불의와 불경을 따르지 않도록 하기 위해서였습니다. 또한 여러분에게는 붉은 띠를 매라는 명령이 주어졌는데(민수 15,38-41), 그것은 이로써 여러분이 하느님을 잊어버리지 않도록 하기 위해서였습니다. 얇은 양피지에 우리가 참으로 거룩한 글자들로 여기는 문구를 적어 넣은 성구갑[18]을 지니도록 명하신 것은 이로써 여러분의 마음 안에 언제나 하느님에 대한 기억을 간직하고 또한 여러분이 하느님을 공경하기를 기억하지 않았다는 그분의 꾸짖음을 기억하도록 일깨우기 위해서였습니다.

6. 그런데도 여러분은 우상을 계속 섬겼습니다. 하느님께서는 엘리야 시대에 바알에게 무릎을 꿇지 않는 이들의 수를 세시고는 그 수가 칠천이라고 말씀하셨습니다. 이사야서에서는, 여러분의 자녀를 우상에게 제물로 바쳤다고 여러분을 꾸짖으십니다.

7. 하지만 우리는, 우리가 한때 제물을 바치던 이들에게 제물을 바치기를 거부하기 위해서 극심한 벌을 받고 죽음에 처해집니다. 하느님께서 당신의 그리스도를 통하여 우리를 부활하게 하시고 우리를 부패와 고통과 죽음을 겪지 않게 만드시리라는 것을 믿기 때문입니다. 그리고 우리는 여러분 백성의 완고한 마음 때문에 주어진 규정들이 의로움을 실천하는 데에나 신심에 아무런 도움이 되지 않는다는 것을 압니다.”

제47장

1. 트리폰이 다시 물었다. “어떤 사람이 당신 말이 진실이라 믿고, 예

18　이 성구갑 안에는 탈출 13,1-16; 신명 6,4-9; 11,13-21를 적은 양피지가 들어 있다.

수가 그리스도라는 것을 알고, 그를 믿고 그에게 순종하면서, 그러면서도 이 규정들을 준수하기를 원한다면, 그는 구원될까요?" 내가 말했다. "트리폰이여, 나는 그런 사람은 구원되리라고 생각합니다. 다만, 당신이 이 대화를 시작하면서 내가 그 규정들을 지키지 않는다면 구원되지 못하리라고 말했던 것처럼, 다른 사람들, 곧 다른 민족들 출신으로 그리스도를 통하여 오류로부터 할례를 받은 사람들을 설득하려 하고 그들이 그 규정들을 지키지 않으면 구원받지 못한다고 하면서 그것을 준수하게 만들려고 해서는 안 됩니다."

2. 그러자 그가 말했다. "그러한 사람들은 구원받지 못한다고 주장하는 이들이 있기에 당신이 나에게 '나는 그런 사람은 구원되리라고 생각합니다'라고 말한 것 아닙니까?" 내가 대답했다. "네, 그런 사람들이 있습니다. 그리고 그들은 그렇게 하는 이들과 대화나 식사를 함께 나누지 않으려 합니다. 나는 그들과 생각이 다릅니다. 그러나 어떤 사람이 그리스도께 희망을 두고 정의와 신심의 영원하고 자연적인 규범들을 준수하면서도 마음이 약하여 모세의 규정들을 할 수 있는 만큼 지키기를 원한다면, 우리는 그 규정들이 백성의 마음이 완고하여 주어진 것임을 알고 있지만, 그가 그리스도인과 신자들에게 앞에서 말한 바와 같이 그들처럼 할례를 받거나 안식일을 지키고 다른 유사한 규정들을 준수하라고 설득하려 하지 않으면서 그들과 함께 살기를 받아들인다면, 나는 우리가 같은 배에서 나온 형제들처럼 모든 것에서 친교를 나누어야 한다고 생각합니다.

3. 그러나 트리폰이여, 당신 종족 출신으로서 스스로 그리스도를 믿는다고 말하면서 그리스도를 믿는 이민족 출신의 신자들에게 모세를 통하여 제정된 율법에 따라 살도록 강요하거나 그들과 함께 살면서 친

교를 나누기를 거부한다면, 그들에게도 마찬가지로 나는 동의하지 않습니다.

4. 하지만 이 그리스도에 대한 신앙 고백을 지키는 것 외에 율법의 규정을 지켜야 한다고 그들에게 설득된 이들은 아마도 구원될 것입니다. 그러나 그가 그리스도임을 인정하고 고백한 후에 어떤 이유로 율법을 준수하는 삶으로 넘어가 그가 그리스도임을 부인하기에 이른 사람은, 죽기 전에 회개하지 않는다면 절대로 구원되지 못할 것입니다. 마찬가지로, 율법에 따라 사는 아브라함의 후손으로서 삶의 마지막까지 그리스도를 믿지 않는 이들도 마찬가지로 결코 구원되지 못할 것입니다. 특히 회당에서 그리스도를 믿는 이들을 저주했거나 지금 저주하고 있는 이들이 그러합니다. 그들은 구원을 얻고 불로 징벌을 받지 않기 위하여 이렇게 하는 것입니다.

5. 에제키엘을 통하여 말씀하시듯이(에제 33,11-20), 하느님의 선하심과 인간에 대한 하느님의 사랑, 그리고 하느님의 한없는 풍요로움은 자신의 죄를 회개하는 이들을 의롭고 무죄하다고 여기십니다. 반면, 신심과 정의를 실천하다가 불의와 불경으로 떨어지는 사람은 불의하고 불경한 죄인으로 여기십니다. 그래서 우리 주 예수 그리스도께서는, '어떤 일에서든지 내가 너희를 붙잡아, 그것으로 너희를 심판하리라'[19] 하고 말씀하셨습니다."

제48장

1. 그러자 트리폰이 말했다. "이 점들에 대해서는 당신의 의견을 들

---

[19] 구약에도 신약에도 나오지 않는 구절이다. 위서 복음서에 나오는 구절이라 추정하는 이도 있고, 유스티누스가 에제 33,16-20을 염두에 두고 한 말이라고 보는 이도 있다.

었습니다. 이제 앞에서 중단했던 곳으로 돌아가 끝을 맺으십시오. 그것은 역설적이고 증명할 수 없어 보입니다. 이 그리스도가 하느님으로서 시대들에 앞서 존재했다는 것, 그 후에 사람이 되기를 받아들이고 태어나셨으며, 사람에게서 나온 사람이 아니라는 것은 나에게는 말이 안 되어 보일 뿐만 아니라 얼토당토않아 보입니다."

2. 그래서 내가 대답했다. "그 말이 불합리해 보일 수 있다는 것을 나는 압니다. 당신 종족의 사람들에게는 더욱 그러할 것입니다. 하느님께서 말씀하시듯이(이사 29,13) 그들은 하느님의 것들을 알거나 행하려 하지 않았고 오직 여러분 스승들의 것만을 행하려 했습니다. 그러나 트리폰이여, 내가 그분이 하느님이시며 만물의 창조주 하느님의 아들로서 시대에 앞서 존재했고 동정녀를 통하여 사람이 되셨다는 것을 증명하지 못하더라도, 그분이 하느님의 그리스도라는 사실은 변치 않습니다.

3. 그가 어떤 그리스도이든 하느님의 그리스도임이 확실하게 증명되었으므로, 비록 그리스도가 선재했고 아버지의 뜻에 따라 우리와 비슷한 정념들과 육을 지니고 태어나기를 받아들였다는 것을 내가 증명하지 못하더라도, 당신은 이 마지막 점에 대해서만 내가 틀렸다고 주장할 수 있을 것입니다. 그가 사람들에게서 태어난 사람으로 보이고, 아버지의 선택에 의하여 그리스도가 된 것으로 보이더라도, 그가 그리스도임은 부인할 수 없습니다."

4. 나는 계속 말했다. "우리[20] 종족의 어떤 이들은 그가 그리스도임을 인정하면서도 그가 사람에게서 태어난 사람이라고 주장합니다. 나는 그들에게 동의하지 않으며, 나와 같이 생각하는 이들 중 다수가 그것을

---

[20] '여러분'으로 읽는 학자들도 있다.

인정하더라도 동의하지 않을 것입니다. 그리스도께서 우리에게, 인간의 가르침을 따르지 말고 복된 예언자들이 선포했고 당신 자신이 가르치신 것을 따르라고 명하셨기 때문입니다.”

제49장

1. 트리폰이 말했다. “그가 사람에게서 태어났고 선택에 의하여 기름 부음을 받아 그리스도가 되었다고 주장하는 이들 말이, 당신과 같은 생각을 주장하는 이들 말보다 더 믿을 만하다고 생각됩니다. 우리 종족들은 모두 사람에게서 태어난 사람인 그리스도가 오기를 그리고 엘리야가 와서 그에게 기름을 붓기를 기다리고 있습니다. 이 사람이 그리스도이려면 오직 사람에게서 태어난 사람으로 마땅히 인정받아야 합니다. 그러나 엘리야가 아직 오지 않은 것이 사실이니, 나는 그가 그 그리스도가 아니라고 생각합니다.”

2. 그래서 내가 그에게 물었다. “즈카르야서에 보면 ‘크고 두려운 주님의 날이 오기 전에 엘리야가 오리라’[21]라고 하지 않습니까?” 그가 “분명 그렇습니다” 하고 대답했다. 내가 “성경 말씀이 그리스도의 두 가지 오심이 예언되었음을 인정하지 않을 수 없게 한다면, 곧 앞에서 여러 차례 입증한 바와 같이 첫 번째에는 고통을 받으며 영예도 아름다움도 없이 나타날 것이며 두 번째 오심에서는 모든 이의 심판자로서 영광스럽게 오시리라고 한다면, 엘리야가 선구자로 오리라고 예고된 것은 크고 두려운 날, 곧 두 번째 오심이라고 이해할 수 있지 않습니까?”라고 묻자 그는 “그렇지요” 하고 대답했다.

---

21 말라 3,23의 말씀이다.

3. 나는 계속 말했다. "우리 주님께서도 그렇게 가르치셨습니다. 엘리야가 오리라고 말씀하셨지요. 우리는 우리 주 예수 그리스도께서 하늘로부터 영광스럽게 오시기 전에 그 일이 일어나리라는 것을 압니다. 그분의 첫 번째 오심에서는, 엘리야 안에 있었던 하느님의 성령이 요한 안에서 선구자로 나타났습니다. 요한은 여러분의 종족에서 나온 예언자였고, 그 후에는 여러분 종족에 다른 예언자가 나타나지 않았습니다. 그는 요르단강가에 앉아 외쳤습니다. '나는 너희를 회개시키려고 물로 세례를 준다. 그러나 내 뒤에 오시는 분은 나보다 더 큰 능력을 지니신 분이시다. 나는 그분의 신발을 들고 다닐 자격조차 없다. 그분께서는 너희에게 성령과 불로 세례를 주실 것이다. 또 손에 키를 드시고 당신의 타작마당을 깨끗이 하시어, 알곡은 곳간에 모아들이시고 쭉정이는 꺼지지 않는 불에 태워 버리실 것이다'(마태 3,11-12).

4. 이 예언자를 여러분의 임금 헤로데가 감옥에 가두었습니다. 그의 생일이 되어 조카[22]가 그의 마음에 들게 춤을 추자, 헤로데는 그녀에게 원하는 것을 청하라고 말했습니다. 소녀의 어머니는 감옥에 있던 요한의 머리를 청하라고 부추겼고, 조카가 요청하자 헤로데는 사람을 보내어 요한의 목을 쟁반에 담아 오게 했습니다.

5. 그래서 우리의 그리스도께서는 지상에 계실 때에, 그리스도에 앞서 엘리야가 와야 한다고 여기던 이들에게 말씀하셨습니다. '과연 엘리야가 와서 모든 것을 바로잡을 것이다. 내가 너희에게 말한다. 엘리야는 이미 왔지만, 사람들은 그를 알아보지 못하고 제멋대로 다루었다.' 그리고 이렇게 기록되어 있습니다. '그제야 제자들은 그것이 세례자 요

---

22 글자대로 옮기면 "사촌"이다.

한을 두고 하신 말씀인 줄을 깨달았다'(마태 17,11-13).”

6. 트리폰이 대답했다. “엘리야 안에 있던 하느님의 예언적 영이 요한 안에도 있었다니, 이 말도 내게는 얼토당토않아 보입니다.” 그래서 나는 말했다. “모세의 뒤를 이어 백성을 이끌었던 눈의 아들 여호수아에게도 같은 일이 있지 않았습니까? 모세가 여호수아에게 안수하라는 명을 받았을 때 말입니다. 하느님께서 그에게 이렇게 말씀하셨지요. ‘너에게 있는 영을 조금 덜어 내어 그에게 나누어 주겠다.’”[23]

7. 그는 “그렇지요”라고 했고, 이어 내가 말했다. “그렇다면 모세가 아직 살아 있는 동안에 하느님께서 모세에게 있는 영을 여호수아에게 나누어 주셨듯이, 하느님께서는 엘리야에게서 요한에게로 영이 옮겨 가게 하실 수도 있으셨던 것입니다. 그럼으로써, 그리스도께서 첫 번째 오실 때에 영광스럽지 않게 오셨듯이, 영의 첫 번째 오심에서도 영은 그리스도 안에 있으면서도 그대로 순수하게 엘리야 안에 남아 있어 영광스럽지 않게 보였던 것입니다.

8. 주님께서 감추어진 손으로 아말렉을 물리치셨다고 쓰여 있고, 여러분은 분명 아말렉이 패배했다는 것을 부인하지 않을 것입니다. 하지만, 그리스도께서 영광스럽게 오실 때만 아말렉을 물리치신다고 말한 것이라면, 주님께서 ‘감추어진 손으로 아말렉을 물리치셨다’(탈출 17,16)라는 말은 대체 무슨 뜻입니까? 여러분은, 하느님의 감추어진 능력이 십자가에 못 박힌 그리스도에게서 나타났다는 것을 볼 수 있습니다. 마귀들과 땅의 모든 주권과 권세들은 그분 앞에서 두려워 떱니다.”

---

23 이는 민수 11,17에는 원로 일흔 명이 영을 받을 때에 하신 말씀으로 되어 있다.

제50장

1. 트리폰이 말했다. "당신은 우리가 다루고 있는 모든 점에 대해서 많은 사람과 논쟁을 했고, 그래서 어떤 질문이든지 대답할 준비가 되어 있는 것으로 보입니다. 그러니 나에게 설명해 주십시오. 첫째로, 당신은 어떻게 만물의 창조주이신 하느님 외에 또 다른 하느님이 있다는 것을 증명할 수 있습니까? 그런 다음에, 그가 동정녀를 통하여 태어나기를 받아들였다는 것을 증명해 주십시오."

2. 내가 말했다. "먼저, 우리 주 예수 그리스도에 앞서 세례자이며 예언자인 요한이 수행한 선구자의 역할에 관하여 말하는 이사야의 예언 몇 구절을 인용하도록 허락해 주십시오." 트리폰이 "좋습니다"라고 말했다.

3. 그래서 내가 말했다. "이사야는 선구자 요한에 대해 이렇게 예언했습니다. '히즈키야가 이사야에게 말하였다. ′그대가 전한 주님의 말씀은 지당하오.′ 그러면서도 그는 ′내가 살아 있는 동안은 평화와 정의가 지속되겠지′ 하고 생각하였다.′ 그런 다음 이렇게 말합니다. '위로하여라, 나의 백성을. 사제들이여, 예루살렘의 마음에 말하고 그를 위로하여라. 이제 그의 수치가 끝났다. 죄가 용서되었고, 자기의 모든 죄악에 대하여 주님 손에서 갑절의 벌을 받았다고 외쳐라. 광야에서 외치는 이의 소리, ′너희는 주님의 길을 닦아라. 우리 하느님의 길을 곧게 내어라. 골짜기는 모두 메워지고 산과 언덕은 모두 낮아져라. 굽은 것은 곧아지고 거친 길은 평평하게 되어라. 이에 주님의 영광이 드러나리니 모든 육이 하느님의 구원을 보리라. 주님께서 친히 이렇게 말씀하셨다.′

4. 한 소리가 말한다. ′외쳐라.′ ′무엇을 외쳐야 합니까?′ 하고 내가 물었다. ′모든 육은 풀이요 인간의 모든 영광은 들의 꽃과 같다. 풀은 마르

고 꽃은 시들지만 우리 하느님의 말씀은 영원히 서 있으리라. 시온에서 기쁜 소식을 전하는 너는 높은 산으로 올라가라. 예루살렘에서 기쁜 소식을 전하는 너는 목소리를 한껏 높여라. 두려워 말고 소리를 높여라.' 유다의 성읍들에게 '너희의 하느님께서 여기에 계시다' 하고 말하여라. 보라, 주님께서 권능을 떨치며 오신다. 당신의 팔로 주권을 행사하신다. 보라, 그분의 상급이 그분과 함께 오고 그분의 업적이 그분 앞에 서서 온다. 그분께서는 목자처럼 당신의 가축들을 먹이시고 새끼 양들을 팔로 모아 품에 안으시며 새끼를 밴 양들을 위로하신다.

5. 누가 손바닥으로 물을 되었고 장뼘으로 하늘을 재었으며 주먹으로 모든 흙을 되었느냐? 누가 산들을 저울로 달고 언덕들을 천칭으로 달았느냐? 누가 주님의 생각을 알았으며 누가 그분의 조언자가 되어 그분을 가르쳤느냐? 그분께서 누구와 의논하시어 깨우침을 받으셨고 누가 그분께 공정을 가르쳐 드렸느냐? 누가 그분께 슬기의 길을 깨치시게 하였느냐? 보라, 모든 민족들은 두레박에서 떨어지는 물 한 방울 같고 천칭 위의 티끌 같으며, 침과 같이 여겨질 뿐. 레바논은 땔감으로도 모자라고 그곳 짐승들은 번제물로도 모자란다. 민족들 모두가 그분 앞에는 아무것도 아니며, 없는 것으로만 여겨진다'(이사 39,8; 40,1-17)."

제51장

1. 내가 말을 마치자 트리폰이 말했다. "당신이 제시한 모든 예언 말씀들은 모호해서, 당신이 입증하고자 하는 것을 입증하지 못합니다." 내가 대답했다. "트리폰이여, 만일 여러분 종족에게서 예언자들이 사라지지 않아 요한 이후에도 있었더라면, 여러분은 분명 예수 그리스도에 대하여 내가 하는 말들이 모호하다고 생각할 수 있었을 것입니다.

2. 그러나 요한이 전구자로 와서 사람들에게 회개하라고 외쳤고 그리스도께서 요한이 아직 요르단강가에 앉아 있던 때에 오시어 그의 예언과 세례를 끝내셨다면, 복음을 선포하시며 하늘 나라가 가까이 왔다고 말씀하셨다면, 율법 학자들과 바리사이들에게 많은 고난을 당하고 십자가에 못 박혀야 하고 사흘날에 부활할 것이며 그 후에 예루살렘에 다시 돌아와 당신 제자들과 함께 먹고 마시실 것이며, 앞에서 말한 대로 당신께서 오시기 전에 당신 이름으로 이단과 거짓 예언자들이 나타나리라고 말씀하셨다면 (이것은 이미 확인되었습니다), 사실이 명확한데 어떻게 모호하다고 할 수 있습니까?

3. 또한 그분은 여러분 종족 가운데 더 이상 예언자가 없으리라는 것과 당신 자신이 그리스도이시므로 옛적에 하느님께서 예고하신 새 계약의 체결이 지금 이루어진다는 것을 이렇게 말씀하셨습니다. '모든 예언서와 율법은 요한에 이르기까지 예언하였다. 세례자 요한 때부터 지금까지 하늘 나라는 폭행을 당하고 있다. 폭력을 쓰는 자들이 하늘 나라를 빼앗으려고 한다. 너희가 그것을 받아들이고자 한다면, 요한이 바로 오기로 되어 있는 엘리야다. 귀 있는 사람은 들어라'(마태 11,12-15)."

제52장

1. 나는 계속 말했다. "성조 야곱을 통해서도 그리스도의 오심이 두 번 있으리라는 것, 첫 번째 오심에서는 고난을 겪으실 것이고 그분 이후에는 여러분 종족에게 예언자도 임금도 없을 것이며, 고난을 받은 그리스도를 믿는 민족들은 그분의 재림을 기다리리라고 예언되었습니다. 그래서 성령께서는 이에 대하여 비유로, 감추어진 방식으로 말씀하셨습니다.

2. 이렇게 말씀하십니다. '너 유다야, 네 형제들이 너를 찬양하리라. 네 손은 원수들의 목을 잡고 네 아버지의 아들들이 네 앞에 엎드리리라. 유다는 어린 사자. 내 아들아, 너는 새싹에서부터 자라났다. 유다가 사자처럼, 어린 사자처럼 웅크려 엎드리니 누가 감히 그를 일으키랴? 유다에게서 통치자가, 그의 옆구리에서 지도자가 끊이지 않으리라. 그에게 정해진 몫이 올 때까지. 민족들이 그를 기다리리라. 그는 제 어린 암나귀를 포도 줄기에, 새끼 나귀를 좋은 포도나무에 매고 포도주로 제 옷을, 포도의 피로 제 겉옷을 빤다. 그의 눈은 포도주보다 빛나고 그의 이는 우유보다 희다'(창세 49,8-12).

3. 여러분의 종족에게 처음부터 예수 그리스도가 나타나 고난을 받을 때까지 예언자나 통치자가 끊어진 적이 있다고는, 감히 주장하지 못할 것이며 입증할 수도 없을 것입니다. 여러분이 헤로데가 — 그분은 그의 통치 이후에 고난을 받으셨지요 — 아스클론 출신이라고 말한다 해도, 여러분 종족에게 대사제가 있은 것은 사실입니다. 그러니까 그때에도 여러분에게는, 모세의 율법에 따라 봉헌물을 바치며 이런저런 규정들을 준수하는 사람이 있었던 것입니다. 또한 예언자들은 요한에까지 계속 이어졌습니다. 여러분 백성이 바빌론에 유배를 가고 땅은 전쟁으로 노략질을 당하고 거룩한 기물들을 빼앗겼을 때에도, 여러분에게는 언제나 예언자가 있어 여러분 백성의 주인, 지도자, 통치자 역할을 했습니다. 예언자들 안에 있던 성령은 여러분의 임금들에게 기름을 바르고 그들을 축성했습니다.

4. 그러나 예수 우리의 그리스도가 여러분 종족에게 나타나고 돌아가신 후로는 더 이상 예언자가 없었고 지금도 없습니다. 그뿐 아니라 여러분은 여러분 자신의 임금 아래 있지 않으며, 여러분의 땅은 '과일

밭의 원두막'(이사 1,8)처럼 황폐해졌습니다. 야곱을 통해 하신 '민족들이 그를 기다리리라'라는 말씀은, 그분의 두 번의 오심과 민족들이 그분을 믿으리라는 것을 상징적으로 나타냅니다. 여러분은 그것을 사실로 확인할 수 있습니다. 여러 민족들 출신으로서 그리스도에 대한 믿음으로 의롭고 경건하게 된 우리는, 그분께서 다시 오시기를 기다립니다.

제53장

1. 그리고 '그는 제 어린 암나귀를 포도 줄기에, 새끼 나귀를 좋은 포도나무에 매고'라는 구절은, 그분께서 첫 번째 오실 때에 행한 행위의 예언이면서 또한 민족들이 그분을 믿으리라는 것에 대한 예언이었습니다. 그리스도께서 오시어 당신 제자들을 통해 그들을 가르치실 때까지, 이민족들은 안장이 없고 목에 멍에도 없는 어린 나귀와 같았습니다. 그들은 그분의 말씀이라는 멍에를 메고, 허리를 굽혀 모든 것을 견뎠습니다. 그분께서 약속하신 많은 좋은 것들을 받기 위해서였습니다.

2. 그리고 우리 주 예수 그리스도께서는 예루살렘에 들어가시려 할 때 당신 제자들에게 벳파게라는 마을 입구에 새끼 나귀와 함께 매여 있는 암나귀를 데려오게 하시고, 그것을 타고 예루살렘으로 들어가셨습니다. 이 일은 그리스도에 의하여 이루어지리라고 예언된 그대로 이루어졌으므로, 그분께서 이를 행하셨을 때 그분이 그리스도이심이 분명하게 드러났습니다. 이러한 일들이 이루어지고 성경으로 확인되었는데도, 여러분은 아직도 완고한 마음을 품고 있습니다.

3. 열두 소예언자 가운데 하나인 즈카르야는 이 일을 이렇게 예언했습니다. '딸 시온아, 한껏 기뻐하여라. 딸 예루살렘아, 외치고 선포하여라. 보라, 너의 임금님이 너에게 오신다. 그분은 의로우시며 구원하시

는 분이시다. 그분은 온유하고 가난하시어 멍에를 맨 짐승을, 어린 암나귀를 타고 오신다'(즈카 9,9).

4. 예언의 영이 성조 야곱과 마찬가지로 멍에를 맨 암나귀와 그 새끼를 그분의 것으로 언급합니다. 그리고 앞에서 말했듯이 그분은 당신 제자들에게 그 두 짐승을 데려오라고 명하십니다. 이는 회당 출신인 여러분이 다른 민족들 출신인 이들과 함께 그분을 믿게 되리라는 것을 예고합니다. 안장이 없는 어린 나귀가 이민족 출신 신자들을 상징하듯이, 안장이 있는 암나귀는 여러분 민족 출신 신자들을 상징합니다. 여러분은 예언자들을 통하여 주어진 율법을 메고 있기 때문입니다.

5. 즈카르야 예언자는 또 그리스도께서 매질을 당할 것이며 제자들은 흩어질 것이라고 예고했는데, 실제로 그렇게 되었습니다. 그분께서 십자가에 못 박히신 뒤, 그분과 함께 있던 제자들은 그분께서 죽은 이들 가운데에서 부활하시어 당신께서 고난을 받으셔야 한다고 예언되었음을 그들에게 확증해 주실 때까지 흩어져 있었습니다. 그들은 이를 확인하고는 온 세상으로 가서 이러한 것들을 가르쳤습니다.

6. 그래서 우리도 신앙과 그분의 가르침에 확신을 갖습니다. 우리의 확신이 예언자들에게서, 그리고 온 세상에서 십자가에 못 박히신 분의 이름으로 하느님을 섬기는 이들이 된 이들에게서 나오기 때문입니다. 즈카르야는 또 이렇게 말했습니다. '칼아, 나의 목자를 거슬러, 내 백성의 사람을 거슬러 깨어 일어나라. 권능의 주님의 말씀이다. 너는 목자를 쳐서 양 떼가 흩어지게 하여라'(즈카 13,7).

제54장

1. 성조 야곱이 예언하고 모세가 기록한 것, 곧 '포도주로 제 옷을, 포

도의 피로 제 겉옷을 빤다'라는 것은 그분께서 당신을 믿는 이들을 당신 피로 씻으시리라는 것을 뜻하는 것이었습니다. 성령은 그분을 통하여 죄 사함을 얻을 이들을 '옷'이라 지칭하였습니다. 그분은 당신의 힘으로 그들 안에 현존하시며, 당신의 재림 때에는 드러나게 현존하실 것입니다.

2. 그리고 '포도의 피'라는 것은, 그리스도께서 사람의 씨앗에서 기인한 피가 아니라 하느님의 힘에 기인하는 피를 지니고 계심을 나타내는 표현입니다. 포도나무에서 '피'를 만들어 내는 것이 사람이 아니라 하느님이듯이, 그리스도의 피는 인간에게서 나오는 것이 아니라 하느님의 힘에서 나오리라는 것을 미리 보여 주려 한 것입니다. 그러므로 이 예언은, 그리스도께서 사람들이 태어나는 일반적인 방식으로 사람에게서 나온 사람이 아니라는 것을 보여 줍니다."

제55장

1. 트리폰이 말했다. "당신이 다른 논거들로 이 난제를 확실하게 입증한다면, 우리는 당신의 이 해석도 마음에 새길 것입니다. 그러나 지금은 하던 말을 이어서, 예언의 영이 만물의 창조주인 하느님 외에 다른 하느님을 인정한다는 것을 우리에게 증명해 주십시오. 기록되어 있는 바와 같이 하느님께서 다른 민족들에게 신으로 섬기도록 주신 해와 달은 언급하지 않도록 주의하십시오. 예언자들도 자주 이 말을 그러한 의미로 사용하여, 하느님이 '신들의 신이시고 주님들의 주님'이시라고 말하고, 흔히 '위대하고 힘세며 경외로우신' 분이라고 덧붙입니다.

2. 이러한 표현들은 그것들이 정말 신이라는 뜻이 아니라, 신이며 주님들로 여겨지는 것들 가운데 오직 만물을 만드신 분만이 참으로 유일

한 주님이심을 가르치려는 말입니다. 이를 확증하기 위하여 성령은 거룩한 다윗을 통하여 말씀하셨습니다. '민족들의 신들은 — 신으로 여겨지는 것들은 — 마귀들의 우상이고 신들이 아니네'(시편 95,5 칠십인역). 그러고는 우상을 만들고 숭배하는 이들에 대한 저주를 덧붙입니다."

3. 그래서 내가 말했다. "트리폰이여, 그것들은 내가 제시하려 하는 증거가 아닙니다. 나는 당신이 인용한 말씀들을 통해 그러한 우상을 숭배하는 이들이 단죄를 받는다는 것을 알고 있습니다. 그러나 나는 아무도 반박할 수 없을 증거를 제시하고자 합니다. 여러분은 이것을 매일 읽지만, 이 증거들은 여러분에게 이상하게 보일 수 있습니다. 여기에서도 여러분은, 여러분의 악함으로 인하여 하느님께서 당신 말씀들에 담긴 지혜를 이해하는 능력을 여러분에게 감추셨다는 것을 알 수 있을 것입니다. 그분 자비의 은총으로 여러분 종족이 소돔과 고모라의 주민들처럼 완전히 멸망하지 않도록, 이사야가 구원의 씨앗으로 남겨 주신 이들이라고 한 이들은 예외입니다. 그러니 내가 인용하려 하는 성경 말씀들에 주의를 기울이십시오. 설명은 필요 없습니다. 잘 듣기만 하면 됩니다.

제56장

1. 하느님의 복되고 충실한 종인 모세는, 마므레의 참나무 곁에 있던 아브라함에게 나타나신, 소돔을 심판하도록 두 천사와 함께 다른 누군가에 의하여 파견된 분이 하느님이라고 말합니다. 그 [파견하신 분]은 언제나 하늘 높은 곳에 머무르시며 누구의 눈에도 보인 적 없고, 누구와도 직접 말씀을 하신 적 없으며, 우리가 만물의 창조주이며 아버지라고 알고 있는 분이십니다.

2. 모세는 이렇게 말합니다. '하느님께서는 마므레의 참나무들 곁에서 그에게 나타나셨다. 그는 한낮에 천막 어귀에 앉아 있었다. 그가 눈을 들어 보니 자기 앞에 세 사람이 서 있었다. 그는 그들을 보자 천막 어귀에서 달려 나가 그들을 맞으면서 땅에 엎드려 …'(창세 18,1-2). 이렇게 하여 '아브라함이 아침 일찍 일어나, 자기가 주님 앞에 서 있던 곳으로 가서 소돔과 고모라와 그 주위의 온 땅을 내려다보니, 마치 가마에서 나는 연기처럼 그 땅에서 연기가 솟아오르고 있었다'(창세 19,27-28)까지입니다." 나는 말을 마치고 그들에게 이 말씀을 이해했는지 물었다.

3. 그들은 이해했다고 대답했지만, 이 말들이 모든 것을 만드신 분 외에 다른 하느님이나 주님이 있는지 또는 성령이 그렇게 말하는지를 증명하지는 않는다고 말했다."

4. 내가 다시 말했다. "여러분이 이 성경 말씀을 이해했으니, 만물을 만드신 분과 다른 하느님이요 주님이 계시다는 것, 그리고 그 사실이 언급되었다는 것을 증명해 보겠습니다. 그는 천사라고도 불립니다. 그분 위에는 다른 하느님이 없는, 만물을 만드신 분께서 사람들에게 알리고자 하시는 것을 알리기 때문입니다." 나는 앞에서 언급했던 단락을 다시 인용하면서 트리폰에게 물었다. "그 단락에서 말하듯이, 하느님께서 마므레의 참나무들 곁에서 아브라함에게 나타나셨다고 생각합니까?" 그가 "물론입니다" 하고 말했다.

5. 내가 계속 이야기했다. "그분은, 예언의 영이 아브라함에게 나타났다고 말하는 세 사람 가운데 하나이십니까?" 그가 대답했다. "아닙니다. 하느님께서는 그 세 사람보다 앞서 나타나셨습니다. 성경이 사람들이라고 말하는 그 사람들은 천사들이었습니다. 둘은 소돔을 멸망시키기 위하여 파견되었고, 하나는 사라에게 아들을 낳으리라는 기쁜 소식

을 전하기 위하여 파견된 것이었습니다. 그는 이를 위하여 파견되었고, 할 일을 다하고는 떠나갔습니다."

6. 내가 말했다. "그렇다면 어떻게, 셋 가운데에서 천막에 들어가 '때가 되면 내가 반드시 너에게 돌아올 터인데, 그때에는 너의 아내 사라에게 아들이 있을 것이다'(창세 18,10)라고 말한 이가 사라가 아들을 낳았을 때에 돌아오고, 예언 말씀은 그분이 하느님이었다고 선언할 수 있습니까? 내가 말하는 것이 여러분에게 분명해지도록, 모세가 분명하게 말한 것을 들어 보십시오.

7. 그 말들은 이렇습니다. '그런데 사라는 이집트 여종 하가르가 아브라함에게 낳아 준 아들이 자기 아들 이사악과 함께 노는 것을 보고, 아브라함에게 말하였다. '저 여종과 그 아들을 내쫓으세요. 저 여종의 아들이 내 아들 이사악과 함께 상속을 받을 수는 없어요.' 그 아들도 자기 아들이므로 아브라함에게는 이 말이 무척이나 언짢았다. 그러나 하느님께서는 아브라함에게 말씀하셨다. '그 아이와 네 여종 때문에 언짢아하지 마라. 사라가 너에게 말하는 대로 다 들어주어라. 이사악을 통하여 너에게 후손들이 생겨날 것이다''(창세 21,9-12)."

8. 내가 물었다. "그러니, 사라가 원하는 것에 관하여 아브라함에게 조언이 필요할 것을 미리 아시고 참나무들 곁에서 돌아오리라고 말씀하신 분께서 기록된 대로 실제로 돌아오셨고, '하느님께서는 아브라함에게 말씀하셨다. '그 아이와 네 여종 때문에 언짢아하지 마라''(창세 21,12)라는 그 말마디가 뜻하는 대로 하느님이시라는 것을 알 수 있지 않습니까?"

9. 트리폰이 말했다. "그렇습니다. 하지만 이것으로 당신이, 그 하느님이 아브라함에게 나타나시고 다른 성조들과 예언자들에게도 나타나

신 분이 아닌 다른 분이라고 증명한 것은 아닙니다. 당신은 다만, 우리가 천막에서 아브라함과 함께 있었던 이들이 모두 천사라고 생각한 것이 틀렸다는 것만을 증명했습니다."

10. 내가 다시 말했다. "내가 성경에 근거하여, 그 셋 가운데 하나가 하느님이며 그가 천사라고 불린 것은 앞에서 말한 바와 같이 그가 만물을 만드신 하느님께서 원하시는 사람에게 전할 말씀을 전하기 때문이라는 것과 또한 그가 이 땅 위에서 아브라함에게 다른 두 천사와 마찬가지로 인간의 형상으로 나타났다는 것을 증명하지 못했다면, 여러분은 여러분 민족 전체가 생각하듯이 그가 세상 창조 이전부터 계시던 하느님이었다고 마땅히 생각할 수 있을 것입니다." 그가 말했다. "그렇지요, 지금까지 우리는 그렇게 믿고 있습니다."

11. 내가 다시 말했다. "성경으로 돌아가서, 아브라함과 야곱, 모세에게 나타났다고 일컬어지고 기록된 분은 만물을 만드신 분과 다른 하느님임을 여러분에게 증명하도록 하겠습니다. 그분은 생각으로만 구별되는 분이 아니라 수적으로 다른 분입니다. 그분은 더 높은 분이 없이 가장 높으시며 세상을 만드신 그 하느님이 행하기를 또는 말하기를 원하신 것 외에는 아무것도 한 적이 없으십니다."

12. 트리폰이 말했다. "우리도 동의할 수 있게, 그가 존재한다는 것을 증명해 주십시오. 우리는 당신이, 그가 만물을 만드신 분의 생각을 거슬러 아무것도 전하거나 행하거나 말하지 않았다고 하는 것을 들었습니다." 내가 말했다. "내가 앞에서 인용한 성경이 여러분에게 이 모든 것을 분명하게 해 줄 것입니다. 이 구절입니다. '해가 땅 위로 솟아오르자, 롯이 초아르에 다다랐다. 그때 주님께서 당신이 계신 하늘에서 소돔과 고모라에 유황과 불을 퍼부으셨다. 그리하여 그 성읍들과 주변 전

체를 멸망시키셨다'(창세 19,23-25)."

13. 트리폰과 함께 남아 있던 네 번째 사람이 말했다. "그렇다면 소돔으로 내려가던 두 천사 가운데 하나로서 성경에서 모세가 주님이라고 불렀던 이 외에 하느님도 직접 아브라함에게 나타나셨다고 말해야 하겠습니다."

14. 내가 말했다. "우리가 모든 것을 만든 분이라고 알고 있는 분 외에 다른 어떤 분을 성령께서 주님이라고 부른다는 것을 인정해야만 하는 이유는 그것만이 아닙니다. 모세를 통해서만이 아니라 다윗을 통해서도 확인됩니다. 앞에서 말했듯이, 이런 말씀이 있습니다. '주님께서 내 주님께 하신 말씀. 내 오른쪽에 앉아라, 내가 너의 원수들을 네 발판으로 삼을 때까지'(시편 109,1 칠십인역). 다른 곳에서는 이렇게 말합니다. '하느님, 당신의 왕좌는 영원무궁하며 당신의 왕홀은 공정의 홀입니다. 당신께서 정의를 사랑하시고 불의를 미워하셨기에 하느님께서, 당신의 하느님께서 기쁨의 기름을 당신 동료들에 앞서 당신에게 부어 주셨습니다'(시편 44,7-8 칠십인역).

15. 성령께서 만물의 아버지와 그분의 그리스도 말고 어느 누구를 하느님이요 주님이라고 부르시겠는지, 대답해 보십시오. 내 편에서는 성경을 근거로 여러분에게, 성경이 주님이라고 부른 것은 소돔으로 내려가던 두 천사 가운데 하나가 아니라 아브라함에게 나타났다고 일컬어진 그 하느님이라는 것을 증명하도록 하겠습니다."

16. 트리폰이 말했다. "보시다시피 날이 저물고 있으니, 서둘러 증명해 주십시오. 또한 우리는 그렇게 복잡한 대답을 할 준비가 되어 있지 않습니다. 우리는 누가 그런 문제들에 대해 탐구하고 조사하고 증명하는 것을 본 일이 없기 때문입니다. 당신이 성경으로 증명하려 하고, 또

한 만물을 만드신 분 외에 다른 하느님이 없다고 여기기에 망정이지 당신이 모든 것을 다 성경으로 설명하지 않았더라면 우리는 당신 말을 듣고 있지도 않았을 것입니다.”

17. 내가 말했다. “여러분은 성경에서 이렇게 말한다는 것을 알고 있습니다. ‘그러자 주님께서 아브라함에게 말씀하셨다. 어찌하여 사라는 웃으면서, ′내가 정말로 아이를 낳을 수 있으랴? 나는 이미 늙었는데!′ 하느냐? 하느님께 불가능한 일이라도 있다는 말이냐? 내가 때가 되면 너에게 돌아올 터인데, 그때에는 사라에게 아들이 있을 것이다’(창세 18,13-14). 그리고 조금 뒤에서는 이렇게 말합니다. ‘그 사람들은 그곳을 떠나 소돔과 고모라를 바라보았다. 아브라함은 그들을 배웅하려고 함께 걸어갔다. 그때에 주님께서 말씀하셨다. 내가 앞으로 하려는 일을 나의 종 아브라함에게 숨기지 않으리라’(창세 18,16-17).

18. 그리고 좀 더 가서는 이렇게 말합니다. ‘이어 주님께서 말씀하셨다. 소돔과 고모라의 부르짖음이 너무나 크고, 그들의 죄악이 너무나 무겁구나. 이제 내가 내려가서, 저들 모두가 저지른 짓이 나에게 들려온 그 원성과 같은 것인지 알아보아야겠다. 만일 아니라면, 내가 그것을 알아야겠다. 그 사람들은 거기에서 몸을 돌려 소돔으로 갔다. 그러나 아브라함은 주님 앞에 그대로 서 있었다. 아브라함이 다가서서 말씀드렸다. 진정 의인을 죄인과 함께 쓸어 버리시렵니까?’(창세 18,20-23)” 등등. 앞에서 썼던 것을 다시 전부 적을 필요는 없다고 생각한다. 다만 트리폰과 동료들에게 증명할 근거가 되는 단락들만 언급하면 될 것 같다.

19. 나는 다음 단락으로 넘어가 이렇게 말했다. “주님께서는 아브라함과 말씀을 마치시고 자리를 뜨셨다. 아브라함도 자기가 사는 곳으로 돌아갔다. 저녁때에 그 두 천사가 소돔에 이르렀는데, 그때 롯은 소

돔 성문에 앉아 있었다'(창세 18,33-19,1). 계속 이어서 '그때에 그 사람들이 손을 내밀어 롯을 집 안으로 끌어들인 다음 문을 닫았다'(창세 19,10) 등입니다. 그리고 그다음에는 여기까지 계속됩니다. '그 사람들은 롯의 손과 그의 아내의 손과 그의 딸들의 손을 잡았다. 주님께서 롯에게 자비를 베푸셨기 때문이다.

20. 그들은 롯의 가족을 밖으로 데리고 나와 말하였다. '구하시오, 목숨을 구하시오. 뒤를 돌아다보아서는 안 되오. 주변 지역 어디에서도 멈추어 서지 마시오. 당신도 휩쓸려 가지 않으려거든 산으로 달아나시오.' 그러나 롯은 그들에게 말하였다. '주님, 간청합니다. 당신 종이 당신께 자비를 입어, 당신께서는 큰 의로움을 베푸시어 저의 목숨을 살려 주셨습니다. 그렇지만 재앙에 휩싸여 죽을까 두려워, 저 산으로는 달아날 수가 없습니다.

21. 보십시오, 저 성읍은 가까워 달아날 만하고 자그마한 곳입니다. 저곳은 작으니 안전할 것이고, 목숨을 살릴 수 있겠습니다.' 그러자 그가 롯에게 말하였다. '좋소. 내가 이번에도 그대의 얼굴을 보아, 그대가 말한 저 성읍을 멸망시키지 않겠소. 서둘러 그곳으로 달아나시오. 그대가 그곳에 다다르기 전까지는 내가 일을 하지 못하기 때문이오.' 그리하여 그 성읍을 초아르라 하였다. 해가 땅 위로 솟아오르자, 롯이 초아르에 다다랐다. 그때 주님께서 당신이 계신 하늘에서 소돔과 고모라에 유황과 불을 퍼부으셨다. 그리하여 그 성읍들과 주변 전체를 멸망시키셨다'(창세 19,16-25)."

22. 그러고서 내가 물었다. "여러분은, 셋 가운데 하나, 곧 하늘에 계신 분을 섬기는 하느님이시며 주님이신 분이 두 천사의 주님이라는 것을 모르겠습니까? 다른 두 천사가 소돔으로 향했을 때 그분께서는 뒤

에 남아 모세에 의하여 기록된 대화를 나누셨습니다. 그분께서 대화를 마치고 떠나시자 아브라함은 자신의 집으로 돌아간 것입니다.

23. 그분께서 소돔에 오신 뒤로는 두 천사가 롯과 대화한 것이 아니라, 본문에 나와 있듯이 그분께서 그와 대화하셨습니다. 그분은 하늘에 계신 주님, 곧 만물을 만드신 분으로부터 소돔과 고모라에 벌을 내릴 임무를 받은 주님이십니다. 성경은 이렇게 말합니다. '주님께서 당신이 계신 하늘에서 소돔과 고모라에 유황과 불을 퍼부으셨다'(창세 19,24)."

제57장

1. 내가 말을 마치자, 트리폰이 말했다. "성경이 우리에게 이 모두를 인정하지 않을 수 없게 한다는 것은 분명합니다. 하지만 그분께서 아브라함이 준비하여 내어놓은 것을 드셨다는 말은 매우 난감합니다. 당신도 이것은 인정할 것입니다."

2. 내가 대답했다. "실로, 그들이 먹었다고 기록되어 있습니다. 그들이 실제로 천사들이고 사람들이 먹는 것과 같은 음식은 아니라도 분명 하늘에서 먹을 음식을 그 둘만이 아니라 [여러분 조상들이 광야에서 먹었던 만나를 두고, 그들이 '천사들의 빵을 먹었다'(시편 77,25 칠십인역)라고 쓰여 있지 않습니까?] 셋 모두가 먹었다는 말씀을 들을 때, 나는 여기서 말하는 '먹었다'는 우리가 불이 모든 것을 삼켜 버린다고 말할 때와 같은 의미로 말하는 것이며, 이와 턱으로 씹어 먹었다는 의미는 아니라고 말하겠습니다. 우리가 비유적 표현에 조금이라도 익숙하다면, 이는 아무 문제가 되지 않을 것입니다."

3. 트리폰이 말했다. "아브라함이 준비한 것들을 그들이 취하여 먹었다고 기록되어 있는 데에서, 먹는 방법의 문제는 그렇게 해결할 수 있

습니다. 그러니 이제 우리에게, 아브라함에게 나타나신 하느님이시며 만물을 만드신 하느님을 섬기는 하느님께서 동정녀에게서 태어나고 앞에서 당신이 말한 바와 같이 우리와 마찬가지로 고통을 받을 수가 있었는지를 증명해 주십시오.”

4. 내가 말했다. “트리폰이여, 여러분을 설득할 수 있도록, 먼저 이 주제와 관련한 몇 가지 논거들을 말하는 것을 허락해 주십시오. 그 후에 당신이 요청한 증거를 제시하겠습니다.” 그가 “좋으실 대로 하십시오. 저는 어찌해도 좋습니다”라고 말했다.

제58장

1. 내가 말했다. “나는 여러분에게 성경을 인용할 뿐, 그저 말들을 기술적으로 늘어놓으려고 애쓰지 않습니다. 나는 그런 재주도 없습니다. 나에게는 하느님으로부터 오직 그분의 성경을 이해할 수 있는 은총만이 주어졌습니다. 나는 여러분 모두가 그 은총을 거저 그리고 풍성하게 나누어 받기를 바랍니다. 그리하여 만물을 만드신 하느님께서 나의 주 예수 그리스도를 통하여 하고자 하시는 심판에서 내가 이 일로 심판받지 않기를 바랍니다.”

2. 트리폰이 말했다. “그렇게 하는 것은 하느님을 경외하는 사람다운 일입니다. 하지만 당신이 말재주가 없다고 하는 것은 무지를 가장하는 것이 아닌가 싶습니다.” 내가 다시 대답했다. “당신에게 그렇게 보인다면, 그렇다고 치지요. 하지만 나는 내 말이 진실이라고 확신합니다. 어쨌든, 다른 증거들을 제시할 테니 주의를 기울이십시오.” 그가 “계속하십시오” 하고 말했다.

3. 나는 말했다. “형제들이여, 모세가 기록하기를, 성조들에게 나타

나시고 하느님이라고 일컬어진 분은 천사나 주님이라고도 불리는데, 이는 이로써 여러분이 그분께서 만물의 아버지를 섬기는 분임을 알고 (여러분은 이를 이미 인정했습니다) 또한 많은 증거를 통하여 강한 확신을 갖도록 하기 위해서였습니다.

4. 모세를 통하여 기록된 하느님의 말씀은 아브라함의 손자 야곱에 관하여 이렇게 말합니다. '양들이 새끼를 배는 시기에, 내가 꿈속에서 눈을 들어 보니, 암컷들과 교미하고 있는 숫염소와 숫양들이 줄쳐진 것, 얼룩진 것, 반점이 있는 것들이었소. 그 꿈속에서 하느님의 천사가 ′야곱아!′ 하고 부르시기에,

5. 내가 ′주님, 무슨 일이십니까?′ 하고 대답하였더니, 그분이 말씀하시기를 ′눈을 들어 보아라. 암양과 암염소와 교미하고 있는 수컷들이 모두 줄쳐진 것, 얼룩진 것, 반점이 있는 것이다. 라반이 너에게 어떻게 하는지 내가 다 보았다. 나는 네가 기념 기둥에 기름을 붓고 나에게 서원을 한 하느님의 장소에서 너에게 나타난 하느님이다. 이제 일어나서 이 땅을 떠나 네 본고장으로 돌아가거라. 내가 너와 함께 있겠다′(창세 31,10-14) 하셨소."

6. 다른 곳에서도 야곱에 대해 이렇게 말합니다. '바로 그 밤에 야곱은 일어나, 두 아내와 두 여종과 열한 아들을 데리고 야뽁 건널목을 건넜다. 야곱은 이렇게 그들을 이끌어 내를 건네 보낸 다음, 자기에게 딸린 모든 것도 건네 보냈다. 그러나 야곱은 혼자 남아 있었다. 그런데 천사가 동이 틀 때까지 그와 씨름을 하였다. 그는 야곱을 이길 수 없다는 것을 알고 야곱의 엉덩이뼈를 쳤다. 그래서 야곱은 그와 씨름을 하다 엉덩이뼈를 다치게 되었다. 그가 ′동이 트려고 하니 나를 놓아 다오′ 하고 말하였지만,

7. 그는 '저에게 축복해 주시지 않으면 놓아 드리지 않겠습니다' 하고 대답하였다. 그가 '네 이름이 무엇이냐?' 하고 묻자, '야곱입니다' 하고 대답하였다. 그러자 그가 말하였다. '네가 하느님과 겨루고 사람들과 겨루어 이길 것이니, 너의 이름은 이제 더 이상 야곱이 아니라 이스라엘이라 불릴 것이다.' 야곱이 '당신의 이름을 알려 주십시오' 하고 여쭈었지만, 그는 '내 이름은 무엇 때문에 물어보느냐?' 하고는, 그곳에서 그에게 복을 내려 주었다. 야곱은 '내가 서로 얼굴을 맞대고 하느님을 뵙고, 내 영혼이 즐겼구나' 하면서, 그곳의 이름을 하느님의 모습이라 하였다'(창세 32,22-31).

8. 또 다른 곳에서는 야곱에 대해 이렇게 말합니다. '야곱은 가나안 땅에 있는 루즈 곧 베텔에 다다랐다. 그와 그에게 딸린 무리가 함께 있었다. 야곱은 거기에 제단을 쌓고 그곳의 이름을 베텔이라 하였다. 그가 자기 형 에사우를 피해 달아날 때, 하느님께서 당신 자신을 바로 그곳에서 그에게 드러내 보이셨기 때문이다. 그때 레베카의 유모 드보라가 죽어, 베텔 아래에 있는 참나무 밑에 묻혔다. 그래서 그곳의 이름을 슬픔의 참나무라 하였다. 야곱이 시리아의 메소포타미아에서 돌아오자, 루즈에서 하느님께서 다시 그에게 나타나 복을 내려 주셨다. 하느님께서 그에게 말씀하셨다. '너의 이름은 야곱이다. 그러나 더 이상 그렇게 불리지 않을 것이다. 이스라엘이 이제 너의 이름이다''(창세 35,6-10).

9. 그분은 하느님이라 불리며, 하느님이시고, 앞으로도 하느님이실 것입니다."

10. 모든 이가 머리를 끄덕였고, 나는 말했다. "천사이며 하느님이며 주님이신 분, 아브라함에게 인간의 모습으로 나타나셨고 인간의 모습으로 야곱과 싸우신 그분이 형 에사우에게서 도망치던 야곱에게 어떻

게 나타나셨는지를 이야기하는 말씀도 언급해야 한다고 생각합니다.
그 말씀은 다음과 같습니다.

11. '야곱은 맹세의 우물을 떠나 하란으로 가다가, 어떤 곳에 이르러 해가 지자 거기에서 밤을 지내게 되었다. 그는 그곳의 돌 하나를 가져다 머리에 베고 그곳에 누워 자다가, 꿈을 꾸었다. 그가 보니 땅에 층계가 세워져 있고 그 꼭대기는 하늘에 닿아 있는데, 하느님의 천사들이 그 층계를 오르내리고 있었다. 주님께서 그 위에 서서 말씀하셨다.

12. '나는 너의 아버지 아브라함과 이사악의 하느님인 주님이다. 나는 네가 누워 있는 이 땅을 너와 네 후손에게 주겠다. 네 후손은 땅의 먼지처럼 많아지고, 너는 바다쪽과 남쪽, 또 북쪽과 동쪽으로 퍼져 나갈 것이다. 땅의 모든 종족들이 너와 네 후손을 통하여 복을 받을 것이다. 보라, 내가 너와 함께 있으면서 네가 어디로 가든지 길에서 너를 지켜 주고, 너를 다시 이 땅으로 데려오겠다. 내가 너에게 약속한 것을 다 이루기까지 너를 떠나지 않겠다.'

13. 야곱은 잠에서 깨어나, '진정 주님께서 이곳에 계시는데도 나는 그것을 모르고 있었구나' 하면서, 두려움에 싸여 말하였다. '이 얼마나 두려운 곳인가! 이곳은 다름 아닌 하느님의 집이다. 여기가 바로 하늘의 문이로구나.' 야곱은 아침 일찍 일어나, 머리에 베었던 돌을 가져다 기념 기둥으로 세우고 그 꼭대기에 기름을 부었다. 그러고는 그곳의 이름을 하느님의 집이라 하였다. 그러나 그 성읍의 본 이름은 울람마우스였다'(창세 28,10-19)."

제59장

1. 나는 이어 말했다. "탈출기에서도 아브라함과 이사악에게 나타났

던 바로 이 천사, 하느님, 주님, 사람, 인간이 덤불에서 타는 불꽃에서
나타나 모세와 대화했음을 여러분에게 증명하도록 허락해 주십시오.”
그들이 기꺼이, 지치지 않고 즐겁게 듣고 있다고 했으므로 나는 계속
말했다.

2. “탈출기에는 이렇게 기록되어 있습니다. ‘오랜 세월이 지난 뒤 이
집트 임금이 죽었다. 이스라엘 자손들은 고역에 짓눌려 탄식하며 부르
짖었다’(탈출 2,23). 그다음 여기까지 계속됩니다. ‘가서 이스라엘 원로들
을 모아 놓고, ’주 너희 조상들의 하느님, 곧 아브라함의 하느님, 이사악
의 하느님, 야곱의 하느님께서 나에게 나타나 이렇게 말씀하셨다’ 하
고, 그들에게 말하여라. ’나는 너희를 찾아가 너희가 이집트에서 겪고
있는 일을 살펴보았다’’(탈출 3,16).”

3. 그리고 덧붙여 이렇게 말했다. “모세가 천사라고 표현한, 불꽃 속
에서 그에게 말씀하신 분이 바로 하느님이시며 모세에게 당신이 아브
라함과 이사악과 야곱의 하느님이시라고 말씀하시는 것을 모르시겠습
니까?”

제60장

1. 트리폰이 말했다. “우리는 당신이 지금 인용한 말들을 그렇게 이
해하지 않습니다. 불꽃 속에서 나타난 것은 천사이고 모세와 말씀하신
것은 하느님이시라고 이해하지요. 그러니 이 발현에는 천사와 하느님,
둘이 함께 있었던 것입니다.”

2. 내가 다시 대답했다. “친구들이여, 그랬다 하더라도, 곧 모세에게
있었던 발현에서 천사와 하느님이 함께 나타나셨다 하더라도, 내가 앞
서 인용한 단락들에서 증명한 바와 같이, 모세에게 당신이 아브라함의

하느님, 이사악의 하느님, 야곱의 하느님이라고 하신 그 하느님은 만물을 만드신 분이 아니시고, 아브라함과 이사악에게 나타나셨고 만물을 만드신 분의 뜻을 섬기는 분, 소돔인들의 심판에서 그분의 뜻을 따라 행하신 분으로 입증된 분이십니다. 그러므로 여러분이 말하듯이 천사와 하느님, 이렇게 두 분이 계셨다 하더라도, 만물의 창조주이며 아버지이신 분이 지상의 한 작은 구석에 나타나시기 위하여 천상의 영역을 떠나셨다고는, 조금이라도 생각이 있는 사람이라면 감히 말하지 못할 것입니다."

3. 트리폰이 말했다. "앞에서 입증된 바와 같이 아브라함에게 나타나시고 하느님이며 주님이라고 일컬어지는 분이 하늘에 계신 주님으로부터 소돔 땅을 치라는 명을 받아 행하셨으므로, 비록 모세에게 나타나신 하느님과 함께 천사가 있었다 해도, 우리는 덤불에서 모세와 이야기하신 하느님이 만물의 창조주 하느님이 아니라 앞서 증명되었듯이 아브라함, 이사악, 야곱에게 나타나셨던 분이며 만물의 창조주 하느님의 천사라고 일컬어지는 분이라고 생각해야 합니다. 그분이 사람들에게 만물의 아버지이며 창조주이신 분의 뜻을 알려 주시기 때문입니다."

4. 내가 다시 말했다. "트리폰이여, 천사라고 일컬어지며 하느님이신 그분 홀로 모세에게 나타나셨고 그와 말씀하셨다는 것을 증명하겠습니다. 본문은 이렇습니다. '주님의 천사가 떨기나무 한가운데에서 솟아오르는 불꽃 속에서 그에게 나타났다. 그가 보니 떨기가 불에 타는데도, 그 떨기는 타서 없어지지 않았다. 모세는 '내가 가서 이 놀라운 광경을 보아야겠다. 저 떨기가 왜 타지 않을까?' 하고 말했다. 모세가 보러 오는 것을 주님께서 보시고, 떨기 한가운데서 그를 부르셨다'(탈출 3,2-4).

5. 그래서 성경은 야곱의 꿈에 나타난 분을 천사라고 말하고, 꿈에

나타난 그 천사가 '나는 네가 너의 형 에사우를 피해 달아날 때 너에게
나타났던 하느님이다'(창세 35,7 칠십인역)라고 말씀하셨다고 하며, 또 아
브라함 때에 소돔인들의 심판에서 주님께서 하늘에 계신 주님의 뜻에
따라 심판을 내리셨다고 말하듯이, 여기에서도 주님의 천사가 모세에
게 나타났다고 말하고 그다음에 그분이 주님이며 하느님이심을 알게
함으로써, 같은 한 분을 뜻하고 있는 것입니다. 그분은 앞서 언급한 여
러 단락들에서 세상 위에 계시고 그분 위에 다른 분이 없는 하느님을
섬기는 분으로 지칭됩니다."

제61장

1. 내가 말했다. "친구들이여, 하느님께서 모든 피조물에 앞서 당신
자신으로부터 이성적 힘을 원리로서 낳으셨다는 성경의 증거를 제시
하겠습니다. 성령은 그 힘을 때로는 주님의 영광이라고 부르고, 때로는
아들, 때로는 지혜, 때로는 천사, 때로는 하느님, 때로는 주님이며 로고
스라고 부릅니다. 눈의 아들 여호수아에게 사람의 모습으로 나타났을
때에는 스스로를 장수라고 말하기도 합니다. 그분이 이렇게 여러 호칭
을 지니시는 것은, 아버지의 뜻을 섬기고 있고 아버지의 뜻으로 나셨기
때문입니다.

2. 하지만 우리에게도 이와 유사한 일들이 일어나는 것을 보지 않습
니까? 우리가 말을 하는 것은 말을 낳는 것이기도 합니다. 그렇다고 그
것을 잘라 낸 듯 우리 안에서 말이 줄어드는 것은 아닙니다. 불에서 다
른 불을 붙일 때에도, 먼저 있던 불은 줄어들지 않고 그대로 있습니다.
새로 붙인 불도 먼저 있던 불을 어둡게 하지 않고 스스로 존재하는 것
으로 보입니다.

3. 내 말을 확증해 주는 것은 다름 아닌 지혜의 로고스이십니다. 그분이 바로 만물의 아버지에게서 나신 하느님이시고, 로고스이시며, 지혜, 힘, 당신을 낳으신 분의 영광이십니다. 그분은 솔로몬을 통하여 이렇게 말씀하셨습니다. '나는 너희에게 매일 일어나는 일들을 알려 주는 이, 또한 영원으로부터 있는 일들도 일러 주리라. 주님께서는 그 옛날 모든 일을 하시기 전에 당신의 첫 작품으로 나를 지으셨다. 나는 한처음 영원에서부터 모습이 갖추어졌다. 땅이 생기기 전에, 심연이 생기기 전에, 물 많은 샘들이 생기기 전에, 산들이 자리 잡기 전에, 언덕들이 생기기 전에 그분이 나를 낳으셨다.

4. 그분께서 마을과 황무지를, 하늘 아래 가장 높은 거주지를 만드셨다. 그분께서 하늘을 마련하실 때, 나 거기 있었다. 그분께서 바람 위에 당신 어좌를 세우실 때, 위의 구름을 굳히시고 심연의 샘들을 굳건하게 하실 때, 그분께서 땅의 기초를 놓으실 때 나는 그분 곁에서 사랑받는 아이였다. 나는 그분 곁에서 모든 것을 정리했다. 나는 그분께 즐거움이었고 날마다 그분 앞에서 뛰놀았다. 그분께서는 세상을 완성하고 기뻐하셨고, 사람의 아들들을 기꺼워하셨기 때문이다.

5. 그러니 이제, 아들아, 내 말을 들어라. 행복하여라, 내 말을 듣는 이들, 내 길을 따르는 이들! 날마다 내 집 문을 살피고 내 대문 기둥을 지키는 사람! 내 길은 생명의 길이고, 내 뜻은 주님이 준비하신 것이다. 그러나 나를 거슬러 죄를 짓는 사람은 제 목숨을 해치고 나를 미워하는 자는 죽음을 사랑한다'(잠언 8,21-36).

제62장

1. 친구들이여, 하느님은 모세를 통해서도 같은 말씀을 하셨습니다.

모세는 하느님께서 인간을 지으실 그분과 이런 대화를 나누셨다고 전해 줍니다. '우리와 비슷하게 우리 모습으로 사람을 만들자. 그래서 그가 바다의 물고기와 하늘의 새와 집짐승과 온갖 들짐승과 온 땅과 땅을 기어 다니는 온갖 것을 다스리게 하자. 하느님께서는 이렇게 사람을 창조하셨다. 하느님의 모습으로 사람을 창조하시되 남자와 여자로 그들을 창조하셨다. 하느님께서 그들에게 복을 내리며 말씀하셨다. 많아지고 번성하여 땅을 가득 채우고 지배하여라'(창세 1,26-28).

2. 여러분이 앞서 인용한 말씀을 잘못 이해하고 여러분의 스승들이 하는 말을 되풀이하지 않도록, 곧 우리가 어떤 것을 하고자 할 때 스스로에게 흔히 '하자!'라고 말하듯이 하느님께서 '만들자'라고 스스로에게 말씀하셨다거나, 아니면 하느님께서 자연계의 요소들에게 '만들자'라고, 곧 우리가 인간이 그것들로 구성되었다고 생각하는 흙과 그 밖의 다른 것들에게 말씀하신 것이라고 말하지 않도록, 모세가 했던 말들을 다시 인용하겠습니다. 그로써 우리는, 하느님께서 당신과 수적으로 구별되는 이성적 존재에게 말씀하셨음을 분명하게 알 수 있을 것입니다.

3. 그 말씀은 이러합니다. '하느님께서 말씀하셨다. 자, 아담이 선과 악을 알아 우리 가운데 하나처럼 되었다'(창세 3,22). 이 '우리 가운데 하나처럼'이라는 말에서 지금 대화를 나누는 이가 적어도 둘이라는 것을 알 수 있습니다. 나는 여러분이 이단이라고 부르는 이들의 가르침이 참이라고 생각하지 않으며, 그 이단의 주창자들이 하느님께서 천사들에게 그렇게 말씀하셨다고 또는 인간의 몸이 천사들에 의하여 만들어졌다고 증명할 수 있는 것도 아닙니다.

4. 하지만 모든 피조물에 앞서 아버지로부터 나신 그분은 아버지와 함께 계셨고, 솔로몬을 통해서 전해진 말씀에서처럼 아버지는 그분에

게 말씀하십니다. 모든 피조물의 원리이며 아버지의 자손으로 아버지에게서 나신 그분을 솔로몬이 지혜라고 부르기 때문입니다. 하느님께서는 눈의 아들 여호수아에게 주어진 계시를 통해서도 같은 말씀을 하십니다. 내 말을 확실히 이해할 수 있도록, 여호수아기의 말씀을 들어 보십시오.

5. '여호수아가 예리코 가까이 있을 때, 눈을 들어 보니 어떤 사람이 자기 앞에 서 있었다. 여호수아가 그에게 다가가 물었다. ′너는 우리 편이냐? 적의 편이냐?′ 그가 대답하였다. ′아니다. 나는 지금 주님 군대의 장수로서 왔다.′ 그러자 여호수아가 얼굴을 땅에 대고 엎드려 절하며 그에게 물었다. ′나리, 이 종에게 무슨 분부를 내리시렵니까?′ 주님 군대의 장수가 여호수아에게 말하였다. ′네가 서 있는 자리는 거룩한 곳이니 네 발에서 신을 벗어라.′ 예리코는 굳게 닫힌 요새로서, 나오는 자도 없고 들어가는 자도 없었다. 주님께서 여호수아에게 말씀하셨다. ′보아라, 내가 예리코와 그 임금과 힘센 용사들을 네 손에 넘겨주었다′'(여호 5,13-16; 6,1-2)."

제63장

1. 트리폰이 말했다. "친구여, 당신은 당신이 증명하고자 하는 것을 많은 논거와 강한 설득력으로 입증했습니다. 이제 우리에게, 그분이 아버지의 뜻에 따라 동정녀를 통하여 사람이 되기를 받아들이시고, 십자가에 못 박히시고 돌아가셨음을 증명해 주십시오. 그다음에는 부활하여 하늘에 올라가셨다는 것도 증명해 주십시오."

2. 내가 대답했다. "그에 대해서는 앞에서 인용한 예언 말씀들로 이미 증명하였습니다만 여러분이 확실히 깨닫도록 다시 그 구절들을 설

명하겠습니다. 이사야는 '그의 탄생을 누가 이야기하랴? 정녕 그는 산 이들의 땅에서 잘려 나갔다'(이사 53,8)라고 말합니다. 이것은, 백성의 죄 때문에 하느님에 의하여 죽음에 부쳐진 분의 탄생이 단지 인간에게서 만 유래하는 것이 아니라는 말로 보이지 않습니까? 그리고 모세는 앞 서도 말했듯이 그분의 피에 대하여 비유적으로 '포도의 피로 제 겉옷을 빤다'(창세 49,11)라고 하였습니다. 그분의 피가 인간의 씨로부터 오는 것 이 아니라 하느님의 뜻으로부터 오는 것이기 때문입니다.

3. 다윗은 이렇게 말합니다. '당신의 거룩함의 찬란함 속에, 샛별이 뜨기 전에 품안으로부터 너를 낳았노라. 주님께서 맹세하시고 뉘우치 지 않으시리라. 너는 멜키체덱과 같이 영원한 사제다'(시편 110,3-4). 여러 분은 이 말이, 만물의 아버지이신 하느님께서 인간의 모태를 통하여 위 로부터 그분을 낳으시리라는 뜻으로 이해되지 않습니까?

4. 앞서 인용한 다른 단락에서는 이렇게 말합니다. '하느님, 당신의 왕좌는 영원무궁하며 당신의 왕홀은 공정의 홀입니다. 당신께서 정의 를 사랑하시고 불의를 미워하셨기에 하느님께서, 당신의 하느님께서 기쁨의 기름을 당신 동료들에 앞서 당신에게 부어 주셨습니다. 몰약과 침향과 계피로 당신 옷들이 모두 향기로우며 상아궁들이 당신을 즐겁 게 합니다. 제왕의 딸들이 당신의 영예이며 왕비는 금실로 수놓은 옷을 입고 당신 오른쪽에 서 있습니다. 들어라, 딸아, 보고 네 귀를 기울여라. 네 백성과 네 아버지 집안을 잊어버려라. 임금님이 너의 아름다움을 열 망하시리니 그분께서 너의 주인이시기 때문이다. 그분 앞에 엎드려라' (시편 45,7-12).

5. 이 말들은 그분이 경배를 받으셔야 마땅한 하느님이며 그리스도 이시라는 것을 만물의 창조주께서 증언하신다는 것을 분명하게 보여

줍니다. 또한 하나의 영혼, 하나의 모임, 하나의 교회를 이루는 그분을 믿는 이들에게, 하느님의 말씀이 마치 딸에게 하듯이 말씀하신다는 것을 보여 줍니다. 그 딸은 그분의 이름으로부터 세워졌고 그분의 이름에 참여하는 교회입니다 (그래서 우리는 모두 그리스도인이라 불리지요). 또한 이러한 말씀들은 우리에게, 조상들의 옛 관습을 잊어버려야 한다고 가르칩니다. '들어라, 딸아, 보고 네 귀를 기울여라. 네 백성과 네 아버지 집안을 잊어버려라. 임금님이 너의 아름다움을 열망하시리니 그분께서 너의 주인이시기 때문이다. 그분 앞에 엎드려라'(시편 45,11-12)."

제64장

1. 트리폰이 말했다. "성경이 말하는 대로 그분이 이방인 출신인 여러분, 그분의 이름을 따라 그리스도인들이라 불리는 여러분의 주님, 그리스도, 하느님으로 인정된다 하더라도, 그분을 만드신 하느님을 공경하는 우리는 그분을 고백하고 섬길 필요가 없습니다."

2. 내가 말했다. "트리폰이여, 내가 여러분처럼 다투기 좋아하고 경솔했다면 지금까지 여러분과 토론하고 있지 않을 것입니다. 여러분은 내가 말하는 것을 이해하려는 노력은 하지 않고, 뭐든 대답을 내놓으려고만 머리를 쥐어짜고 있기 때문입니다. 그러나 하느님의 심판을 두려워하는 나는, 여러분 종족에서 누군가가 만군의 주님의 은총으로 구원될 수 있을 것인지 여부에 관하여 미리 단언하지 않겠습니다. 여러분이 악하게 행동한다 하더라도 나는 여러분이 주장하고 반박하는 모든 것에 계속 답하겠습니다. 또한 어떤 인간 종족에서든지 누구라도 이 문제들에 관하여 나와 논의하거나 나에게 질문하려 한다면 나는 그렇게 하겠습니다.

3. 여러분 종족 가운데 구원되는 이들은 그분을 통하여 구원되는 것이고, 그분의 몫에 참여하는 것입니다. 여러분이 내가 앞서 인용한 성경 말씀에 주의를 기울였다면 여러분은 이미 그것을 이해했을 것이고 이에 관하여 질문하지 않았을 것입니다. 여러분을 위하여 앞에서 언급했던 다윗의 말을 다시 인용할 터이니, 여러분은 악의적으로 반박하지 말고 이해하려고 노력하십시오.

4. 다윗의 말은 이러합니다. '주님께서 임금이 되시니 백성들이 분노하는구나. 커룹들 위에 좌정하시니 땅이 흔들리는구나. 주님께서는 시온에서 위대하시고 모든 백성 위에 드높으시다. 당신의 거룩하고 경외로우신 이름을 그들은 찬송하리니 그 이름 두렵고 거룩하십니다. 임금의 명예는 공정을 사랑함이니 당신께서 공의를 굳히셨습니다. 야곱에 공정과 정의를 당신께서 베푸셨습니다. 주 우리 하느님을 높이 받들어라. 그분의 발판 앞에 엎드려라. 그분께서는 거룩하시다.

모세와 아론은 그분 사제들 가운데에, 사무엘은 그분 이름을 부르는 이들 가운데에 있네. 그들이 주님께 부르짖자 그들에게 응답하셨네. 구름 기둥 안에서 그들에게 말씀하시자 그들은 그분의 증언과 그분께서 내리신 명령을 지켰네'(시편 98,1-7 칠십인역).

5. 또한 앞서 인용한 다윗의 다른 말이 있는데, 여러분은 머리글이 솔로몬이라고 되어 있기 때문에 어리석게 그것이 솔로몬에 대한 말이라고 주장합니다. 하지만 그 말들에서, 이것이 솔로몬에 대한 말이 아니고, 또한 그분이 해보다 먼저 존재하셨으며 여러분 종족에서 구원되는 이들은 그분을 통하여 구원되리라는 것은 입증할 수 있습니다.

6. 이것이 그 말들입니다. '하느님, 당신의 공정을 임금에게, 당신의 정의를 왕자에게 베푸소서. 그가 당신의 백성을 정의로, 당신의 가련한

이들을 공정으로 통치하게 하소서. 산들은 백성에게 평화를, 언덕들은 정의를 가져오게 하소서. 그가 백성 가운데 가련한 이들을 심판해 주고 불쌍한 이들의 자녀들을 구원하며 폭행하는 자를 쳐부수게 하소서. 그가 세세대대로 해처럼, 달 앞에서 살게 하소서'(시편 71,1-5 칠십인역). 이렇게 계속하여, '그의 이름이 영원히 찬미를 받게 하소서. 그의 이름이 해 앞에서 계속되게 하소서. 땅의 모든 종족들이 그를 통하여 복을 받고 모든 민족들이 그를 칭송하게 하소서. 주 이스라엘의 하느님께서는 찬미받으시리라. 그분 홀로 기적들을 일으키신다. 그분의 영광스러우신 이름은 영원히 세세대대로 찬미받으시리라. 그분의 영광은 온 땅에 가득하리라. 그렇게 되기를, 그렇게 되기를!'(시편 71,17-19 칠십인역)까지입니다.

7. 마찬가지로 내가 인용했던 다윗의 다른 말들로부터 여러분이 그분이 가장 높은 하늘에서 내려오실 것이며 다시 같은 곳으로 올라가서야 한다는 것을 기억하여, 그분이 위에서 오신 하느님이시며 사람들 사이에 계신 사람이심을 인정하고, 또한 그분이 다시 오실 것이며 그분을 찌른 이들이 그분을 바라보며 울게 되리라는 것을 알기 바랍니다.

8. 그 말들은 다음과 같습니다. '하늘은 하느님의 영광을 이야기하고 창공은 그분 손의 솜씨를 알리네. 낮은 낮에게 말을 건네고 밤은 밤에게 지식을 전하네. 말도 없고 이야기도 없으며 그들 목소리조차 들리지 않지만 그 소리는 온 땅으로, 그 말은 누리 끝까지 퍼져 나가네. 태양 안에 그분의 거처가 있으며, 그분은 신방에서 나오는 신랑 같고 용사처럼 길을 달리며 좋아하네. 하늘 끝에서 나와 다시 끝으로 돌아가니 아무것도 그 열기 앞에서 숨을 수 없네'"(시편 19,2-7 칠십인역).

제65장

1. 트리폰이 말했다. "당신이 성경 본문을 너무 많이 일러 주어 혼란스럽습니다. 그리고 하느님께서 당신의 영광을 누구와도 나누지 않는다고 말씀하시는 이사야서의 본문을 어떻게 해석해야 할지 모르겠습니다. 하느님께서는 이렇게 말씀하셨습니다. '나는 주 하느님, 이것이 나의 이름이다. 나는 내 영광과 내 힘을 남에게 주지 않는다'"(이사 42,8).

2. 내가 말했다. "트리폰이여, 당신이 악의 없이 정직한 마음으로 이 말씀을 인용했고 그 앞이나 뒤에 말을 더하지 않았다면, 당신은 용서를 받을 것입니다. 그러나 당신이 이 말씀에 관해 의심을 품게 하고 나로 하여금 성경 구절들이 서로 모순된다고 말하게 할 수 있다고 여겼다면, 당신은 틀렸습니다. 나는 그렇게 생각하거나 말하지 못하겠습니다. 어떤 성경 구절이 그렇게 보인다 하더라도, 서로 모순되는 것처럼 보이더라도, 나는 어떤 성경 구절도 다른 구절과 서로 맞설 수 없다는 것을 믿으며 오히려 내가 그 말씀을 이해하지 못했다고 인정하고, 성경이 서로 맞선다고 여기는 사람들이 나처럼 생각하도록 설득할 것입니다.

3. 당신이 어떤 의도로 이 문제를 물었는지는 하느님만이 아십니다. 나는 당신이 하느님께서는 오직 당신의 그리스도에게만 당신의 영광을 주신다는 것을 알도록, 당신이 인용한 구절을 다시 읊어 드리겠습니다. 여러분, 나는 트리폰이 언급한 구절들과 연결되거나 그 구절들에 뒤따르는 몇 가지 짧은 말씀들을 인용하겠습니다. 다른 부분은 말하지 않겠고, 그 단락에서만 인용하겠습니다. 다음 말씀을 곰곰이 생각해 보십시오.

4. '하늘을 창조하시고 그것을 펼치신 분 땅과 거기에서 자라는 온갖 것들을 펴신 분 그곳에 사는 백성에게 목숨을, 그 위를 걸어 다니는 사

람들에게 숨을 넣어 주신 분 주 하느님께서 이렇게 말씀하신다. 주 하느님인 내가 의로움으로 너를 불렀다. 내가 네 손을 붙잡아 주고 너를 강하게 하리라. 내가 너를 백성을 위한 계약이 되고 민족들의 빛이 되게 하였으니 보지 못하는 이들의 눈을 뜨게 하고 갇힌 이들을 속박에서, 어둠 속에 앉아 있는 이들을 감방에서 풀어 주기 위함이다.

5. 나는 주 하느님, 이것이 나의 이름이다. 나는 내 영광을 남에게 주지 않으며 내 능력을 우상에게 주지 않는다. 보라, 예전에 알려 준 일들은 이루어졌고 새로 일어날 일들은 이제 내가 알려 준다. 너희에게 알려지기 전에 이미 드러난다. 주님께 노래하여라, 새로운 노래를. 땅끝에서부터 그분께 통치권을 드려라. 바다로 내려가 항해하는 이들, 섬들과 그 주민들아.

6. 광야와 그 성읍들과 그 주민들, 케다르의 주민들은 기뻐하고 바위의 주민들은 산봉우리에서마다 기뻐 소리쳐라. 주님께 영광을 드리고 섬에서마다 그분의 능력을 알려라. 주 능력들의 하느님께서 모든 전쟁에서 이기시며 당신 적들에 맞서 소리치신다'(이사 42,5-13)."

7. 그러고 나서 나는 그들에게 말했다. "친구들이여, 하느님이 당신 영광을 당신께서 민족들의 빛으로 세우신 이에게 주시고 다른 누구에게도 주지 않으시리라고 말씀하신다는 것을, 트리폰이 말하듯이 하느님께서 영광을 당신 혼자만 지니고 계시지 않으신다는 것을 알겠습니까?" 트리폰이 대답했다. "그것도 이해했습니다. 그러니 나머지도 설명해 주십시오."

제66장

1. 나는 내가 중단했던 곳에서 다시 시작했다. 나는 그분께서 동정녀

에게서 태어나셨으며, 이사야가 그분께서 동정녀에게서 태어나실 것을 예언했다는 것을 증명하던 참이었다. 나는 그 예언을 되풀이했다.

2. 예언은 다음과 같다. "'주님께서 아하즈에게 다시 이르셨다. '너는 주 너의 하느님께 너를 위하여 표징을 청하여라. 저 낮은 곳에 있는 것이든, 저 높은 곳에 있는 것이든 아무것이나 청하여라.' 아하즈가 대답하였다. '저는 청하지 않겠습니다. 그리고 주님을 시험하지 않으렵니다.' 그러자 이사야가 말하였다. '다윗 왕실은 잘 들으십시오! 여러분은 사람들을 성가시게 하는 것으로는 부족하여 나의 하느님까지 성가시게 하려 합니까? 그러므로 주님께서 몸소 여러분에게 표징을 주실 것입니다. 보십시오, 동정녀가 잉태하여 아들을 낳고 그 이름을 임마누엘이라 할 것입니다.

3. 나쁜 것을 물리치고 좋은 것을 선택할 줄 알게 될 때, 그는 엉긴 젖과 꿀을 먹을 것입니다. 그 아이가 아버지나 어머니를 부를 줄 알게 되기 전에, 그는 아시리아인들의 임금 앞에서 다마스쿠스의 권세와 사마리아의 전리품을 받을 것입니다.임금님께서 혐오하시는 저 두 임금의 땅은 황량하게 될 것입니다. 그 땅은 빼앗길 것이며 당신은 그 땅의 두 임금과 함께 힘겹게 그 땅을 견딜 것입니다. 그러나 하느님은 임금님과 임금님의 백성과 임금님 부친의 집안에, 에프라임이 유다에서 아시리아 임금을 떠나가게 한 이후 겪어 본 적이 없는 날들을 닥치게 하실 것입니다?'"(이사 7,10-17).

4. 그리고 덧붙여 말했다. "육에 따른 아브라함의 종족에서, 우리 그리스도 외에는 누구도 동정녀에게서 태어났거나 아니면 그렇게 태어났다고 일컬어지지 않았다는 것은 누구에게나 명백합니다."

제67장

1. 트리폰이 대답했다. "하지만 성경에는 '동정녀가 잉태하여 아들을 낳으리라' 하고가 아니라, '젊은 여인이 잉태하여 아들을 낳으리라' 하고 되어 있고, 그다음은 당신이 말한 것과 같습니다. 또한 이 예언은 모두가 히즈키야에 대해 말하고 있습니다. 이 예언이 그에게 그대로 이루어졌음을 입증할 수 있습니다.

2. 게다가 그리스인들이 이야기하는 신화에서는, 그들이 제우스라고 부르는 이가 금비의 모습으로 다나에에게 내려온 다음 동정녀였던 다나에에게서 페르세우스가 태어났다고 이야기합니다. 여러분은 이들과 비슷한 말을 하고 있으니 부끄러워해야 하고, 차라리 이 예수가 사람에게서 태어난 사람이라고 말해야 마땅합니다. 여러분이 성경으로부터 그가 그리스도라는 것을 증명하고, 그가 율법에 맞는 흠 없는 삶으로 그리스도로 선택될 만했다 하더라도, 감히 기적적인 이야기를 꾸며 내려고는 하지 마십시오. 그렇게 한다면 여러분은 그리스인들과 마찬가지로 정신이 나간 자들로 여겨질 것입니다."

3. 그래서 내가 말했다. "트리폰이여, 나는 당신과 모든 사람을 설득하고자 합니다. 비록 여러분이 나를 조롱하고 놀리며 이보다 더한 말을 한다 해도 내 뜻을 포기하게 하지 못할 것입니다. 오히려, 여러분이 나에게 증거로 제시할 수 있다고 생각하는 바로 그 말들로부터 나는 내가 말한 것을 성경의 증거를 들어 입증하겠습니다.

4. 하지만 우리가 서로 동의한 것들에 대해서까지 당신이 이의를 제기한 것은 올바른 처신이 아닙니다. 예를 들어, 여러분 백성의 마음이 완고했기 때문에 모세를 통하여 어떤 계명들이 주어졌다는 점에 대해서 그러했습니다. 당신은, 그분이 그리스도이심이 입증된다면 이는 그

분이 율법에 따라 살았기 때문에 그리스도로 선택되신 것이라고 말했으니 말입니다."

5. 트리폰이 말했다. "당신은 그가 할례를 받았고 모세 율법의 규정들을 준수했다는 것을 우리에게 인정했습니다."

6. 내가 대답했다. "나는 그것을 인정했고 지금도 인정합니다. 하지만 그분은 그로써 의롭게 되기 위해서 그 규정들을 따르신 것이 아니라 당신 아버지이신 만물의 창조주, 주님이며 하느님이신 분께서 뜻하신 구원 계획을 이루시기 위하여 그렇게 하신 것이라고 인정했습니다. 또한 나는 그분께서 사람이 되는 것과 십자가에 못 박혀 돌아가시는 것, 그리고 여러분 종족이 당신께 가한 모든 고통을 당하기를 받아들이셨다는 것을 인정합니다.

7. 그러나 당신은 아까는 동의했던 것에 지금은 동의하지 않으니, 대답해 보십시오. 모세 이전의 의인들과 성조들은, 성경에서 보듯이 모세를 통하여 시작된 규정들을 지키지 않았는데 그들은 구원되고 복된 이들의 상속 재산을 받았습니까, 안 받았습니까?"

8. 트리폰이 말했다. "성경은 나에게 인정하지 않을 수 없게 합니다." 내가 다시 말했다. "또 한 가지 묻겠습니다. 하느님께서 여러분의 조상들에게 예물과 제물을 바치라고 하신 것은 그것이 필요하셨기 때문이었습니까, 아니면 그들의 마음이 완고하고 그들이 우상 숭배로 기울었기 때문이었습니까?" 그가 말했다. "성경은 우리가 이것도 인정하지 않을 수 없게 합니다."

9. 내가 말했다. "또한 성경은, 하느님께서 호렙산에서 맺으신 계약 외에 새 계약을 맺으시리라고 선포하실 것을 예고하지 않았습니까?" 그는 이에 대해서도 그렇게 예고했다고 대답했다. 다시 내가 말했다.

"옛 계약이 여러분 조상들에게 전해질 때에도 두려움과 떨림이 있어서, 그들은 하느님의 소리를 듣지 못하지 않았습니까?" 그는 이를 인정했다.

10. 내가 말했다. "그렇습니다. 하느님께서 다른 계약이 있을 것이라고 약속하셨습니다. 그것은 이전의 계약과는 달리 두려움과 떨림, 번개 없이 맺어질 것입니다. 그리고 그것은 하느님께서 모든 종족들에게 적합한 영원한 규정이며 행위들이라고 보시는 것은 어떤 것이며 예언자들의 목소리를 통해 선포하신 대로 여러분 백성의 마음이 완고하기 때문에 주어진 것은 어떤 것인지 알려 줄 것입니다."

11. 트리폰이 말했다. "진리를 사랑하고 다툼을 좋아하지 않는 사람은 분명 당신 말에 동의할 것입니다." 그래서 내가 말했다. "당신 자신이 이미 동의했던 것들에 대해서 자꾸 반대되는 말을 하면서 당신이 어떻게 다툼을 좋아하는 이들을 비난할 수 있는지 모르겠습니다."

제68장

1. 트리폰이 말했다. "하느님께서 사람으로 태어나시기를 받아들이셨다는, 믿기 어렵고 사실상 거의 불가능한 일을 당신이 증명하려고 하기 때문입니다." 내가 말했다. "내가 그것을 인간의 가르침과 논거들로 증명하려 했다면 여러분은 내 말에 귀 기울일 필요가 없었을 것입니다. 하지만 나는 줄곧 여러분에게 이에 대해 말하는 성경 구절들을 인용하며 증명했고 부디 여러분이 이를 이해하기를 간청하였으니, 여러분이 하느님의 생각과 뜻을 아는 것을 막는 것은 다름 아닌 여러분 마음의 완고함입니다. 여러분이 그대로 계속 남아 있으려 한다면, 나는 아무런 피해를 입을 것도 없고, 여러분을 만나기 전에 지녔던 생각을 그대로

지니고 이 자리를 떠나겠습니다."

2. 트리폰이 말했다. "친구여, 보십시오. 당신은 많은 수고와 노력 끝에 그러한 생각을 지니게 된 것입니다. 그러니 우리도 우리가 만나게 되는 모든 것을 먼저 애써 연구해 보아야, 성경이 우리에게 인정하지 않을 수 없게 하는 것들에 동의하게 될 것입니다." 이에 대해 내가 말했다. "나는 여러분이 연구할 문제들에 대해 힘써 탐구하는 것을 막으려는 것이 아닙니다. 다만, 더 이상 할 말이 없을 때에는 이미 동의했던 것들에 대해 다시 반박하지 않기를 바랍니다."

3. 트리폰이 "그렇게 하도록 노력해 보겠습니다"라고 말했다. 내가 다시 "토론을 빨리 끝낼 수 있도록 몇 가지 더 묻겠습니다" 하고 말하자 트리폰이 "그러십시오" 하고 말했다. 내가 말했다. "성경에서, 만물을 만드신 분과 성경의 여러 구절이 여러분에게 그분이 사람이 되셨다고 증명하는 그 그리스도 외에, 경배를 받고 주님이며 하느님이라고 불릴 수 있는 다른 누가 있다고 생각합니까?"

4. 트리폰이 말했다. "아버지 한 분 외에 다른 분이 없다는 문제에 관하여 우리가 그렇게 많은 연구를 했는데, 우리가 어떻게 그것을 인정할 수 있겠습니까?" 내가 다시 말했다. "여러분이 전에 인정했던 것과 달리 생각하고 있는지 알아보기 위하여, 이것을 여러분에게 물어보아야 하겠습니다." 그가 "그렇지 않습니다"라고 말하자 내가 다시 말했다. "여러분이 이 점에 참으로 동의하고 또한 성경이 '그의 탄생을 누가 이야기하랴?'(이사 53,8)라고 하니, 여러분은 그분이 인간의 후손이 아니라고 여겨야 하지 않겠습니까?"

5. 트리폰이 말했다. "말씀이 다윗에게, 하느님께서 그의 몸에서 아들을 취하시고 그의 나라를 세워 주시며 그를 당신 영광의 어좌에 앉게

하시리라고 말하는 것은 어떻게 된 것입니까?"

6. 내가 말했다. "트리폰이여, 이사야가 말한 예언, 곧 '동정녀가 잉태하리라'는 것이 다윗 집안에 관한 것이 아니고 열두 지파 가운데 다른 어떤 집안에 관한 것이었더라면 그것은 문제가 되었을 것입니다. 하지만 그 예언이 다윗 집안에 관한 것이기에, 이사야는 하느님께서 다윗에게 신비롭게 말씀하신 것이 어떻게 실현될 것인지를 설명한 것입니다. 친구들이여, 감추어진 방식으로, 비유나 신비로 또는 상징적 행위로 선포된 많은 예언들이, 그 예언을 말하거나 행한 이들보다 후대의 예언자들에 의하여 설명되었다는 점에 여러분의 생각이 미친다면 이를 이해할 수 있을 것입니다."

7. 트리폰이 "그 점은 알지요"라고 하기에 내가 말했다. "만일 내가 이사야의 예언이 여러분의 생각과 달리 히즈키야에 관한 것이 아니고 우리의 그리스도에 관한 것이라는 것을 증명한다면, 나는 이 점에 있어서도 여러분이 여러분의 스승들을 믿지 못하게 만들게 될 것입니다. 그들은 이집트 임금 프톨레마이오스의 궁정에 있던 여러분의 원로 일흔 명의 번역이 곳곳에서 틀렸다고 감히 주장합니다.

8. 그들은 성경에서 자신들의 어리석고 헛된 주장과 들어맞지 않는 듯 보이는 모든 것에 대하여, 본디는 그렇게 기록되어 있지 않았다고 감히 말합니다. 또한 그들은, 그들이 인간의 행동들에 적용시킬 수 있다고 생각하는 것들에 대해서는 그것이 우리 예수 그리스도에 관한 것이 아니라 다른 어떤 사람에 관한 것이라고 설명하려 합니다. 그래서 지금 논의하고 있는 이 성경 구절에 대해서도 그들은 여러분에게 이것이 히즈키야에 관한 말이라고 가르쳤습니다. 내가 앞에서 약속하였듯이, 나는 그것이 그릇된 해석임을 증명하겠습니다.

9. 그리스도가 고통을 받을 것이며 경배를 받을 분이시고 하느님이시라고 분명하게 입증하는 성경 구절들을 인용했으니 ― 나는 이미 그 구절들을 여러분에게 언급했습니다 ― 그들은 이 말들이 그리스도에 관한 말씀이라는 데에 당연히 동의해야 합니다. 그런데도 그들은 우리가 경배하는 그분이 그리스도라는 것을 감히 부인합니다. 그러면서도 그들은 메시아가 오시어 고통을 당하고, 다스리시고, 경배를 받으시리라는 것은 인정합니다. 이는 어처구니없는 어리석은 생각이라는 것을 나는 여러분에게 증명하겠습니다. 하지만, 먼저 당신이 조롱하며 말한 것에 대답하기를 요구하니, 그 대답을 한 다음에 나머지 문제들을 증명하겠습니다.”

제69장

1. 나는 계속 말했다. “트리폰이여, 악마라고 불리는 이가 그리스인들 사이에서 행했다고 꾸며 낸 이야기들, 이집트에서 마술사들이 했다는 일들, 그리고 엘리야 시대에 거짓 예언자들이 했다는 일들, 이 모든 것들이 성경에 대한 나의 지식과 믿음을 확고하게 해 주었다는 것을 잘 알아 두십시오.

2. 그들이 제우스의 아들 디오니시우스가 제우스와 세멜레의 결합에서 태어났다고 말하는 것이나 그가 포도나무를 발견한 이였다고 말하는 것, 그리고 그가 찢겨 죽었다가 부활하여 하늘로 올라갔다고 하고, 또 그의 신비 예식들에서 포도주를 사용하는 것, 내가 이런 것들은 모세가 기록한 성조 야곱의 예언을 모방한 것이라 생각하는 것은 당연하지 않겠습니까?

3. 그리고 그들이 헤라클레스는 힘이 강했으며 온 땅을 돌아다녔다

고, 제우스가 알크메네에게서 그를 낳았으며 그가 죽은 후에 하늘로 올라갔다고 말할 때, 내가 여기에서도 마찬가지로 성경이 그리스도에 대하여 '용사처럼 길을 달린다'(시편 18,6 칠십인역)라고 말하는 것을 모방했다고 생각하지 않겠습니까? 그리고 아스클레피오스가 죽은 이들을 되살리고 병을 고쳐 주었다고 말할 때, 나는 마찬가지로 그리스도에 관한 예언들을 모방한 것이라고 말하지 않겠습니까?

4. 그러나 내가 여러분에게 그리스도가 그러한 것들을 하리라고 말하는 성경 구절들을 제시하지 않았으니, 한 가지 예를 들어야 하겠습니다. 여기에서 여러분은, 하느님을 알지 못하던 이들, 곧 눈이 있어도 보지 못하고 마음이 있어도 깨닫지 못하며 나무로 만든 우상을 숭배하던 다른 민족들에게도, 성경은 그들이 이러한 것들을 버리고 이 그리스도께 희망을 두리라고 예고했음을 깨달을 수 있을 것입니다.

5. 이렇게 말합니다. '광야와 메마른 땅은 기뻐하여라. 사막은 즐거워하며 꽃을 피워라. 수선화처럼 활짝 피고, 요르단 광야는 즐거워 뛰며 환성을 올려라. 레바논의 영광과 카르멜의 영화가 그곳에 내려 내 백성은 주님의 높으심을, 하느님의 영광을 보리라. 너희는 맥 풀린 손에 힘을 불어넣고 꺾인 무릎에 힘을 돋우어라. 마음이 불안한 이들아, 위로를 받아라. 굳세어져라, 두려워하지 마라. 보라, 우리의 하느님이 심판하시며 앞으로도 심판하시리라. 그분께서 오시어 우리를 구원하신다. 그때에 눈먼 이들은 눈이 열리고 귀먹은 이들은 귀가 열리리라. 그때에 다리저는 이는 사슴처럼 뛰고 말못하는 이의 혀는 풀리리라. 광야에서는 물이 터져 나오고 사막에서는 냇물이 흐르리라. 뜨겁게 타오르던 땅은 늪이 되고 바싹 마른 땅은 샘터가 되리라'(이사 35,1-7).

6. 하느님에 대한 지식이 없던 광야, 곧 다른 민족들이라는 광야에

하느님에게서 뿜어 나오는 살아 있는 물의 샘은 이 그리스도이십니다. 그분은 여러분 종족 가운데에 나타나셨고, 장애인들, 듣지 못하던 이들, 태어나면서부터 육으로 저는 이들을 낫게 하시어 어떤 이는 뛰게 하시고, 어떤 이는 듣게 하시고, 어떤 이는 보게 하셨습니다. 그분은 당신 말씀으로 이를 행하셨습니다. 그분은 죽은 이들을 살리시고, 이러한 일들로 당시 사람들이 당신을 알아보게 하셨습니다.

7. 하지만 이를 본 사람들은 이것이 마술이라고 말했습니다. 그들은 그분이 마술사이며 백성을 속이는 자라고 떠들어 댔습니다. 그러나 그분께서는 이를 행하시어, 장차 당신을 믿게 될 이들에게, 사람이 몸에 어떤 결함을 지니고 있다 하더라도 당신께서 전해 주신 가르침을 지킨다면 당신께서 두 번째 오실 때에 그를 죽지 않고 썩지 않으며 슬픔이 없게 만드시어 온전하게 부활시키실 것임을 확증해 주셨습니다.

제70장

1. 미트라의 신비를 전하는 이들은 미트라가 바위에서 태어났다고 말하며, 그를 믿는 이들을 입교시키는 장소를 동굴이라고 부르는데, 그것은 '아무도 손을 대지 않았는데 돌 하나가 큰 산에서 떨어져 나왔다'(다니 2,34)라고 하는 다니엘의 말을 모방한 것이라는 내 생각이 틀렸습니까? 그들은 이사야의 모든 말도 모방하려 하지 않았습니까? 마귀들이 미트라의 사제들을 시켜 그의 추종자들에게 의로운 행동을 하도록 부추긴 것이 그러합니다.

2. 사실이 그러하다는 것을 여러분이 알 수 있도록, 이사야의 말들을 일러 드려야겠습니다. '멀리 있는 자들아, 내가 한 일을 들어 보아라. 가까이 있는 자들아, 나의 힘을 깨달아라. 시온에서 죄인들이 제거되고

무도한 자들은 전율에 사로잡힌다. 누가 너희에게 영원한 장소를 알려 주랴? 의롭게 걷는 이와 정직하게 말하는 이, 부정과 불의를 미워하는 이, 뇌물을 받지 않으려고 제 손을 뿌리치는 이, 불의한 피의 심판을 듣지 않으려고 귀를 막는 이, 악한 일을 보지 않으려고 눈을 감는 이, 이런 이는 굳센 바위로 된 높은 동굴에 살게 되리라.

3. 그에게는 빵이 주어지며 물도 떨어지지 않으리라. 너희는 영광스러운 임금을 보리라. 네 눈은 멀리 보리라. 네 영혼은 주님을 두려워하려고 힘쓰리라. 율법 학자는 어디에 있지? 조언자들은 어디에 있지? 양육되는 이들을, 크고 작은 백성의 수를 세던 자는 어디에 있지? 그들은 그에게 의견을 구하지 않았고, 소리의 깊이를 이해하지도 않았으며, 그래서 듣지 않았다. 부끄러움을 모르는 백성, 듣고도 깨닫지 못한다'(이사 33,13-19).

4. 이 예언은 우리 그리스도께서 당신의 육화를 기억하도록 우리에게 전해 주신 그 빵에 대해 말씀하시는 것이 분명합니다. 육화는 당신을 믿는 이들을 위한 것이었고, 그분은 그들을 위하여 고난을 받으셨습니다. 또한 당신 피를 기억하여 감사를 드리며 마시도록 전해 주신 잔에 대해서도 말씀하고 계십니다. 그리고 이 예언은, 우리가 이 영광스러운 임금을 보게 되리라는 것을 말해 줍니다.

5. 그리고 그분을 믿게 될 백성이 주님을 두려워하려고 힘쓰리라는 것도 이 예언 말씀은 분명하게 알려 줍니다. 또한 성경의 글자들을 잘 안다고 일컬어지는 이들과 예언을 듣는 이들이 깨닫지 못한다는 것도 성경 자체가 마찬가지로 명확하게 알려 줍니다. 트리폰이여, 페르세우스가 동정녀에게서 태어났다는 말도 나는 사람을 속이는 그 뱀이 모방한 이야기라고 생각합니다.

제71장

1. 나는 여러분의 교사들도 신뢰하지 않습니다. 그들은 이집트 임금 프톨레마이오스의 뜻에 따라 원로 일흔 명이 행한 번역이 옳음을 인정하지 않고, 오히려 그들 자신이 번역을 하려고 합니다.

2. 또한 나는 여러분이, 그 교사들이 프톨레마이오스의 궁정에 있던 원로들의 번역에서 많은 성경 단락들을 삭제했다는 점을 알아두기 바랍니다. 그 단락들은 십자가에 못 박히신 분에 대하여 그가 하느님이며 사람이고 십자가에 못 박혀 죽을 것임을 분명하게 예고합니다. 하지만 여러분 종족은 모두 이를 거부한다는 것을 내가 알고 있으니, 이것을 토론에 끌어들이지는 않겠습니다. 여러분도 인정하는 부분들을 가지고 토론을 시작하겠습니다.

3. 내가 지금까지 인용한 것들을 여러분은 모두 인정하고, 다만 '보라, 동정녀가 잉태하리라'는 구절에 대해서만 반대하며 '보라, 젊은 여인이 잉태하리라' 하고 읽어야 한다고 말합니다. 나는 이 예언이 여러분이 배운 것처럼 히즈키야에 대한 것이 아니라 나의 이 그리스도에 관한 말임을 증명하겠다고 약속했었습니다. 이제 여러분에게 그것을 증명하겠습니다."

4. 트리폰이 말했다. "먼저, 당신이 [원로들의 번역에서] 완전히 삭제되었다고 하는 성경 구절들이 어떤 것인지 말해 주기 바랍니다."

제72장

1. 그래서 내가 말했다. "그러지요. 예를 하나 들겠습니다. 에즈라가 파스카에 관한 율법을 설명하는 부분에서, 그들은 다음 단락을 삭제했습니다. '에즈라가 백성에게 말했다. '이 파스카는 우리의 구원자이며

우리의 피난처입니다. 우리가 그를 깃대에 매달아 모욕하고 그다음에 그에게 희망을 두리라는 것을 여러분이 이해했고 여러분의 마음에 이것을 받아들였다면, 이 장소는 영원히 버려지지 않을 것입니다. 능력들의 하느님께서 말씀하십니다. 그러나 만일 여러분이 그를 믿지 않고 그의 선포에 귀를 기울이지 않는다면, 여러분은 민족들의 조롱거리가 될 것입니다.'[24]

2. 예레미야의 말들에서는 다음 단락을 삭제했습니다. '저는 희생 제물이 될 무죄한 어린 양 같았습니다. 그들은 저를 거슬러 음모를 꾸몄습니다. 자, 그의 빵에 나무를 넣자. 그를 산 이들의 땅에서 없애 버려 아무도 그의 이름을 다시는 기억하지 못하게 하자'(예레 11,19).

3. 예레미야의 말들에서 나온 이 단락이 유대인 회당들의 일부 사본들에 기록되어 있으므로 (그들이 이 단락을 삭제한 지 얼마 되지 않습니다), 그리고 이 말들에서 유대인들이 그리스도를 십자가에 못 박아 없애 버리고자 그에 대하여 음모를 꾸몄다는 것이 드러나 있으므로, 그분은 이사야도 예언한 바와 같이 도살장에 끌려가는 어미 양과 같다고 일컬어지고 또한 지금 이 단락에는 무죄한 어린 양으로 나타납니다. 그래서 그들은 매우 당황하여, 하느님을 모독하기에 이릅니다.

4. 또한 예레미야의 말들 가운데, 다음 단락도 삭제했습니다. '주 하느님은 무덤에 누워 있는 이스라엘의 죽은 이들을 기억하시고 그들에게 내려가시어 당신의 구원을 그들에게 선포하셨다.'[25]

---

24 이 단락의 출처는 알려져 있지 않다.

25 이 단락은 성경에 보이지 않는다.

제73장

1. 시편 제95편[26]에서는, 다윗의 말들 가운데 '나무에서'라는 짧은 표현을 삭제했습니다. 본문은 '겨레들에게 말하여라. 주님이 나무에서 다스리신다'라고 되어 있는데, 그들은 '겨레들에게 말하여라. 주님이 다스리신다'로 바꾸었습니다.

2. 그런데 여러분 종족에서 누구도 민족들 사이에서 하느님이며 주님으로서 다스리신다고 일컬어진 사람이 없습니다. 오직 십자가에 못 박히신 분만이 그러했습니다. 같은 시편에서 성령은, 그분이 부활하시어 해방되심으로써 다른 민족들의 신들과는 비슷하지 않은 분이심을 드러내셨다고 말합니다. 그 신들은 마귀들의 우상입니다.

3. 하지만 여러분이 더 확실히 알도록, 그 시편 전체를 인용하겠습니다. 시편은 이러합니다. '주님께 노래하여라, 새로운 노래를. 주님께 노래하여라, 온 세상아. 주님께 노래하여라, 그 이름을 찬미하여라. 나날이 선포하여라, 그분의 구원을. 전하여라, 겨레들에게 그분의 영광을 모든 민족에게 그분의 기적들을. 민족들의 신들은 마귀들이어도 주님께서는 하늘을 만드셨네. 엄위와 존귀가 그분 앞에, 거룩함과 영화가 그분 성소에 있네. 주님께 드려라, 뭇 민족들아. 주님께 드려라, 영광과 권능을. 주님께 드려라, 그 이름의 영광을.

4. 제물을 들고 그분 앞뜰로 들어가라. 그분의 거룩한 성전에서 주님께 경배하여라. 온 세상아, 그분 앞에서 무서워 떨어라. 겨레들에게 말하여라. 주님께서 나무에서 다스리신다. 정녕 누리는 굳게 세워져 흔들리지 않고 그분께서는 민족들을 올바르게 심판하신다. 하늘은 기뻐하

고 땅은 즐거워하며 바다와 그 안에 가득 찬 것들은 소리쳐라. 들과 거기 있는 것들도 모두 기뻐 뛰고 숲의 나무들도 주님 앞에서 모두 환호하여라. 주님 앞에서 환호하여라. 그분께서 오신다, 세상을 심판하러 그분께서 오신다. 그분께서 누리를 의롭게, 민족들을 진실하게 심판하시리라'(시편 95,1-13 칠십인역)."

5. 트리폰이 말했다. "당신 말대로 백성의 지도자들이 성경의 어떤 부분을 삭제했다면, 하느님은 아시겠지요. 나는 그러나 믿지 못하겠습니다."

6. 내가 말했다. "그렇습니다, 믿기 어려운 일입니다. 그것은 땅에서 모은 만나로 배가 불렀을 때 그들이 만들었던 금송아지보다 더 심각하고, 자식들을 마귀들에게 제물로 바치는 것보다, 예언자들을 죽이는 것보다 더 심각한 일입니다. 그런데 당신은, 그들이 삭제했다고 내가 말한 성경 구절들을 들어 보지도 못한 것 같습니다. 그러나 내가 앞서 인용했던 많은 단락들과 여러분이 보존한 부분들은 앞으로 인용할 단락들과 더불어 우리가 논의하고 있는 것들을 증명하기에 충분합니다."

제74장

1. 트리폰이 말했다. "우리는 당신이 이 단락들을 인용한 것이 우리가 요청했기 때문임을 알고 있습니다. 하지만 다윗의 말들 가운데 당신이 마지막에 인용한 시편은, 나에게는 하늘과 땅을 만드신 아버지 외에 다른 누구에 대해 말하는 것으로는 보이지 않습니다. 그런데 당신은 이것이 고난을 받으신 분, 당신이 그리스도라고 증명하려 애쓰는 그분에 대한 것이라고 말합니다."

2. 내가 대답했다. "성령께서 이 시편에서 선포하신 것에 대하여 내

가 말할 때에, 잘 생각해 보시기 바랍니다. 그러면 여러분은 내가 악의를 품고 말한 것도 아니고 여러분이 기만당한 것도 아님을 알게 될 것입니다. 그럼으로써 여러분은 스스로, 성령께서 하신 다른 많은 말씀들을 이해할 수 있게 될 것입니다. '주님께 노래하여라, 새로운 노래를. 주님께 노래하여라, 온 세상아. 주님께 노래하여라, 그 이름을 찬미하여라. 나날이 선포하여라, 그분의 구원을. 전하여라, 겨레들에게 그분의 영광을 모든 민족들에게 그분의 기적들을'(시편 95,1-3 칠십인역).

3. 성령은 땅의 모든 곳에서 구원의 신비를, 곧 그들을 구원한 그리스도의 수난을 깨달은 이들에게, 만물의 아버지이신 하느님께 노래를 부르고 찬양을 드리라고 명하고, 그분을 찬양하고 경외하는 것이 마땅하며, 인류를 위하여 구원을 이루신 분, 십자가에 못 박히시고 돌아가신 분, 하느님으로부터 온 세상을 다스릴 분으로 인정되신 분이 하늘과 땅을 만드신 분이시라고 말합니다. 또한 … [본문 일부가 빠져 있다].

4. '이 백성은 저 땅으로 들어가 … 그들은 나를 저버리고, 내가 그날 그들과 맺은 나의 계약을 깨뜨릴 것이다. 나는 그들을 저버리고, 그들에게서 나의 얼굴을 감추어 버릴 것이다. 그러면 그들은 남의 먹이가 되고 재앙과 고난들이 그들을 덮칠 것이다. 그날에 그들은, '주 내 하느님께서 우리 가운데에 계시지 않기 때문에 재앙이 우리를 덮쳤다' 하고 말할 것이다. 그러나 그들이 다른 신들에게 돌아서서 저지른 모든 악행 때문에, 나는 그날 나의 얼굴을 기어이 감추어 버리겠다'(신명 31,16-18).

제75장

1. 우리는 탈출기에서, 하느님께서 아브라함에게도 야곱에게도 밝히지 않으셨다고 말씀하시는 당신의 이름이 '예수'이기도 하다는 것이 모

세를 통해 신비롭게 전해진다는 것을 압니다. 이렇게 말합니다. '주님께서 모세에게 말씀하셨다. 백성에게 말하여라. 보라, 내가 네 앞에 내 천사를 보내어, 길에서 너를 지키고 내가 마련한 곳으로 너를 데려가게 하겠다. 너는 그 앞에서 조심하고 그의 말을 들어라. 그는 너를 버리지 않으리니, 그를 거역하지 마라. 그는 내 이름을 지니고 있다'(탈출 23,20-21).

2. 여러분의 조상들을 그 땅으로 들어가게 한 사람에게는 예수(여호수아)라는 이름이 붙여졌고, 그가 처음에는 호세아라고 불렀다는 것을 잘 생각해 보십시오. 이것을 이해한다면, '그는 내 이름을 지니고 있다'고 일컬어진 사람의 이름도 예수였다는 것을 알게 될 것입니다. 그는 '이스라엘'이라고도 불렀고, 야곱도 이름이 이렇게 바뀌었습니다.

3. 이사야서에서는, 하느님의 말씀을 선포하기 위하여 파견된 예언자들이 하느님의 천사이며 사도들이라고 일컬어진다는 것을 알 수 있습니다. 이사야는 '저를 보내십시오'(이사 6,8)라고 말합니다. 그리고 예수라는 이름이 붙여진 사람이 강하고 위대한 예언자가 되었다는 것은 누구에게나 명백합니다.

4. 그러므로 우리가 하느님께서 이 모든 모습으로 아브라함과 이사악, 모세에게 나타나셨다는 것을 안다면, 어떻게 만물의 아버지의 뜻에 따라 그분이 동정녀에게서 태어날 수 있으셨다는 사실을 의심하고 믿지 않을 수 있습니까? 더구나 우리에게는, 이것이 아버지의 뜻에 따라 이루어진 일임을 분명하게 보여 주는 성경 본문들이 있지 않습니까?

제76장

1. 영원한 나라를 받는 이는 '사람의 아들 같은 이'(다니 7,13)라는 다니엘의 말은 이것을 암시한 것이 아니겠습니까? '사람의 아들 같은'이라

는 표현은, 한편으로는 사람으로 나타났고 사람이었다는 것을 말하지만 다른 한편으로는 사람의 씨에서 태어나지 않았음을 분명히 하는 말입니다. 또한 그가 그리스도를 사람이 손을 대지 않았는데 떼어진 돌(다니 2,34)이라고 말할 때에도 신비롭게 같은 것을 말하는 것입니다. 사람이 손을 대지 않았는데 떼어졌다는 것은, 그것이 사람에 의하여 이루어진 일이 아니라 그분을 보내신 만물의 아버지이신 하느님의 뜻에 따른 일임을 뜻하기 때문입니다.

2. 이사야가 '그의 탄생을 누가 이야기하랴?'(이사 53,8)라고 말하는 것은, 그의 탄생이 말로 이야기할 수 없는 것임을 뜻합니다. 그런데 사람들에게서 태어난 사람은 아무도 그 탄생을 말로 이야기할 수 없는 사람이 없습니다. 그리고 모세가 그가 '포도의 피로 제 겉옷을 빤다'(창세 49,11)라고 말할 때, 이것은 내가 여러분에게 이미 여러 차례 말한 것을 신비롭게 예언한 것 아니겠습니까? 다시 말하면, 그가 피를 갖고 있으면서도 사람에게서 태어나지 않았음을 뜻하는 것입니다. 포도의 피를 낳은 것은 사람이 아니라 하느님이시니까요.

3. 이사야가 그분을 '위대한 조언의 천사'(이사 9,5 칠십인역)라고 부른 것은, 그분께서 오셨을 때 가르치신 그것들을 가르칠 스승이 되실 것임을 예고한 것 아니겠습니까? 그분만이, 아버지께서 과거에 당신의 마음에 들었거나 장차 그분 마음에 들 모든 사람에 대하여, 그리고 사람이든 천사든 당신의 뜻에서 멀어진 이들에 대하여 계획하신 큰 결정들을 드러내 놓고 알려 주셨던 것입니다. 그분은 이렇게 말씀하셨습니다.

4. '동쪽과 서쪽에서 모여 와, 하늘 나라에서 아브라함과 이사악과 야곱과 함께 잔칫상에 자리 잡을 것이다. 그러나 그 나라의 아들들은 바깥 어둠 속으로 쫓겨날 것이다'(마태 8,11-12).

5. 또한 '그날에 많은 사람이 나에게, '주님, 주님! 저희가 주님의 이름으로 먹고 마셨으며 예언을 하고, 마귀들을 쫓아내지 않았습니까?' 하고 말할 것이다. 그때에 나는 그들에게, '내게서 물러들 가라!' 하고 선언할 것이다'(마태 7,22-23). 그리고 구원받기에 합당하지 않은 이들을 단죄하는 말씀에서는 이렇게 말씀하십니다. '나에게서 떠나 악마와 그 부하들을 위하여 준비된 영원한 불 속으로 들어가라'(마태 25,41).

6. 또 이런 말씀도 하셨습니다. '보라, 내가 너희에게 뱀과 전갈과 지네를 밟고 원수의 모든 힘을 억누르는 권한을 주었다'(루카 10,19). 본시오 빌라도 아래에서 십자가에 못 박히신 우리 주 예수를 믿는 우리는 지금도 모든 마귀와 악령들을 쫓아낼 때에 그들을 우리에게 굴복시킵니다. 그리스도께서 고통을 받으시고 그다음에 만물을 다스리시리라고 예언자들이 은밀한 방식으로 예고했지만, 그분께서 사도들에게 이 모든 것이 성경에 분명하게 예고되었다는 것을 믿게 하시기까지는 아무도 그것을 이해하지 못했습니다.

7. 그분은 십자가에 못 박히시기 전에 이렇게 말씀하셨습니다. '사람의 아들은 반드시 많은 고난을 겪고 율법 학자들과 바리사이에게 배척을 받아 십자가에 못 박혔다가 사흘 만에 다시 살아나야 한다'(루카 9,22). 다윗은 그분이 아버지의 뜻에 따라 '해와 달보다 먼저 [그분의] 품에서' 태어나실 것이라고 말했으며, 그분은 그리스도이시기에 막강하며 경배 받으실 하느님이심을 알려 주었습니다."

제77장

1. 트리폰이 말했다. "당신의 논거들이 이렇게 많고 강력해서 내가 혼란에 빠지기에 충분하다는 점은 인정합니다. 하지만 이제, 당신이 여

러 차례 약속했던 증명을 해 주시기를 청하고자 합니다. 그 단락이 여러분의 그리스도에 대해 말하는 것임이 어떻게 입증되는지 우리에게 보여 주십시오. 우리는 그것이 히즈키야에 관한 예언이라고 믿기 때문입니다."

2. 내가 말했다. "그렇게 하지요. 하지만 먼저, '그 아이가 아버지나 어머니를 부를 줄 알게 되기 전에, 그는 아시리아인들의 임금 앞에서 다마스쿠스의 권세와 사마리아의 전리품을 받을 것이다'(이사 8,4)라는 말이 어째서 히즈키야에 관한 말인지 설명해 주십시오. 나는 히즈키야가 아시리아 임금 앞에서 다마스쿠스의 주민들과 전쟁을 했다는 여러분의 해석을 받아들일 수 없으니 말입니다. 예언 말씀은 '아버지나 어머니를 부를 줄 알게 되기 전에, 그는 아시리아인들의 임금 앞에서 다마스쿠스의 권세와 사마리아의 전리품을 받을 것이다'라고 말합니다.

3. 예언의 영이 앞의 말, 곧 '아버지나 어머니를 부를 줄 알게 되기 전에'라는 구절을 덧붙이지 않고 '다마스쿠스의 권세와 사마리아의 전리품을 받을 아들을 낳으리라'고만 말했더라면, 여러분은 하느님께서 이를 미리 아셨기 때문에 그가 이러한 것들을 차지하게 되리라고 예고하셨다고 말할 수 있을 것입니다. 그러나 예언은 정확히 '그 아이가 아버지나 어머니를 부를 줄 알게 되기 전에, 그는 아시리아인들의 임금 앞에서 다마스쿠스의 권세와 사마리아의 전리품을 받을 것이다'라고 하였습니다. 여러분은 유대인들 가운데 누군가에게 이러한 일이 일어났다는 것을 증명할 수 없습니다. 반면 우리는, 이 일이 우리 그리스도에게서 이루어졌다는 것을 증명할 수 있습니다.

4. 그분께서 태어나셨을 때 아라비아에서 온 박사들이 그분을 경배했습니다. 그들은 먼저 당시 여러분의 땅을 다스리던 헤로데에게 갔었

는데, 그가 불경한 죄인이었기 때문에 예언은 그를 '아시리아인들의 임금'이라고 부릅니다. 여러분은 성령께서 그러한 것들을 자주 비유와 비교를 통해서 말씀하신다는 것을 알고 있습니다. 예를 들어, 예루살렘 주민 전체를 두고 자주 '너의 아버지는 아모리 남자고 너의 어머니는 히타이트 여자다'(에제 16,3)라고 말했던 것이 그러합니다.

제78장

1. 아라비아에서 온 박사들이 헤로데 임금에게 가서, '하늘에 나타난 별을 보고 여러분의 나라에 임금이 태어난 것을 알았으며 그분을 경배하러 왔다'(마태 2,2)라고 말하자 임금은 여러분 백성의 원로들에게 물어 베들레헴에서 이런 일이 일어나리라는 것을 알았습니다. 예언서에 베들레헴에 관하여 이렇게 기록되어 있다고 그들이 말해 주었기 때문입니다. '그러나 너 유다 베들레헴아 너는 유다의 군주들 가운데 가장 작지 않으니, 너에게서 통치자가 나와 내 백성을 돌보리라'(미카 5,1).

2. 아라비아에서 온 박사들은 베들레헴에 당도하여 그 아기를 경배하고 그에게 황금과 유향과 몰약을 예물로 드렸습니다. 그들은 베들레헴에서 아기를 경배한 다음, 계시에 따라 헤로데에게 돌아가지 않았습니다.

3. 마리아와 약혼했던 요셉은 처음에는 약혼자 마리아가 다른 남자와 관계하여, 곧 불륜으로 임신했다고 생각하여 파혼하려고 했습니다. 그러나 환시로, 아내를 버리지 말라는 지시를 받았습니다. 그에게 나타난 천사가, 마리아의 잉태는 성령으로 말미암은 것임을 알려 주었던 것입니다.

4. 경외심에 압도된 그는 그녀를 버리지 않았습니다. 그러던 중 퀴리

니우스 통치하에 처음으로 유대아에서 인구 조사가 있어, 요셉은 살고 있던 나자렛을 떠나 그의 출신지인 베들레헴으로 등록하러 갔습니다. 그는 그 지역에 살고 있던 유다 지파 출신이었기 때문입니다. 그때에 그는 마리아와 함께 이집트로 가라는 지시를 받았고, 아이와 함께 다시 유대아로 돌아가라는 계시를 받을 때까지 그곳에 머물렀습니다.

5. 아기는 베들레헴에서 태어났는데, 요셉은 그 마을에서 머물 곳을 찾지 못해 마을에서 가까운 동굴로 갔고, 마리아는 그곳에서 그리스도를 낳아 구유에 뉘였습니다. 아라비아에서 온 박사들은 그곳에서 그를 발견했습니다.

6. 동굴에 관한 상징을 예고한 이사야의 말은 내가 앞에서도 인용했지만, 오늘 당신과 함께 온 분들을 위하여 다시 말씀드리겠습니다." 나는 이미 인용했던 이사야서의 구절을 되풀이했다. 그리고, 미트라의 신비 예식을 전수하는 이들은 마귀들로 인하여 그들이 동굴이라고 부르는 장소에서 입교 예식을 행한다고 말하게 된다고 덧붙였다.

7. "아라비아에서 온 박사들은 헤로데가 그에게 돌아오라고 했지만 따르지 않고, 그들이 지시받은 대로 다른 길로 그들의 고장으로 돌아갔습니다. 한편 요셉은 마리아와 아기와 함께, 그들이 계시받은 대로 이집트로 갔습니다. 헤로데는 박사들이 경배하러 온 아기가 누구인지 알 수 없자, 베들레헴의 모든 아기를 죽이라고 명령했습니다.

8. 이러한 일이 있으리라는 것도 예레미야를 통하여 예언되었습니다. 성령이 그를 통하여 이렇게 말했습니다. '라마에서 소리가 들린다. 비통한 울음소리와 통곡 소리가 들려온다. 라헬이 자식들을 잃고 운다. 자식들이 없으니 위로도 마다한다'(예레 31,15). 라마, 곧 아라비아에서 들려올 소리 때문에 (지금도 아라비아에는 라마라는 곳이 있습니다),

울음소리가 이스라엘이라 불렸던 거룩한 성조 야곱의 아내 라헬이 묻힌 곳인 베들레헴까지 들리리라는 것입니다. 여인들이 살해당한 그들의 자녀들 때문에 울 것이고, 그들에게 일어난 일 때문에 위로도 얻지 못할 것이기 때문입니다.

9. 이사야가 말한 '다마스쿠스의 권세와 사마리아의 전리품을 받을 것'(이사 8,4)이라는 말은, 그리스도께서 태어나실 때 다마스쿠스에 살고 있는 악한 마귀의 권세가 정복되리라는 것을 뜻합니다. 이는 실제로 일어난 일로 증명됩니다. 그 마귀의 능력으로 온갖 악행에 사로잡혀 있던 박사들은, 와서 그리스도를 경배함으로써 이제 그들을 사로잡고 있던 권세에서 해방되었음을 보여 줍니다. 말씀은 신비롭게, 그 권세가 다마스쿠스에 살고 있음을 보여 줍니다.

10. 죄스럽고 불의한 그 권세가 비유에서 사마리아라고 일컬어지는 것은 적절합니다. 다마스쿠스가 지금은 이른바 시로-페니키아Syro-Phoenicia에 속하지만 아라비아 땅에 있었고 지금도 그렇다는 것은 여러분 가운데 아무도 부인할 수 없습니다. 그러니 여러분, 여러분이 깨닫지 못한 것을 우리 하느님에게 은총을 받은 그리스도인들로부터 배우는 것이 좋습니다. 여러분 자신의 가르침을 고수하려고 애쓰느라 하느님의 가르침을 무시하지 마십시오.

11. 이 은총이 우리에게 주어진 것은, 이사야가 말하듯이 다음과 같은 이유에서였습니다. '이 백성이 입으로는 나에게 다가오고 입술로는 나를 공경하지만 그 마음은 내게서 멀리 떠나 있다. 그들은 사람들의 계명과 가르침을 가르치며 헛되이 나를 경배한다. 그러니 나는 이 백성을 없애고 바꾸리라. 나는 그들의 지혜로운 이들의 지혜를 없애고 슬기로운 자들의 슬기를 사라지게 하리라'(이사 29,13-14)."

제79장

1. 트리폰은 화난 모습이었지만 성경을 존중한다는 것이 보였다. 그가 나에게 말했다. "하느님의 말씀들은 거룩한데, 여러분의 해석은 인위적입니다. 당신의 설명에서 그것이 드러납니다. 더구나 그 해석은 하느님을 모독합니다. 천사들이 죄를 짓고 하느님으로부터 멀어졌다고 말하기 때문입니다."

2. 나는 그가 내 말에 귀를 기울이게 하기 위해서 더 부드러운 목소리로 말했다. "나는 당신의 신심을 높이 여깁니다. 그리고 당신이, 천사들이 섬긴다고 기록되어 있는 그분에 대해서도 같은 태도를 지니게 되기를 바랍니다. 다니엘은, 사람의 아들 같은 분이 연로하신 분 앞으로 인도되고 영원히 그에게 통치권이 주어진다고 말합니다." 내가 계속 말했다. "그리고 이것을 아시기 바랍니다. 당신이 거부하는 이 해석을 우리가 채택한 것은 우리가 무모하기 때문이 아닙니다. 이사야서에서 당신에게 증거를 제시하겠습니다. 여기에서는, 악한 천사들이 이집트의 타니스에 살았었고 지금도 살고 있다고 말합니다.

3. 그 말씀은 이러합니다. '불행하여라, 반항하는 자식들! 주님의 말씀이다. 너희는 계획을 세우지만 나를 통한 것이 아니고, 동맹을 맺지만 내 영을 통한 것이 아니다. 너희는 죄악에 죄악을 더할 뿐이다. 너희는 내 뜻을 물어보지도 않고 이집트로 내려가서 파라오의 보호를 받고 이집트의 그늘 속에 피신하려 한다. 그러나 파라오의 보호는 너희에게 수치가 되고 이집트의 그늘로 피신한 이들은 치욕을 당하리라. 타니스의 제후들은 악한 천사들이다. 그들은 그 백성에게 애를 쓰지만, 그 백성은 도움도 이익도 되지 않고 수치와 모욕만 줄 뿐이다'(이사 30,1-5).

4. 당신도 지적했듯이, 즈카르야도 악마가 사제 예수아의 오른편에

서서 그를 고발했고, 주님께서는 그 악마에게 '예루살렘을 선택하신 주님께서 너를 꾸짖으신다'(즈카 3,2)라고 했다고[27] 말합니다. 또한 욥기에서는, 당신도 이미 말했듯이, '천사들이 모여 와 주님 앞에 섰다. 악마도 그들과 함께 왔다'(욥 1,6)라고 말합니다. 그리고 모세는 창세기 첫 부분에서, 뱀이 하와를 꾀었고 저주를 받았다고 기록했습니다. 그리고 우리는, 이집트에 하느님께서 당신의 충실한 종 모세를 통하여 이루신 놀라운 일들을 흉내 내려는 마술사들이 있었다는 것을 알고 있습니다. 그리고 여러분은 다윗이, '민족들의 신들은 마귀들'(시편 95,5 칠십인역)이라고 한 것을 알고 있습니다."

제80장

1. 그러자 트리폰이 말했다. "당신이 모든 진술에 성경 구절들을 연결시키려고 몹시 주의를 기울인다는 것은 이미 인정하였습니다. 하지만 말해 보십시오. 당신은 참으로 이곳 예루살렘이 재건되리라고 믿습니까? 당신들 그리스도인들이 함께 모여 그리스도와 성조들과 예언자들, 우리 종족의 거룩한 이들과 여러분의 그리스도께서 오시기 전에 개종한 이들과 함께 기뻐하게 되리라고 믿습니까? 아니면, 단지 토론에서 우리를 이기기 위하여 이것을 인정하는 것입니까?"

2. 내가 말했다. "트리폰이여, 나는 생각과 다른 말을 할 만큼 형편없는 사람이 아닙니다. 이미 나는 앞에서, 나를 비롯하여 많은 이들이 그렇게 생각하며, 여러분이 알고 있듯이 우리는 반드시 그렇게 되리라고 믿고 있다고 말했습니다. 다른 한편으로 나는 여러분에게, 순수하고 경

---

27 성경에서는 주님의 천사가 사탄에게 하는 말이다.

건한 그리스도인들 가운데에도 많은 이가 그렇게 생각하지 않는다는 것도 말했습니다.

3. 또한 어떤 이들은 그리스도인이라고 일컬어지지만 사실은 하느님을 믿지 않는 불경한 이단자로서, 모든 점에서 하느님을 모독하는 불경하고 어리석은 가르침들을 가르친다는 점도 지적했습니다. 하지만 내가 여러분 앞에서만 이렇게 말하는 것이 아님을 여러분이 알 수 있도록, 나는 내가 우리가 다루었던 모든 논의를 최대한 정확히 기록하려 합니다. 거기에 나는 내가 여러분 앞에서 인정한 바로 그것들을 인정한다고 쓸 것입니다. 나는 사람들이나 사람들의 가르침을 따르는 것이 아니라 하느님과 그분께서 가르치신 것을 따르고자 하기 때문입니다.

4. 그러니 여러분은, 그리스도인이라고 불리면서도 이것을 인정하지 않고 오히려 아브라함의 하느님, 이사악의 하느님, 야곱의 하느님을 감히 모독하고 죽은 이들의 부활은 없다고 말하며, 죽으면 자신들의 영혼이 하늘로 들어올려진다고 말하는 이들을 만난다면, 그들을 그리스도인이라고 여기지 마십시오. 이는 어떤 사람이 잘 살펴본다면, 사두가이와 그와 유사한 게니스트파, 메리스트파, 갈릴래아인파, 헬라인파[28] 그리고 세례파 바리사이를 유대인으로 인정하지 않는 것과 같습니다 (내 생각을 말한다고 해서 언짢아하지 마십시오). 그들이 이른바 유대인이고 아브라함의 자손이라고 일컬어지지만, 하느님께서 말씀하시듯이 입술로는 하느님을 공경하지만 그들의 마음은 하느님에게서 멀리 있

---

28 이 종파들에 관해서는 알려진 것이 거의 없다. 게니스트파는 특히 바빌론 유배 동안 이방인들과 혼인하지 않아, 민족의 순수성을 지켰기 때문에 이렇게 불리었다. 메리스트파는 성경을 훼손한 유대인 운명론자들인 것 같다. '갈릴래아인'들은 기원후 6년에 로마인들을 거슬러 유대인 봉기를 시작한 갈릴래아인 유다(스)를 추종하는 이들이었다고 한다. '헬라인들'은 '헤로데파'로 더 잘 알려져 있으며, 이들은 팔레스티나에서 로마군의 부역자로 활동했다.

는 것이 보이기 때문이지요.

5. 그러나 나와 모든 면에서 정통 가르침을 믿는 그리스도인들은, 육신이 부활할 것이며 에제키엘과 이사야를 비롯한 예언자들이 말하듯이 더 넓게 재건되고 아름답게 꾸며진 예루살렘에서 천 년이 이어지리라고 믿습니다.

제81장

1. 이사야는 이천 년에 대하여 이렇게 말했습니다. '나 이제 새 하늘과 새 땅을 창조하리라. 예전의 것들은 이제 기억되지도 않고 마음에 떠오르지도 않으리라. 그들은 내가 창조하는 것을 기뻐하고 즐거워하리라. 보라, 내가 예루살렘을 '즐거움'으로, 내 백성을 '기쁨'으로 창조하리라. 나는 예루살렘으로 말미암아 즐거워하고 나의 백성으로 말미암아 기뻐하리라. 그 안에서 다시는 우는 소리가, 울부짖는 소리가 들리지 않으리라. 거기에는 며칠 살지 못하고 죽는 아기도 없고 제 수명을 채우지 못하는 노인도 없으리라. 젊어 죽는 사람이 백 살일 것이며, 백 살에 못 미쳐 죽는 죄인은 저주받았다 하리라.

2. 그들은 집을 지어 그 안에서 살고 포도밭을 가꾸어 그 열매를 먹으리라. 그들이 지어 남이 그 안에서 사는 일이 없고 그들이 가꾸어 남이 그것을 먹는 일이 없으리라. 정녕 내 백성의 수명은 나무의 수명과 같고 그들 손이 하는 일은 많은 결실을 얻으리라. 내게 선택받은 이들은 헛되이 수고하지 않으며 자식을 낳아 저주를 받지 않으리니 그들은 주님에게 복받은 의로운 씨앗이며 그들의 자손들도 그러하기 때문이다. 그들이 부르기도 전에 내가 대답하고 그들이 말을 마치기도 전에 내가 무슨 일인지 물으리라. 늑대와 새끼 양이 함께 풀을 뜯고 사자가

소처럼 여물을 먹으며 뱀이 흙을 먹이로 삼으리라. 나의 거룩한 산 어디에서도 그들은 악하게도 패덕하게도 행동하지 않으리라. 주님께서 말씀하신다'(이사 65,17-25).

3. 여기에서 '내 백성의 수명은 나무의 수명과 같고 그들 손이 하는 일은 많은 결실을 얻으리라'라는 말을 우리는 천 년의 신비를 계시하는 것으로 알아듣습니다. 아담은 나무 열매를 따먹는 그날 죽으리라(창세 2,17)는 말씀을 들었으므로, 우리는 그가 천 년을 살지 못했다는 것을 압니다. 또한 우리는 '주님의 하루는 천 년과 같다'(시편 89,4 칠십인역)라는 말씀도 이에 관한 것이라고 이해합니다.

4. 또한 우리에게는 그리스도의 사도들 가운데 하나로서 요한이라는 이름을 가진 사람이 있는데, 그가 계시를 받아 예언한 바에 따르면, 우리 그리스도를 믿는 이들은 예루살렘에서 천 년을 지내게 될 것이며 그다음에 모든 사람에 대한 보편적이고 영원한 심판과 구원이 있을 것입니다. 우리 주님께서도 이에 대해 말씀하셨습니다. '그들은 더 이상 장가드는 일도 시집가는 일도 없을 것이다. 천사들과 같아져서, 부활하여 하느님의 자녀가 된다'(루카 20,35-36).

제82장

1. 우리 그리스도인들에게는 지금까지도 예언의 은사가 있습니다. 여기에서 여러분은, 전에 여러분 종족에게 있었던 은사들이 우리에게 옮겨 왔다는 것을 알 수 있을 것입니다. 여러분 곁에 있었던 거룩한 예언자들 시대에 거짓 예언자들이 있었던 것과 마찬가지로, 우리 곁에도 지금 많은 거짓 교사가 있습니다. 우리 주님께서 미리 우리에게 그들에 대해 조심하라고 말씀하셨고, 그래서 우리는 그 일이 전혀 놀랍지 않습

니다. 그분께서 당신께서 죽은 이들 가운데에서 부활하시고 하늘로 오르신 후에 우리에게 어떤 일이 일어날 것인지 모두 예견하셨다는 것을 알고 있기 때문입니다.

2. 그분은 우리가 당신 이름 때문에 죽임을 당하고 미움을 받을 것이며, 많은 거짓 예언자들과 거짓 그리스도들이 당신의 이름을 내세우며 나타나 많은 이를 속이리라고 말씀하셨고 실제로 그렇게 되었습니다.

3. 많은 이들이 그분의 이름을 사칭하여 하느님을 모독하는 불경하고 불의한 것들을 가르쳤습니다. 그들은 마귀의 더러운 영이 그들의 정신에 불어넣는 것을 가르쳤고 지금까지도 가르치고 있습니다. 우리는 여러분에게 하듯이 그들에게도 마찬가지로, 그릇된 길로 빠지지 말라고 설득합니다. 진리를 말할 수 있으면서 그것을 말하지 않는 사람은 누구나 하느님께 심판을 받으리라는 것을 알기 때문입니다. 하느님은 에제키엘을 통하여 이를 이렇게 증언하십니다. '내가 너를 유다 집안의 파수꾼으로 세웠다. 죄인이 죄를 짓는데 네가 그에게 경고하지 않으면, 그 악인은 자기의 죄 때문에 죽겠지만, 그 피에 대한 책임은 너에게 묻겠다. 만일 네가 경고한다면, 너에게는 탓이 없을 것이다'(에제 3,17-19).

4. 그러니 우리는 두려움 때문에 성경을 근거로 말하려고 노력하는 것이지, 돈이나 영예나 쾌락을 좋아해서 그러는 것이 아닙니다. 그러한 것들로는 전혀 우리를 비난할 수 없습니다. 우리는 여러분 백성의 지도자들처럼 살려고 하지도 않습니다. 하느님은 그들을 이렇게 꾸짖으십니다. '너희 지도자들은 도둑의 친구들. 뇌물을 좋아하고 선물을 쫓아다닌다'(이사 1,23). 만약 여러분이 우리 가운데에서 이런 부류의 사람들을 보게 된다 하더라도, 그들 때문에 성경과 그리스도를 모독하지 말고 성경을 곡해하려 하지도 마십시오.

제83장

1. 그리고 '주님께서 내 주님께 하신 말씀. 내 오른쪽에 앉아라, 내가 너의 원수들을 네 발판으로 삼을 때까지'(시편 109,1 칠십인역)라는 말씀에 관하여, 여러분의 스승들은 감히 이를 히즈키야에 대한 말로 해석하려 합니다. 마치, 아시리아인들의 임금이 사람을 보내어 그를 위협하고, 이사야를 통하여 그에게 두려워하지 말라는 말씀이 전해졌을 때에 그에게 성전 오른편에 앉으라는 지시가 주어졌던 것처럼 설명하는 것입니다. 우리는 이사야가 말한 일이 이루어졌다는 것과 아시리아인들의 임금이 히즈키야 때에 예루살렘을 공격하지 못하게 되었고 주님의 천사가 아시리아인들의 진영에서 십팔만 오천 명을 죽였다는 것을 알고 있습니다.

2. 그러므로 이 시편이 히즈키야에 대한 말이 아니라는 것은 분명합니다. 시편은 이렇게 되어 있습니다. '주님께서 내 주님께 하신 말씀. 내 오른쪽에 앉아라, 내가 너의 원수들을 네 발판으로 삼을 때까지. 주님께서 당신 권능의 왕홀을 예루살렘으로 보내시고 원수들 가운데에서 다스리시리라. 당신의 거룩한 이들의 찬란함 속에, 샛별이 뜨기 전에 너를 낳았노라. 주님께서 맹세하셨으며 뉘우치지 않으시리라. 너는 멜키체덱과 같이 영원한 사제다'(시편 109,1-4 칠십인역).

3. 히즈키야가 '멜키체덱과 같이 영원한 사제'가 아니라는 것을 누가 인정하지 않겠습니까? 그가 예루살렘의 해방자가 아니라는 것을 누가 모르겠습니까? 그가 예루살렘에 권능의 왕홀을 보내도 않았고 원수들 가운데에서 다스리지도 않았으며, 탄식하며 괴로워하던 그에게서 원수들을 멀어지게 하신 분은 하느님이시라는 것을 누가 모르겠습니까?

4. 하지만 우리 예수는, 아직 영광스럽게 오지 않으셨으나 예루살렘

에 권능의 왕홀을 보내셨습니다. '민족들의 신들은 마귀들'이라는 다윗의 말대로 그분께서는 마귀들의 지배 아래 있던 모든 민족을 회개로 부르시는 말씀을 보내셨던 것입니다. 그분의 강한 말씀은 많은 이들로 하여금 이전에 섬기던 마귀들을 버리고 그분을 통하여 전능하신 분을 믿게 하였습니다. 앞서도 말했지만, '당신의 거룩한 이들의 찬란함 속에, 샛별이 뜨기 전에 품안으로부터 너를 낳았노라' 역시 그리스도에 대한 말씀입니다.

제84장

1. 그리고 '동정녀가 잉태하여 아들을 낳을 것'(이사 7,14)이라는 말씀도 그분에 관한 예언입니다. 이사야가 여기서 말하는 분이 동정녀에게서 태어날 것이 아니었더라면, 성령이 누구에 대해 '주님께서 몸소 여러분에게 표징을 주실 것입니다. 보십시오, 동정녀가 잉태하여 아들을 낳을 것입니다'라고 선언하셨겠습니까? 그리고 그분이 다른 모든 맏아들과 마찬가지로 육적인 결합에서 태어나실 것이었다면, 왜 하느님께서 모든 맏아들에게 공통된 것이 아닌 '표징'을 주시리라고 말씀하셨겠습니까?

2. 그러나 인류에게 참으로 표징이 되고 믿을 만한 것이 될 것을, 곧 모든 피조물의 맏이가 참으로 육화하고 아기가 된다는 것을 하느님께서는 미리 아시고 예언의 영을 통하여, 내가 말했듯이, 다양한 방식으로 예고하셨습니다. 이는 그 일이 일어날 때 그것이 만물을 만드신 분의 능력과 뜻으로 이루어진 일임을 알게 하시려는 것이었습니다. 하와가 아담의 갈비뼈에서 생겨났듯이, 시초에 모든 생물은 하느님의 말씀으로 생겨났습니다.

3. 하지만 여러분은 이에 대해서도, 이집트 임금 프톨레마이오스와 함께 있던 여러분의 원로들의 해석을 곡해하려 합니다. 여러분은 성경이 그들이 번역한 것과 달리 본디 '젊은 여인이 잉태하리라'고 되어 있다고 말합니다. 마치, 여인이 성관계를 통해 아기를 낳는 것이 큰 사건인 듯이 말입니다. 그것은 아기를 갖지 못하는 이들을 제외하고는 모든 젊은 여인이 하는 것입니다. 아기를 갖지 못하는 이들이라도, 하느님께서 원하시면 아기를 낳게 할 수 있으십니다.

4. 사무엘의 어머니는 자식이 없었으나 하느님의 뜻으로 아기를 낳았고, 거룩한 성조 아브라함의 아내도, 요한 세례자를 낳은 엘리사벳을 비롯한 여러 여인들도 그러하였습니다. 그러니 여러분은, 하느님께서 뜻하시는 모든 것을 하시는 것이 불가능하다고 여겨서는 안 됩니다. 특히 어떤 일이 일어나야 한다고 예언되었을 때에는, 감히 예언을 왜곡하거나 오해하지 말아야 합니다. 그것은 하느님께는 아무런 해를 끼치지 못하며 오직 여러분 자신에게만 해로운 일이기 때문입니다.

제85장

1. 또한 '통치자들이여, 너희의 문을 열어라. 영원한 문들아, 일어서라. 영광의 임금님께서 들어가신다'(시편 23,7 칠십인역)라는 예언을 두고도, 여러분 가운데 더러는 그것도 마찬가지로 히즈키야에 관한 것이라고 해석하고, 더러는 솔로몬에 관한 것이라고 해석합니다. 그러나 솔로몬에 관한 것이라고도, 히즈키야에 관한 것이라고도, 여러분의 또 다른 임금에 관한 것이라고도 증명할 수 없습니다. 그것은 오직 우리 그리스도, 이사야와 다윗과 성경 전체가 말한 바와 같이 아름다운 모습도 영광도 없이 나타나신 그분에 관한 것으로 입증됩니다. 그분은, 당신께

영예를 허락하신 아버지의 뜻에 따라 능력들의 주님이십니다. 그분은 시편을 비롯한 성경 구절들이 그분을 능력들의 주님으로 선포하며 밝힌 바와 같이, 죽은 이들 가운데에서 부활하시어 하늘에 오르셨습니다. 제대로 살펴보기만 한다면, 여러분 눈앞에서 일어난 일들로부터 쉽게 이를 확인할 수 있습니다.

2. 하느님의 아들이시며 모든 피조물의 맏이이시고, 동정녀에게서 태어나시어 고통을 받는 인간이 되시고 본시오 빌라도 통치 때에 여러분 백성에 의하여 십자가에 못 박히시고 죽은 이들 가운데에서 부활하시고 하늘에 오르신 그분의 이름으로 모든 마귀가 쫓겨나 정복되고 굴복합니다.

3. 여러분이 임금이든 의인이든 예언자이든 성조이든 여러분 가운데 있었던 이들 가운데 누구의 이름으로 구마를 한다면, 어떤 마귀도 정복되지 않을 것입니다. 그러나 여러분 가운데 누군가가 아브라함의 하느님, 이사악의 하느님, 야곱의 하느님의 이름으로 구마를 한다면, 마귀는 정복될 것입니다. 하지만 여러분 가운데 구마를 하는 이들은 다른 민족들과 마찬가지로 구마 기술을 사용하며 향과 주문을 씁니다.

4. 다윗의 예언에서, 아버지의 뜻에 따라 능력들의 주님이 되신, 죽은 이들 가운데에서 부활하신 분이 들어오시도록 문을 열라고 하는 것이 천사들과 능력들이라는 것은 다윗의 말이 증명해 줍니다. 나는 어제 우리와 함께 있지 않았던 이들을 위하여 그 단락을 다시 인용하겠습니다. 또한 그들을 위하여, 어제 이야기한 많은 것들을 요약하겠습니다.

5. 여러분께 내가 같은 말을 여러 번 되풀이한다 해도 나는 그것이 쓸모없는 일이 아니라고 생각합니다. 언제나 같은 길을 가면서 계절들이 돌아오게 하는 해와 달, 별들을 계속 보고 있는 것은 우스운 일입니

다. 계산하는 사람이 2가 두 번이면 4라는 것을 이미 여러 차례 말했는데 그에게 다시 같은 질문을 되풀이하는 것도 마찬가지이고, 다른 것들에서도 확실히 인정되는 것을 계속해서 말하고 인정하고 하는 것은 우스운 일입니다. 그러나 예언이 들어 있는 성경을 근거로 이야기하는 사람이 계속 성경을 인용하지 않고 성경보다 더 나은 어떤 것을 말할 수 있는 듯이 여기는 것은 우스운 일입니다.

6. 하느님께서 하늘에 천사들과 능력들이 있다는 것을 보여 주신다는 것을 입증하기 위해 내가 인용한 말씀은 이것입니다. '주님을 찬양하여라, 하늘로부터. 그분을 찬양하여라, 높은 데에서. 주님을 찬양하여라, 주님의 모든 천사들아. 주님을 찬양하여라, 주님의 모든 능력들아'(시편 148,1-2)." 둘째 날 합류한 므나쎄라는 사람이 말했다. "우리를 위하여 같은 것들을 다시 말씀해 주신다면 우리는 매우 기쁘겠습니다."

7. 내가 말했다. "친구들이여, 나로 하여금 이 일을 하게 하는 성경에 귀 기울이십시오. 예수는 원수를 사랑하라고 명했는데, 그것은 이사야를 통해 여러 곳에서 선포된 것입니다. 그 단락들은 우리 재생의 신비와 예루살렘에서 그리스도가 나타나기를 기다리며 그분 마음에 드는 행실을 하려고 노력하는 모든 이의 재생의 신비에 대해 말합니다.

8. 이사야의 말은 이렇습니다. '그분의 말씀에 떠는 이들아 주님의 말씀을 들어라. 너희를 미워하고 배척하는 우리 동포들에게, 주님의 이름이 영광스럽게 되었다고 말하여라. 그분이 나타나 너희를 기뻐하게 하셨고, 그들은 수치를 당할 것이다. 도성에서 들려오는 요란한 소리, 성전에서 들려오는 소리! 교만한 이들에게 보복하시는 주님의 소리! 진통을 겪기 전에 해산하고 산고가 오기 전에 사내아이를 출산한다.

9. 누가 이런 것을 들어 본 적이 있느냐? 누가 이런 일을 본 적이 있

느냐? 땅이 단 하루 만에 해산할 수 있느냐? 한 민족이 단 한 번 만에 태어날 수 있느냐? 시온이 진통을 겪고 자녀들을 낳았느냐? 나는 자녀를 낳은 일이 없는 이에게도 그러한 기대를 주었다. 주님께서 말씀하신다. 내가 아기를 낳게 하기도 하고 낳지 못하게도 하였다. 주님께서 말씀하신다. 예루살렘아, 기뻐하여라. 예루살렘을 사랑하는 너희는 모두 축제를 열어라. 예루살렘 때문에 애도하던 이들아 모두 기뻐하여라. 너희가 그 위로의 품에서 젖을 빨아 배부르리라. 젖을 먹은 너희는 그분의 영광이 들어옴을 기뻐하리라'(이사 66,5-11)."

제86장

1. 나는 그 구절을 인용하고 나서 이렇게 덧붙였다. "성경은 그분이 십자가에 못 박힌 다음 영광스럽게 다시 오리라는 것을 증명합니다. 낙원에 심겨 있었다고 하는 생명의 나무는 그분을 상징합니다. 모든 의인에게 일어났던 일들도 그분을 상징합니다. 모세는 지팡이로 백성을 해방시키도록 파견되었고, 그 지팡이를 손에 잡고 백성을 이끌었으며 바다를 갈랐습니다. 그 지팡이 덕분에 바위에서 물이 솟아 나오는 것을 보았고, 막대기를 마라의 쓴 물에 던지니 물이 달게 변했습니다.

2. 야곱은 물통에 막대기를 넣어 외삼촌의 양들이 새끼를 배게 했고, 그럼으로써 새끼들을 차지했습니다. 또한 야곱은 지팡이를 갖고 강을 건넜다는 것을 자랑합니다. 또한 그는 층계를 보았다고 하는데, 성경은 그 위에 하느님이 계셨다고 말합니다. (우리는 성경을 근거로, 그 하느님이 성부가 아니라는 것을 증명했습니다.) 그에게 나타나신 하느님께서, 바로 그곳에서 야곱이 돌 위에 기름을 부으며 자신에게 나타나신 하느님께 돌기둥을 봉헌했다고 증언하십니다.

3. 또한 우리는, 성경의 많은 단락에서 바위가 그리스도를 상징한다는 것을 증명했습니다. 또한 기름이든 몰약이든 향유든, 모든 도유는 그분과 연관된다는 것을 '하느님께서, 당신의 하느님께서 기쁨의 기름을 당신 동료들에 앞서 당신에게 부어 주셨습니다'(시편 44,8 칠십인역)라는 말씀으로 증명했습니다. 모든 임금들과 도유된 이들은 그분으로부터 임금이고 도유된 이들이라는 이름을 받게 되는 것입니다. 이는 그분께서 아버지로부터 임금, 그리스도, 사제, 천사 그리고 그분이 과거에 또는 지금 지니신 이름들을 받는 것과 같습니다.

4. 아론의 지팡이는 싹을 틔움으로써 그가 대사제임을 드러냈습니다. 이사야는 이사이의 뿌리에서 나올 지팡이인 그리스도를 예언했고, 다윗은 의인은 '시냇가에 심긴 나무와 같아 제때에 열매를 내며 잎이 시들지 않는다'(시편 1,3)라고 말합니다. 또한 의인은 야자나무처럼 번성하리라고도 말합니다.

5. '마므레의 참나무 곁에서'라고 기록되어 있듯이, 하느님은 나무 곁에서 아브라함에게 나타나셨습니다. 백성은 요르단을 건넌 다음 버드나무 칠십 그루와 샘 열두 개를 만났습니다. 다윗은 하느님이 막대와 지팡이로 그를 위로하셨다고 말합니다.

6. 예언자의 제자들이 하느님의 법과 계명을 읽고 연구하기 위한 집을 지으려고 나무를 베러 갔을 때, 엘리사는 막대를 요르단강에 던져 도끼의 날을 찾았습니다. 우리도 우리가 저지른 무거운 죄에 잠겨 있었지만, 우리 그리스도께서 나무 위 십자가에 못 박히시고 물로 우리를 정화하심으로써 우리를 구원하시고, 우리를 기도와 경배의 집이 되게 하셨습니다. 또한 유다가 타마르에게서 매우 신비롭게 태어난 이들의 아버지임을 보여 준 것도 지팡이였습니다."

제87장

1. 내가 말을 마치자 트리폰이 말했다. "지금 내가 질문을 한다고 해서, 당신이 말한 것을 뒤집으려 한다고는 생각하지 마십시오. 정말 알고 싶어서 묻는 것입니다.

2. 이사야의 예언을 봅시다. '이사이의 뿌리에서 나온 지팡이가 돋아나고 이사이의 뿌리에서 새싹이 움트리라. 그 위에 주님의 영이 머무르리니 지혜와 슬기의 영, 경륜과 용맹의 영, 지식의 영과 효경의 영이다. 주님을 경외함의 영이 그를 가득 채우리라'(이사 11,1-3). 당신은 나에게 이것이 그리스도에 관한 말씀이라고 했습니다. 그리고 그분이 선재하는 하느님이시며 하느님의 뜻에 따라 육화하시고 동정녀에게서 사람이 되셨다고 말합니다. 그러면 이제 말해 보십시오. 마치 성령의 능력이 필요한 듯이 이사야가 열거한 성령의 능력들로 채워진 분이 선재하셨다는 것을 어떻게 증명할 수 있습니까?"

3. 내가 대답했다. "아주 사려 깊고 신중한 질문을 하셨습니다. 그것은 정말로 답하기 어려운 문제로 보입니다. 하지만 그 근거를 알고 싶다면 설명을 하지요. 여기에 열거된 성령의 힘들이 그분에게 내렸다고 말하는 것은 그분에게 그것들이 필요해서가 아니라, 그 힘들이 그분 안에서 쉬게 되려는 것이었습니다. 그 힘들이 그분 안에서 완성되어, 여러분 종족에게 이제 예언자들이 나타나지 않게 될 것입니다. 여러분은 여러분의 눈으로 이를 확인할 수 있습니다. 그분 이후로 여러분 곁에 예언자가 없기 때문입니다.

4. 여러분의 예언자들은 하느님으로부터 한두 가지 힘을 받았고, 우리가 성경을 통해 알게 된 것들을 말하고 행했습니다. 이제 내가 하는 말을 잘 생각해 보십시오. 솔로몬은 지혜의 영을 받았고, 다니엘은 통

찰과 의견의 영을 받았으며, 모세는 굳셈과 효경을 받았고, 이사야는 지식을 받았습니다. 마찬가지로 다른 이들도 한 가지 힘을 받거나 서로 결합된 것을 받았습니다. 예레미야, 열두 소예언자들, 다윗 그리고 여러분 가운데 나타났던 다른 모든 예언자들도 그러했습니다.

5. 그래서 그리스도께서 오셨을 때 성령은 '쉬셨습니다'. 이제 멈추신 것입니다. 그리스도께서 사람들의 구속을 이루신 뒤에는, 여러분 사이에서 이 선물들이 그쳤습니다. 그분 위에 머물러 쉬신 후에는, 예언된 바와 같이 그분께서 성령의 힘을 당신을 믿는 이들에게 각자에게 마땅한 대로 선물을 주십니다.

6. 앞에서도 말했지만 다시 말합니다. 그분께서 승천하신 뒤에 이러한 일이 일어나리라고 예언되었습니다. '높은 데로 오르시어, 포로들을 사로잡으시고 사람들에게 선물을 주셨습니다'(시편 67,19 칠십인역). 다른 예언에서는 이렇게 말합니다. '그런 다음에 나는 모든 사람에게 내 영을 부어 주리라. 나의 남종들과 여종들에게도 내 영을 부어 주리니, 그들은 예언을 하리라'(요엘 3,1-2).

제88장

1. 우리에게서는, 하느님의 성령께 받은 은사를 지닌 여자들과 남자들을 볼 수 있습니다. 그러니 이사야가 열거한 힘들이 그분 위에 머물리라고 예언된 것은 그분에게 그것이 필요했기 때문이 아니라, 세상에 더 이상 그 힘이 없을 것이기 때문입니다. 아라비아에서 온 박사들에 관해 내가 말한 것도 그 증거입니다. 그들은 아기가 태어나자마자 경배를 바치러 왔습니다.

2. 그분은 태어나실 때에 이미 당신의 능력을 지니고 계셨고, 그 후

에 여느 사람들처럼 성장하시면서 성장의 단계들마다 때에 따라 적절하게 이를 사용하셨고, 각종 음식을 드시면서 요한이 나타날 때까지 삼십 년 정도를 기다리셨습니다. 요한은 그분의 오심을 알렸고, 앞서 제가 지적했듯이 그분보다 앞서 세례를 베풀었습니다.

3. 예수님이 요한이 세례를 베풀던 요르단강으로 가시어 물에 들어가셨을 때, 요르단강에서 불길이 일었습니다. 그리고 그분이 물에서 나오셨을 때에는, 우리 그리스도의 사도들이 기록한 대로, 성령이 비둘기 모습으로 그분 위에 나타나셨습니다.

4. 그런데 우리는, 그분이 세례를 받을 필요가 있어서 또는 성령이 비둘기 모양으로 그분께 내려오시는 것이 필요해서 강으로 가신 것이 아님을 알고 있습니다. 그분이 태어나고 십자가에 못 박히기를 받아들이신 것도 당신께 그것이 필요해서가 아닙니다. 아담 시대부터 죽음의 지배와 뱀의 속임수에 떨어졌고 또한 각자가 스스로 악행을 저지른 인류를 위하여 이를 받아들이신 것입니다.

5. 하느님은 자유의지를 지니고 스스로 행할 수 있는 천사와 인간을 창조하시면서, 그들 각자가 당신께서 주신 능력을 행할 수 있기를 원하시어, 그들이 당신 뜻에 맞는 것을 선택했다면 불멸성을 갖고 벌을 받지 않게 하시고 반면 그들이 당신 보시기에 악한 일을 저지른다면 그들을 벌하고자 하셨습니다.

6. 예언된 대로 나귀를 타고 예루살렘에 들어가셨다는 사실이 그분에게 그리스도가 되는 능력을 갖게 한 것이 아닙니다. 그것은 사람들에게 그분이 그리스도시라는 것을 알게 했던 것입니다. 마찬가지로 요한 때에도 사람들에게 그리스도가 누구이신지를 알게 할 필요가 있었습니다.

7. 요한은 요르단강가에서 참회의 세례를 설교할 때 낙타 털옷에 가죽 허리띠만 둘렀고 메뚜기와 들꿀만을 먹었습니다. 그래서 사람들은 그가 그리스도라고 생각했습니다. 하지만 요한은 그들에게 외쳤습니다. '나는 그리스도가 아니다. 나보다 더 큰 능력을 지니신 분이 오신다. 나는 그분의 신발 끈을 풀어 드릴 자격조차 없다'(루카 3,16).

8. 예수님께서 요르단에 오셨을 때, 그분은 목수 요셉의 아들로 여겨지셨습니다. 성경이 선포하듯이 모습은 보잘것없었고, 그분 자신도 목수로 여겨졌습니다. (세상에 사시는 동안 목수로 일하시며 쟁기와 멍에를 만드셨고, 그럼으로써 의롭고 활동적인 삶을 살아야 한다는 것을 상징적으로 가르치셨습니다.) 그런데 앞서 말한 바와 같이 성령께서 사람들을 위하여 그분 위에 비둘기의 모습으로 나타나셨습니다. 그때에 하늘에서, 다윗이 그분을 대신하여 말했던, 아버지께서 그에게 말씀하시는 소리가 들려왔습니다. '너는 내 아들. 내가 오늘 너를 낳았노라'(시편 2,7). 그분이 누구신지 사람들이 깨달을 때 비로소 그분의 탄생이 실제로 시작되었다는 뜻입니다."

제89장

1. 트리폰이 말했다. "우리 종족 전체가 그리스도를 기다리고 있고, 우리가 당신이 인용한 모든 성경 구절이 그에 대한 것임을 인정한다는 것을 아십시오. 눈의 아들이 지녔던 예수라는 이름도 나로 하여금 그렇게 생각하게 합니다.

2. 하지만 그리스도가 그렇게 수치스럽게 십자가에 못 박힐 수 있는지 의심스럽습니다. 율법은 십자가에 못 박힌 사람은 하느님의 저주를 받은 자(신명 21,23)라고 말하고, 그래서 나는 이 점에 대해서 믿기가 참

으로 어렵습니다. 성경이 고통받는 그리스도를 선포하는 것은 분명합니다. 하지만 율법에서 저주를 받은 고통을 겪어야 하는 것인지, 설명을 해 보십시오."

3. 나는 이렇게 대답했다. "그리스도가 고통을 받아야 하는 것이 아니었다면, 그리고 예언자들이 그가 백성의 악행 때문에 죽음을 당하고 멸시를 받고 매를 맞고 불의한 이들 가운데 하나로 여겨지고 도살당할 양처럼 끌려 가리라고 예언하지 않았더라면, 예언자가 말하듯이 그 탄생은 아무도 이야기할 수 없는 그분에 대하여 당신이 기이하게 여기는 것이 마땅할 것입니다. 그러나 만일 바로 이것이 그의 특징이고 모든 이가 그를 알아보게 하는 것이라면, 우리가 어떻게 그분을 확실하게 믿지 않을 수 있겠습니까? 예언자들의 말을 알아들은 사람은, 그분이 십자가에 못 박히셨다는 말을 들었다면 그분이 그리스도시라고 말할 것입니다."

제90장

1. 트리폰이 말했다. "그러니 우리도 당신을 믿도록 성경에서 증거를 보여 주십시오. 우리는 그가 고통을 받아야 하고 어미 양처럼 끌려가야 한다는 것을 알고 있습니다. 그러니 우리에게 그가 십자가에 못 박혀야 하고, 그렇게 불행하고 수치스럽게 율법에서 저주된 죽음을 당해야 한다는 것을 증명해 주십시오. 우리는 그것을 이해할 수가 없습니다."

2. 내가 말했다. "여러분이 알고 있듯이, 예언자들은 그들이 말한 것과 행한 것을 비유와 예형을 통해 계시했다는 것을 아십시오. 그래서 모든 사람이 그 대부분을 이해하는 것이 쉽지 않습니다. 그들은 이런 식으로 진리를 감추어, 진리를 찾는 이들이 매우 수고스럽게 그것을 찾

고 배우게 했습니다." 그들이 "우리는 그것을 인정합니다" 하고 말했다.

3. 그래서 내가 말했다. "그러니 들어 보십시오. 모세는 가장 먼저 그가 행한 표징들을 통하여 이 외관상의 저주의 의미를 드러내었습니다." 그가 "어떤 표징을 말하는 것입니까?" 하고 물었다.

4. 내가 설명했다. "백성이 아말렉과 싸우고 여호수아라는 이름을 가진 눈의 아들이 전투를 이끌 때, 모세는 양손을 뻗고 하느님께 기도를 올렸으며 후르와 아론은 그가 지쳐서 손을 내리지 않도록 하루 종일 그의 손을 받쳐 주고 있었습니다. 모세에 관한 기록에 있는 대로, 십자가를 닮은 이 표징에서 어떤 것이 부족하게 되면 백성은 패배했습니다. 하지만 그 자세를 유지하고 있으면 아말렉이 패배했습니다. 그러므로 승리한 편은 십자가로 승리했던 것입니다.

5. 백성이 더 강했던 것은 모세가 그렇게 기도했기 때문이 아니라, 여호수아라는 이름을 가진 사람이 전투를 이끌 때에 모세가 십자가의 표징을 행했기 때문이었습니다. 탄식과 눈물로 하는 기도, 땅에 엎드려 무릎을 꿇고 하는 기도가 가장 하느님의 마음에 든다는 것을 여러분 가운데 누가 모르겠습니까? 그러나 그때는 모세도 다른 누구도 바위 위에 앉아서는 그렇게 기도하지 않았습니다. 앞서 증명하였듯이, 바위도 그리스도를 상징합니다.

제91장

1. 하느님께서는 모세를 통하여 다른 방식으로도 십자가의 신비의 힘을 보여 주십니다. 그분은 요셉에 대한 축복에서 이렇게 말씀하셨습니다. '그의 땅은 주님께 복받은 땅. 하늘의 계절과 이슬과 저 아래 깊은 샘의 심연으로, 해가 철따라 맺는 열매와 이어지는 달들로, 예로부터

있던 산 꼭대기와 언덕 꼭대기로, 영원한 강들과 땅의 충만함의 열매
로 복을 받아라. 덤불에서 나타나신 분의 복이 요셉의 머리 위에, 그의
정수리 위에 내리리라. 그는 형제들 가운데에서 영광스럽게 되고, 그의
아름다움은 맏이로 난 소와 같아라. 그의 뿔은 일각수의 뿔. 그 뿔로 민
족들을 땅끝까지 모두 들이받으리라'(신명 33,13-17).

2. 아무도, 일각수의 뿔이 십자가를 나타내는 예형이 아니고 다른 어
떤 사실이나 형태를 가리킨다고는 말하거나 증명할 수 없을 것입니다.
하나인 뿔은 똑바로 선 나무입니다. 그 윗부분은 다른 나무가 가로로
놓일 때에 뿔처럼 위로 올라가게 됩니다. 그리고 그 양 끝은, 하나인 뿔
에 붙은 다른 뿔들처럼 됩니다. 십자가에 못 박힌 이들이 매달리게 되
는 가운데 부분도 뿔처럼 튀어나와, 다른 뿔들처럼 결합되고 고정된 뿔
처럼 보입니다.

3. '그 뿔로 민족들을 땅끝까지 모두 들이받으리라'라는 표현은, 실제
로 모든 민족들에게 일어난 일을 가리킵니다. 모든 민족들 가운데에서
어떤 이들은 그 뿔로, 곧 이 신비로 마음이 찔려 우상과 마귀들로부터
돌아서서 하느님을 섬기게 되었습니다. 한편 믿지 않는 이들에게는, 같
은 십자가가 멸망과 단죄가 되었습니다. 백성이 이집트에서 나올 때 모
세가 손을 뻗은 것과 눈의 아들의 이름이라는 예형을 통하여 아말렉이
패배하고 이스라엘이 승리하였습니다.

4. 이스라엘을 물었던 뱀에 맞선 예형과 표징을 통해서도, 이 표징은
십자가에 못 박히신 분을 통하여 뱀에게는 죽음이 선포되고 뱀에 물렸
다가 당신 아드님을 십자가에 못 박히도록 세상에 보내신 분에게 피신
한 이들에게는 구원이 주어지리라는 것을 믿는 이들의 구원을 위한 것
임이 드러납니다. 예언의 영은 모세를 통해서 우리에게 뱀을 믿도록 가

르친 것이 아닙니다. 그 영은 우리에게 처음에 뱀이 하느님의 저주를 받았음을 보여 주고, 이사야 또한 원수인 뱀이 큰 칼, 곧 그리스도에 의하여 제거될 것임을 말해 주기 때문입니다.

제92장

1. 그러므로 만일 어떤 사람이 예언자들이 말하고 행한 것을 하느님의 큰 은총을 받아 이해하지 않는다면, 그 말이나 사실들을 똑같이 되풀이하더라도 아무런 도움이 되지 않을 것입니다. 그가 그것을 설명할 수 없기 때문입니다. 게다가 그것을 이해하지도 못한 채 사람들에게 그것을 말한다면 많은 이들에게 경멸스럽게 보이지 않겠습니까?

2. 만약 어떤 사람이 여러분에게 에녹과 노아와 그의 아들들 그리고 그와 같은 다른 이들은 할례를 받지 않고 안식일을 지키지도 않았는데도 하느님의 마음에 들었기에, 많은 세대가 지난 다음엔 하느님께서 다른 지도자들과 다른 규정들을 통하여, 곧 아담으로부터 모세 때까지의 사람들은 할례를 통하여 의롭게 되고 모세 이후의 사람들은 할례와 안식일, 제사, 재, 봉헌 같은 규정들을 통하여 의롭게 되도록 하신 이유를 묻는다고 예를 들어 봅시다. 여러분은, 내가 앞서 지적했듯이, 하느님께서 여러분 백성이 예루살렘에서 쫓겨나 아무도 그곳으로 돌아갈 수 없게 되리라는 것을 미리 아셨기 때문임을 보여 주지 않고서 어떻게 그 질문에 대답할 수 있겠습니까?

3. 내가 말했듯이, 여러분은 육의 할례를 통해서가 아니면 다른 어떤 방식으로도 구별되지 않기 때문입니다. 하느님이 아브라함의 의로움을 인정하신 것은 할례 때문이 아니라 믿음 때문입니다. 그에 대하여, '아브람이 주님을 믿으니, 주님께서 그 믿음을 의로움으로 인정해 주셨

다'(창세 15,6)라고 쓰여 있습니다.

4. 우리는 육에 할례를 받지 않고 그리스도를 통하여 하느님을 믿으며, 참으로 필요한 할례, 곧 마음의 할례를 받았습니다. 우리는 하느님 앞에 의롭고 그분 마음에 드는 이가 되기를 바랍니다. 우리는 예언자들의 말을 통하여 그분의 증언을 받았기 때문입니다. 여러분에게는 안식일을 지키고 봉헌물을 바치도록 명하셨으며 하느님의 이름을 부를 장소를 택하게 하셨습니다. 여러분이 하느님을 잊어버리고 우상을 섬기며 불경하고 신심 없는 자들이 되지 않게 하시기 위해서였습니다. 그러나 여러분은 실제로 계속해서 그 짓을 되풀이했지요.

5. 하느님께서 안식일과 봉헌물에 관한 규정들을 명하신 것은 바로 이러한 이유였다는 것을 앞에서 증명하였습니다. 하지만, 오늘 오신 분들을 위하여 다시 말씀드리겠습니다. 그런 이유가 없었다면, 하느님은 앞일을 미리 알지도 못하고 모든 이에게 같은 의로움의 행위들을 알고 실천하도록 가르치지도 않으신 분으로 비난을 받으실 것이고 (모세 이전에도 많은 세대가 있었으니까요), 하느님은 참되고 의로우시며 그분의 모든 길은 심판이고 그분 안에 불의가 없다는 말씀은 참되지 않은 것이 될 것입니다.

6. 하지만 이 말씀이 참되며, 하느님은 여러분이 늘 그렇게 어리석거나 위선적이지 않기를 바라시고, 그리스도와 함께 구원되기를 바라십니다. 내가 예언의 거룩한 말씀들로 증명했듯이 그리스도는 하느님의 마음에 들고 하느님의 인정을 받으신 분이십니다.

제93장

1. 하느님은 인간의 모든 종족들에게 언제나 보편적으로 의로운 것

과 모든 정의를 제시하셨습니다. 모든 종족이 간통과 간음, 살인 같은
것들이 악하다는 것을 압니다. 비록 모든 이가 이러한 악을 저지르지
만, 부정한 영에 사로잡혔거나 잘못된 교육을 받았거나 나쁜 관습과 죄
스런 법으로 인하여 본성적 개념을 잃어버렸거나 꺼뜨리고 없애 버린
이들이 아니라면 그렇게 할 때에 불의를 저지르고 있다는 것을 모르지
않습니다.

2. 이런 사람들이, 그들 자신이 다른 이들에게 가하는 것을 그들 자
신은 겪지 않으려 하는 것을 우리는 봅니다. 마음이 비틀린 그들은 자
신도 같은 짓을 하면서 그런 짓을 하는 남을 비난합니다. 그런 점에서
나는, 우리 주님이며 구원자이신 예수 그리스도께서 모든 의로움과 신
심을 두 계명으로 요약하신 것이 아주 적절하다고 생각합니다. 그 계명
들은 이러합니다. '네 마음을 다하고 힘을 다하여 주 너의 하느님을 사
랑하고, 네 이웃을 너 자신처럼 사랑해야 한다'(마태 22,37). 마음을 다하
고 힘을 다하여 하느님을 사랑하며 하느님을 두려워하는 마음으로 가
득한 사람은 다른 신을 공경하지 않을 것이며, 하느님의 뜻에 따라 주
하느님께서 사랑하시는 그 천사[29]를 공경할 것입니다. 또한 이웃을 자
신처럼 사랑하는 사람은 자신이 소망하는 축복들이 내리기를 그 이웃
에게도 바랄 것입니다. 아무도 자신에게 악한 것을 바라지 않습니다.

3. 그러므로 이웃을 사랑하는 사람은, 그의 이웃이 자신과 같은 것들
을 갖기를 기도하고 그렇게 되도록 힘써야 합니다. 인간의 이웃은 오
직 그와 유사한 감정을 지닌 이성적 동물, 곧 인간뿐입니다. 모든 의로
움은 두 가지로, 곧 하느님에 대한 의로움과 사람들에 대한 의로움으로

29　천사는 그리스도를 가리킨다(유스티누스『유대인 트리폰과의 대화』60,5; 126,6; 127,4;『첫째 호
교론』6,2; 63,5).

수렴되므로, 성경이 말하듯이 참된 의인은 마음과 힘을 다하여 하느님을 사랑하고 이웃을 자신처럼 사랑하는 사람입니다.

4. 그런데 여러분은 하느님에 대해서도, 예언자들에 대해서도, 여러분 자신에 대해서도 호의나 사랑을 보인 적이 없으며, 언제나 우상을 숭배하고 의인들을 죽이는 이들로 드러났습니다. 여러분은 그리스도에게까지 손을 대었고, 지금까지도 사악한 태도를 버리지 못하고, 여러분이 십자가에 못 박은 이가 그리스도임을 증명하는 이들을 저주합니다. 뿐만 아니라, 그가 하느님의 원수이며 저주받은 이로서 십자가에 못 박혔다고 증명하려 합니다. 그것은 여러분의 어리석음에서 나오는 것입니다.

5. 여러분은 모세를 통하여 주어진 표징들로부터 그가 그리스도임을 알 수 있는 기회가 있는데도 그렇게 하려 하지 않을 뿐만 아니라, 우리에게 논거가 부족하다고 여기면서 여러분에게 떠오르는 모든 것에 대하여 논쟁하려 합니다. 준비된 그리스도인과 논쟁을 하게 되면 당황하면서 말입니다.

제94장

1. 말씀해 보십시오. 우상을 만들지 말고 저 위 하늘에 있는 것이나 땅에 있는 것을 본뜬 모상을 만들지 말라고 모세를 통하여 명하신 분은 하느님이 아니십니까? 그리고 같은 하느님이 광야에서 모세를 통하여 구리 뱀을 만들게 하시고 그것을 표징으로 세우시어 뱀에 물린 이들이 그 덕분으로 구원되도록 하지 않으셨습니까? 그러니 하느님은 불의를 저지르신 것이 아닙니다.

2. 앞서 말한 바와 같이, 하느님은 이로써 신비를 선포하셨습니다. 그

신비를 통하여, 아담이 죄짓게 했던 그 뱀의 힘을 물리치시리라는 것을 선포하시고 또한 이 '표징'으로, 곧 십자가에 못 박히실 분을 믿는 이들에게 뱀에게 물림 곧 악한 행위와 여러 형태의 우상 숭배와 온갖 불의로부터 구원을 예고하신 것입니다.

3. 이러한 설명을 받아들이지 않는다면, 여러분은 나에게 모세가 구리 뱀을 표징으로 세우고는 뱀에게 물린 이들이 그 뱀을 쳐다보게 했던 — 그리고 그들은 치유되었습니다 — 이유를 말할 수 있어야 할 것입니다. 게다가 이 모든 것은, 어떤 모상도 만들지 말라고 했던 바로 그가 지시한 것이었습니다."

4. 그러자 둘째 날에 왔던 이들 가운데 다른 한 사람이 말했다. "당신 말이 맞습니다. 우리는 그 이유를 설명할 수 없습니다. 나는 여러 차례 이 점에 대해 스승들에게 물어보았지만, 아무도 나에게 설명해 주지 못했습니다. 그러니 말씀을 계속 하십시오. 당신이 우리에게 신비를 알려 줄 동안 우리는 주의를 기울일 것입니다. 예언자들의 가르침도 신비로 표현되어 잘못 비난을 받는 경우가 있습니다."

5. 내가 말했다. "하느님께서 구리 뱀으로 표징을 만들라고 명하셨어도 잘못이 없으시듯이, 십자가에 달린 이들에 대한 율법의 저주도 그러합니다. 그것은 하느님의 그리스도에게는 해당하지 않습니다. 저주받아 마땅한 짓을 저지른 모든 이가 그분을 통하여 구원되었습니다.

제95장

1. 실로 온 인류가 저주 아래 있는 처지였다고 말할 수 있습니다. 모세 율법에서는 '이 율법서에 행하도록 기록되어 있는 모든 것을 실천하지 않는 자는 저주를 받는다'(신명 27,26)라고 말하는데, 모든 규정을 빈

틈없이 지킬 수 있는 사람은 아무도 없었습니다. 여러분은 감히 이를 부인하지 못할 것입니다. 규정들을 다른 사람들보다 더 지키거나 덜 지킨 이들이 있을 뿐입니다. 그러므로 만일 이 율법 아래 있는 이들이 그것을 온전히 지키지 못했기 때문에 저주를 받게 된다면, 우상을 섬기고 젊은이들을 유혹하며 온갖 악을 범하는 다른 모든 민족들은 훨씬 더 저주를 받지 않겠습니까?

2. 그런데 만물의 아버지께서 당신의 그리스도가 온 인류를 위하여 모든 이의 저주를 떠맡기를 원하셨다면 ―그리스도가 십자가에 못 박혀 죽은 다음 당신께서 그를 부활시키실 생각이셨지요 ― 어째서 여러분은 그분이 아버지의 뜻에 따라 받아들이신 고통을 그가 저주를 받아서라고 설명합니까? 어째서 여러분 자신에 대해 탄식하지 않습니까? 그분은 아버지의 뜻에 따라 인류를 위하여 고통을 받으셨지만, 여러분이 그분에게 고통을 가한 것은 하느님의 뜻에 순종하려고 그런 것이 아니었습니다. 여러분들이 예언자들을 죽였을 때에도, 신심을 행한 것이 아니었습니다.

3. 여러분 가운데 누구도, 그분의 아버지께서 인류가 그분의 상처로 치유되도록 그분이 이 고통을 겪기를 원하셨다면 우리는 불의를 저지른 것이 아니라는 말은 하지 않기 바랍니다. 여러분이 여러분의 죄를 뉘우치고 그분이 그리스도이심을 인정하며 그분의 계명들을 지킨다면, 여러분에게 이미 말했듯이 여러분은 죄의 용서를 얻을 것입니다. 하지만 여러분이 그분과 또한 그분을 믿는 이들을 저주하고, 할 수만 있으면 그들을 죽인다면, 어떻게 여러분에게 불의한 죄인이며 마음이 완고하고 몰지각한 이들로서 그분을 거슬러 손을 쳐든 데에 대한 갚음을 요구하지 않을 수 있겠습니까?

제96장

1. '나무에 매달린 사람은 하느님의 저주를 받은 자'(신명 21,23)라는 율법서의 말씀은 십자가에 못 박히신 그리스도께 매달려 있는 우리의 희망을 굳게 해 줍니다. 이는 십자가에 매달린 이가 하느님의 저주를 받았기 때문이 아니라, 하느님께서 여러분 모두와 여러분처럼 그분이 만물에 앞서 존재하신 분이며 하느님의 영원한 사제이고 임금이며 그리스도이심을 알지 못하는 다른 이들이 행할 짓을 미리 예고하셨기 때문입니다.

2. 그것이 실현되었음은 여러분의 눈으로 볼 수 있습니다. 여러분의 회당에서 여러분은 그분을 따라 그리스도인들이라 불리는 모든 이를 저주합니다. 그리고 다른 민족들은 누가 스스로 그리스도인이라고 고백만 해도 모두 죽임으로써 그 저주를 실행에 옮깁니다. 우리는 이들 모두에게 말합니다. 여러분은 우리의 형제들입니다. 하느님의 진리를 인정하십시오. 하지만 그들도 여러분도 우리를 믿지 않고 우리가 그리스도의 이름을 부인하게 하려고 애쓰고 있으니, 우리는 오히려 하느님께서 그리스도를 통하여 우리에게 약속하신 선을 우리에게 베푸시리라고 믿으며 죽음을 당하기를 바라고, 실제로 그러한 죽음을 당하고 있습니다.

3. 이 모든 것에 더하여 우리는 여러분을 위하여, 그리스도께서 여러분에게 자비를 베푸시기를 기도합니다. 그분은 우리에게 원수를 위하여 기도하라고 가르치시며, '하늘에 계신 너희 아버지처럼 너희도 친절하고 자비로운 사람이 되어라'(루카 6,36) 하고 말씀하셨습니다. 우리는 전능하신 하느님이 친절하고 자비로우시며, 감사할 줄 모르는 이들에게나 의인에게나 해가 뜨게 하시고 경건한 이들에게나 악한 이들에게

나 비가 내리게 하신다는 것을 보기 때문입니다. 그러나 그분께서 우리에게 말씀하신 대로, 그분께서 모든 이를 심판하실 것입니다.

제97장

1. 후르와 아론이 모세의 손을 받치고 있었을 때, 모세가 저녁 때까지 그 자세로 있은 것은 우연이 아닙니다. 주님도 거의 저녁 때까지 십자가 위에 계셨으며, 저녁 무렵에 사람들이 그분을 장사지냈고, 셋째 날에 부활하셨습니다. 이는 다윗을 통하여 이렇게 선포되었습니다. '내가 큰 소리로 주님께 부르짖으면 당신의 거룩한 산에서 들어 주시네. 나 자리에 누워 잠들었다 깨어남은 주님께서 나를 받쳐 주시기 때문이니'(시편 3,5-6).

2. 이사야도 그분께서 어떻게 돌아가실 것인지 예고하였습니다. '나는 반항하는 백성에게 날마다 팔을 벌리고 있었다. 그들은 자기네 멋대로 좋지 않은 길을 걷는 자들'(이사 65,2). 이사야는 그분의 부활에 대해서도 예고하였습니다. '그의 무덤은 제거되고'(이사 57,2 칠십인역 참조) '나는 그의 죽음 대신 부자들을 주리라'(이사 53,9 칠십인역 참조).

3. 다윗도 시편 제21편[30]에서 수난과 십자가에 관하여 신비로운 비유들로 말했습니다. '그들은 제 손과 발을 뚫었습니다. 그들은 제 뼈를 낱낱이 세었습니다. 그들은 나를 뚫어져라 바라보며 제 옷을 저희끼리 나누어 가지고 제 속옷을 두고 제비를 던집니다'(시편 21,17-19 칠십인역). 그들이 그분을 십자가에 못 박았을 때, 그분의 손과 발에는 구멍이 뚫렸습니다. 또한 그분을 십자가에 못 박은 이들은 제비를 뽑아 그분의

30　히브리어 성경에서는 시편 제22편.

옷을 나누어 가졌습니다.

4. 여러분은 이 시편이 그리스도에 관한 것이 아니라고 주장합니다. 여러분은 완전히 눈이 멀었습니다. 여러분 종족 가운데에서 아무도 임금인 그리스도가 살아 있는 상태에서 손과 발이 뚫렸거나 이러한 신비, 곧 십자가의 죽음을 맞은 일이 없다는 것을 깨닫지 못합니다. 이 예수 외에는 아무도 그런 일이 없습니다.

제98장

1. 나는 그 시편 전체를 들려드릴 테니, 아버지에 의해 이 죽음으로부터 구원되기를 기도하는 그분의 말씀에서 아버지에 대한 그의 신심이 어떠했는지, 어떤 식으로 모든 것을 그분께 맡기는지, 알아보기 바랍니다. 또한 이 시편은 그분을 거슬러 음모를 꾸미는 자들이 어떤 이들인지 알려 주며 그분께서 참으로 고통을 겪을 수 있는 인간이 되셨음을 보여 줍니다.

2. 시편은 이러합니다. '하느님, 저의 하느님, 저를 보아 주소서. 어찌하여 저를 버리셨습니까? 제 죄의 말들은 제 구원에서 멀리 있습니다. 저의 하느님, 낮에는 당신께 외치건만 당신께서는 듣지 않으실 것입니다. 밤에는, 저의 무지함 때문이 아닙니다. 그러나 이스라엘의 찬양이신 당신은 거룩한 처소에 계신 분.[31] 저희 선조들은 당신께 희망을 두었습니다. 당신께 희망을 두었기에 당신께서 그들을 구하셨습니다. 당신께 부르짖어 구원을 받고 당신께 희망을 두어 부끄러운 일을 당하지 않았습니다.

---

31 이 문장은 『유대인 트리폰과의 대화』 100,1에서 예수 그리스도를 가리킨다.

3. 그러나 저는 인간이 아닌 벌레, 사람들의 우셋거리, 백성의 조롱거리. 저를 보는 자마다 저를 비웃고 입술을 비죽거리며 머리를 흔들어 댑니다. ′주님께 희망을 두었으니 그분께서 그자를 구하시겠지. 그분 마음에 드니 그분께서 구해 내시겠지.′ 그러나 당신은 저를 어머니 배 속에서 이끌어 내신 분, 어머니 젖가슴에서부터 저의 희망이십니다. 저는 모태에서부터 당신께 맡겨졌고 제 어머니 배 속에서부터 당신은 저의 하느님이십니다. 제게서 멀리 계시지 마소서. 환난이 다가오는데 도와줄 이 없습니다.

4. 수많은 수소들이 저를 에워싸고 살진 황소들이 저를 둘러싸 약탈하고 포효하는 사자처럼 저를 향하여 입을 벌립니다. 제 모든 뼈는 물처럼 엎질러지고 다 흩어졌으며 제 마음은 밀초같이 되어 속에서 녹아내립니다. 저의 힘은 옹기 조각처럼 마르고 저의 혀는 목에 들러붙었습니다. 당신께서 저를 죽음의 흙에 앉히셨습니다. 수많은 개들이 저를 에워싸고 악당의 무리가 저를 둘러싸 그들은 제 손과 발을 뚫었습니다. 그들은 제 뼈를 낱낱이 세었습니다. 그들은 나를 뚫어져라 바라보았습니다.

5. 제 옷을 저희끼리 나누어 가지고 제 속옷을 두고서 제비를 던집니다. 그러나 주님, 제게서 당신 도움을 거두지 마소서. 어서 저를 도우소서. 저의 영혼을 칼에서, 저의 외동딸을 개들의 발에서 구하소서. 사자의 입에서 저를 구하시고, 일각수의 뿔에서 저의 비천함을 구하소서. 저는 당신 이름을 제 형제들에게 전하고 모임 한가운데에서 당신을 찬양하오리다. 주님을 경외하는 이들아, 주님을 찬양하여라. 야곱의 모든 후손들아, 주님께 영광 드려라. 이스라엘의 모든 후손들아, 주님을 두려워하여라′(시편 21,2-24 칠십인역).″

제99장

  1. 이 말을 하고 나서 내가 덧붙여 말했다. "나는 여러분에게, 이 시편을 다시 해석하여 그 전체가 그리스도에 관한 것임을 증명하겠습니다. 그 첫머리에서 '하느님, 저의 하느님, 저를 보아 주소서. 어찌하여 저를 버리셨습니까?'라고 말하는 것은, 그리스도께서 하실 말씀을 일찍이 예고하는 것입니다. 그분은 십자가에 못 박히셨을 때, '하느님, 저의 하느님, 어찌하여 저를 버리셨습니까?'라고 말씀하셨습니다.

  2. 이어서 '제 죄의 말들은 제 구원에서 멀리 있습니다. 저의 하느님, 낮에는 당신께 외치건만 당신께서는 듣지 않으실 것입니다. 밤에는, 저의 무지함 때문이 아닙니다'라고 하는 것은, 그분께서 앞으로 하실 일을 말하는 듯합니다. 실상 그분은 십자가에 못 박히신 날에, 예루살렘 성전 맞은편에 있는 올리브산이라는 곳에 제자 셋을 데리고 가시어 기도하시며 '아버지, 하실 수만 있으시면 이 잔이 저를 비켜 가게 해 주십시오.'(마태 26,39)라고 말씀하시고, 이어서 '그러나 제가 원하는 대로 하지 마시고 아버지께서 원하시는 대로 하십시오'라고 기도하셨습니다. 이로써 그분은, 당신이 참으로 고통을 겪는 인간이 되셨음을 보여 주셨습니다.

  3. 하지만 당신이 고통을 겪으셔야 한다는 것을 모르셨다고 생각하는 사람이 없도록, 그분은 이 시편에 곧바로 '저의 무지함 때문이 아닙니다'라고 덧붙이십니다. 하느님께서 아담에게 어디 있는지 물으신 것이나 카인에게 아벨이 어디 있는지 물으신 것이 하느님께서 모르셔서가 아니라 각자에게 그가 어떤 사람인지를 확인하게 하고 기록을 통하여 우리가 그것을 알도록 하시려는 것이었듯이, 여기서 그리스도는 그 자신의 무지가 아니라 그가 그리스도가 아니라고 여기고 그들 자신이

그리스도를 죽였고 그분이 보통 사람과 마찬가지로 저승에 남아 있을 것이라고 생각하는 이들의 무지를 가리키시는 것입니다.

제100장

1. 그리고 '이스라엘의 찬양이신 당신은 거룩한 처소에 계신 분'이라는 말씀은 그분이 찬양과 경탄을 받을 일을 하시리라는 뜻입니다. 그분은 십자가에 못 박히신 뒤 사흘날에 죽은 이들 가운데에서 부활하셨는데, 이는 아버지께서 이루신 일이었습니다. 나는 앞에서, 그리스도가 야곱 또는 이스라엘이라고도 불린다는 점을 지적했습니다. 요셉과 유다에게 내린 축복에서 그분에 관한 신비가 예고된다는 것도 증명했지요. 더 나아가서 복음서에는 그분이 '나의 아버지께서는 모든 것을 나에게 넘겨주셨다. 그래서 아들 외에는 아무도 아버지를 알지 못한다. 또 아버지 외에는, 그리고 아들이 아버지를 드러내 보여 주려는 사람 외에는 아무도 아들을 알지 못한다'(마태 11,27)라고 말씀하셨다고 기록되어 있습니다.

2. 그분은 우리가 그분의 은총 덕분에 성경에서 알게 된 모든 것을 우리에게 계시해 주셨고, 그래서 우리는 그분이 하느님의 맏아들이시며 모든 창조물에 앞서신다는 것, 또한 그분이 성조들의 아들이시라는 것을 알게 되었습니다. 그분은 그들 집안의 동정녀를 통하여 육화하시어, 아름다움도 영예도 없고 고통을 받는 인간이 되기를 받아들이셨던 것입니다.

3. 그래서 그분은 당신이 고통을 받으셔야 한다는 것에 대해 이렇게 말씀하셨습니다. '사람의 아들은 바리사이와 율법 학자들에게 많은 고난을 받고 십자가에 못 박힌 다음 사흘날에 되살아나야 한다'(마

태 16,21). 당신 자신이 사람의 아들이라고 말씀하신 것은, 동정녀에게서 태어나셨기 때문이기도 하고 — 앞서 말했듯이 그 동정녀는 다윗과 야곱, 이사악, 아브라함 집안 출신이었습니다 — 아브라함 자신이 지금 언급된 마리아의 조상들의 아버지이기 때문이기도 합니다. 우리가 알다시피, 딸들의 조상은 그 딸들에게서 태어난 이들의 조상이기도 하기 때문입니다.

4. 그분의 제자들 가운데 한 사람이 그분 아버지의 계시를 통하여 그분이 하느님의 아들 그리스도이심을 알게 되었을 때, 그분은 전에는 시몬이라고 불리던 그 제자에게 베드로라는 이름을 주셨습니다. 그분 사도들의 비망록에도 그분이 하느님의 아들이라고 기록되어 있고, 우리가 그분을 아들이라고 말할 때 우리는 그분이 모든 피조물에 앞서 아버지의 힘과 뜻으로부터 나오셨다는 것을 압니다. 예언자들의 글에서 그분은 때때로 지혜와 날, 동쪽, 칼, 바위, 지팡이, 야곱, 이스라엘이라고 일컬어집니다. 또한 우리는 그분이 동정녀에게서 사람이 되셨기에, 뱀으로 인하여 시작된 불순종이 같은 방식으로 끝나게 되었음을 압니다.

5. 더럽혀지지 않은 동정녀였던 하와는 뱀의 말을 받아들여 불순종과 죽음을 낳았습니다. 하지만 동정녀 마리아는, 천사 가브리엘이 주님의 성령이 그 위에 내려오고 지극히 높으신 분의 힘이 그를 덮을 것이며 태어날 거룩한 아기는 하느님의 아들이라는 기쁜 소식을 전해 주었을 때에 믿음과 기쁨을 잉태했고, '말씀하신 대로 저에게 이루어지기를 바랍니다'(루카 1,38)라고 대답했습니다.

6. 이 동정녀를 통하여, 내가 증명했듯이 성경의 많은 부분이 말하는 그분이 태어나셨습니다. 그리고 하느님은 그를 통하여 뱀을, 그리고 그 뱀과 비슷하게 된 천사들과 사람들을 물리치셨으며, 자신의 악행을 회

개하고 그분을 믿는 이들을 죽음으로부터 구해 내셨습니다.

제101장

1. 이 시편에서는 이어서 이렇게 말합니다. '저희 선조들은 당신께 희망을 두었습니다. 당신께 희망을 두었기에 당신께서 그들을 구하셨습니다. 당신께 부르짖어 구원을 받고 당신께 희망을 두어 부끄러운 일을 당하지 않았습니다. 그러나 저는 벌레이며 사람이 아니오니, 사람들의 우셋거리, 백성의 조롱거리.' 이 말은, 그분이 하느님께 희망을 두었고 하느님께 구원된 이들을 당신 조상들로 인정하심을 보여 줍니다. 그들은 또한 그분께서 그를 통해 태어나시어 사람이 되신 그 동정녀의 조상들이기도 했습니다. 그분은 당신이 같은 하느님께 구원될 것임을 예고하시지만, 자신의 뜻이나 힘으로 어떤 일을 한다고 자랑하지는 않으십니다.

2. 그분이 지상에 계셨을 때 바로 이렇게 행동하셨습니다. 어떤 사람이 그분께 '선하신 스승님'(루카 18,18)이라고 하자 그분은 '어찌하여 나를 선하다고 하느냐? 하늘에 계신 내 아버지 외에는 아무도 선하지 않다' 하고 대답하셨습니다. 그러나 '저는 벌레이며 사람이 아니오니, 사람들의 우셋거리, 백성의 조롱거리'라고 말씀하실 때에는, 당신께 실제로 일어날 일을 예고하셨습니다. 그분을 믿는 우리는 어디서나 우셋거리가 되고 조롱을 받습니다. '백성의 조롱거리'라고 하는 것은, 그분이 여러분 백성에게 조롱과 멸시를 당하는 수모를 겪으셨기 때문입니다.

3. 이어서 '저를 보는 자마다 저를 비웃고 입술을 비쭉거리며 머리를 흔들어 댑니다.' 주님께 희망을 두었으니 그분께서 그자를 구하시겠지. 그분 마음에 드니 그분께서 구해 내시겠지''라는 말도, 그분께 일어날

일을 예고합니다. 십자가에 못 박히신 그분을 바라보던 이들은 모두 머리를 흔들었고 입술을 비쭉거렸으며, 사도들의 비망록에 기록되어 있듯이, 코를 찡긋거리며 '나는 하느님의 아들이다 하였으니 십자가에서 내려와 걸어 보시지. 하느님이 그를 구해 내 보시라지'(마태 27,39-43)라고 하였습니다.

제102장

1. 그다음에는 이렇게 이어집니다. '그러나 당신은 저를 어머니 배속에서 이끌어 내신 분, 어머니 젖가슴에서부터 나의 희망이십니다. 저는 모태에서부터 당신께 맡겨졌고 제 어머니 배 속에서부터 당신은 저의 하느님이십니다. 제게서 멀리 계시지 마소서. 환난이 다가오는데 도와줄 이 없습니다. 수많은 수소들이 저를 에워싸고 살진 황소들이 저를 둘러싸 약탈하고 포효하는 사자처럼 저를 향하여 입을 벌립니다. 제 모든 뼈는 물처럼 엎질러지고 다 흩어졌으며 제 마음은 밀초같이 되어 속에서 녹아내립니다. 저의 힘은 옹기 조각처럼 마르고 저의 혀는 목에 들러붙었습니다.' 이는 실제로 일어난 일들의 예고입니다.

2. '[당신은] 어머니 젖가슴에서부터 나의 희망이십니다'라는 말을 생각해 봅시다. 그분이 베들레헴에서 태어나셨을 때, 앞서 말했듯이 헤로데 임금은 아라비아의 박사들로부터 그분에 관해 알게 되어 그를 없애려고 합니다. 하지만 요셉은 하느님의 지시를 받아, 그분과 마리아를 데리고 이집트로 갔습니다. 아버지께서는, 그분이 어른이 되어 당신 말씀을 선포한 다음에 죽임을 당하도록 정하셨던 것입니다.

3. 만일 여러분 가운데 누군가가 하느님이 헤로데를 죽일 수 없으셨는지 묻는다면, 내 편에서는 이렇게 묻겠습니다. 하느님은 '나는 너와

그 여자 사이에, 네 후손과 그 여자의 후손 사이에 적개심을 일으키리라'(창세 3,15) 하고 말씀하실 것이 아니라 처음부터 뱀이 존재하지 않도록 없애시면 되지 않으셨습니까? 그리고 한 번에 많은 사람들을 만드시면 되지 않았습니까?

4. 하느님은 이렇게 되는 것이 좋은 일이었음을 아셨기에 천사와 사람들이 자유롭게 의로운 행위들을 할 수 있게 하셨으며, 그들이 자유를 누리는 것이 좋다고 당신께서 생각하시는 기간을 한정하셨습니다. 또한 그것이 좋은 일임을 아셨기에 공심판과 사심판을 제정하셨습니다. 그러나 각자의 자유는 남아 있게 하셨습니다. 그래서 [바벨]탑이 파괴되고 언어들이 많아진 것에 관하여 성경은 이렇게 말합니다. '주님께서 말씀하셨다.′보라, 저들은 한 겨레이고 모두 같은 말을 쓰고 있다. 그들이 이것을 시작했으니, 이제 그들이 하고자 하는 것은 무엇이든 못할 일이 없을 것이다'(창세 11,6)′.

5. '저의 힘은 옹기 조각처럼 마르고 저의 혀는 목에 들러붙었습니다'라는 말씀 역시, 아버지의 뜻에 따라 그분께 일어날 일에 대한 예고입니다. 그분이 당신과 논박하던 바리사이와 율법 학자들 그리고 여러분 종족의 스승들을 꾸짖던 강력한 말씀의 힘은 힘세게 콸콸 흐르던 샘물이 갑자기 끊기듯 그쳤습니다. 사도들의 비망록에 기록된 바와 같이 그분이 빌라도 앞에서 침묵하시며 아무에게도 대답하지 않기를 택하셨을 때가 그때였습니다. 그리하여 '주님께서는 나에게 말을 해야 할 때를 아는 혀를 주신다'(이사 50,4)라는 이사야서의 말씀이 실제로 열매를 맺게 되었습니다.

6. 그분이 '당신은 저의 하느님이십니다. 제게서 멀리 계시지 마소서'라고 말씀하시는 것은, 모든 이가 만물을 만드신 분께 희망을 두고 오

직 그분에게서 구원과 도움을 찾아야 하며, 다른 사람들처럼 자신이 속한 종족이나 재산이나 힘이나 지혜로 구원될 수 있다고 생각해서는 안 된다는 것을 가르치시는 것입니다. 여러분은 늘 그렇게 해 왔습니다. 언젠가는 금송아지를 만들었고, 언제나 감사할 줄 몰랐으며, 의인들을 죽였고, 종족에 대한 자랑으로 눈이 멀었습니다.

7. 하느님의 아드님이, 당신이 아들이라고 해서 또는 강하거나 지혜롭다고 해서 구원될 수 있는 것이 아니고, 이사야가 말하듯이 비록 당신이 목소리에서도 죄가 없었다고 할만큼 — '폭행을 저지르지도 않고 거짓을 입에 담지도 않았으니'(이사 53,9)까요 — 죄가 없다고 해도 하느님 [아버지]에 의해서가 아니라면 구원될 수 없다고 말씀하셨다면, 이러한 희망 없이도 구원될 수 있다고 여기는 여러분 같은 이들이 어떻게 자기 자신을 속이고 있다고 생각하지 않을 수 있습니까?

제103장

1. 시편은 이어서 말합니다. '환난이 다가오는데 도와줄 이 없습니다. 수많은 수소들이 저를 에워싸고 살진 황소들이 저를 둘러싸 약탈하고 포효하는 사자처럼 저를 향하여 입을 벌립니다. 제 모든 뼈는 물처럼 엎질러지고 다 흩어졌습니다.' 이 말씀 역시 그분께 일어난 일들의 예고입니다. 바리사이와 율법 학자들이 보낸 여러분 백성의 사람들이 올리브산의 그분께 왔던 밤에, 이 말씀에서 이야기하는 거칠고 파괴적인 황소들이 그분을 에워쌌던 것입니다.

2. '살진 황소들이 저를 둘러싸'라는 말은, 그분이 여러분의 스승들에게 끌려가셨을 때에 그들이 황소처럼 행동했음을 예고한 것입니다. 이 말씀이 그들을 황소라고 일컫는 것은, 우리가 알고 있듯이 황소가 송아

지들의 아비이기 때문입니다. 황소가 송아지의 아비이듯이, 여러분의 스승들은 그들의 자녀들이 그분을 붙잡아 그들에게 끌고가기 위하여 올리브산으로 간 원인이 되는 것입니다. '도와줄 이 없습니다'라는 말도 그때에 일어날 일을 가리킵니다. 그분은 죄가 없으셨지만 도와줄 이는 단 한 사람도 없었습니다.

3. '포효하는 사자처럼 저를 향하여 입을 벌립니다'라는 표현은, 당시에 유대인들의 임금이었던 이를 가리킵니다. 그의 이름도 헤로데였고, 그리스도께서 태어나셨을 무렵 베들레헴에서 태어난 아기들 중에 아라비아에서 온 박사들이 이야기한 아기가 분명 있으리라고 생각하여 모든 아기를 죽인 그 헤로데의 후계자였습니다. 그는 누구보다 강한 분의 계획을 알지 못했습니다. 그분이 요셉과 마리아에게 아기를 데리고 이집트로 가서, 그들의 고향으로 돌아오라고 다시 알려 주실 때까지 그곳에 머물러 있으라고 명하신 것을 몰랐던 것입니다. 그들은 베들레헴에서 아기들을 죽인 헤로데가 죽고 아르켈라우스가 그의 뒤를 이을 때까지 그곳에 있었습니다. 아르켈라우스는 그리스도께서 십자가에서 아버지의 구원 계획을 이루시기 전에 죽었습니다.

4. 헤로데 (안티파스)는 아르켈라우스의 뒤를 이어 그에게 할당된 권한을 받았고, 빌라도는 그를 기쁘게 하기 위하여 예수를 묶어 그에게 보냈습니다. 하느님은 이러한 일이 일어날 것을 미리 아시고, '그들은 그를 임금을 위한 선물로 아시리아로 보내리라'(호세 10,6) 하고 말씀하셨습니다.

5. 그분을 향해 '포효하는 사자'를 악마를 가리키는 말로 볼 수도 있습니다. 모세는 악마를 뱀이라고 불렀고, 욥기와 즈카르야서에서는 악마라고 일컬어지며, 예수께서는 그를 사탄이라고 부르셨습니다. 그가

이렇게 복합적인 이름으로 불리는 것은 그가 하는 행동 때문입니다. 유대인들과 시리아인들에게 '사타'는 배반자를 뜻하고, '나스'는 뱀이라는 뜻입니다. 이 두 단어가 합쳐서 '사타나스'라는 이름이 된 것입니다.

6. 사도들의 비망록에 기록되어 있는 것처럼, 예수님께서 요르단강에서 올라오시고 '너는 내 아들. 내가 오늘 너를 낳았노라'(시편 2,7)라는 소리가 들려왔을 때, 이 사탄은 그분께 다가가 유혹하며 '나에게 경배하라'고 말하고 그리스도에게 '사탄아, 물러가라. 주 너의 하느님께 경배하고 그분만을 섬겨라'(마태 4,10)라는 대답을 들었습니다. 아담을 속였던 사탄은 그분에게도 무엇인가를 할 수 있다고 생각했던 것입니다.

7. '제 모든 뼈는 물처럼 엎질러지고 다 흩어졌으며 제 마음은 밀초같이 되어 속에서 녹아내립니다'라는 표현은, 사람들이 그분을 잡으러 올리브산으로 모여왔던 그 밤에 일어난 일을 예고하는 것이었습니다.

8. 사도들과 그 제자들이 작성한 그 비망록에는, 그분께서 '하실 수만 있으시면 이 잔이 저를 비켜 가게 해 주십시오'(루카 22,42)라고 기도하실 때에 땀이 핏방울처럼 떨어졌다고 기록되어 있습니다. 그분의 마음은 떨었고, 그분의 뼈들도 그러했습니다. 마음은 속에서 밀초처럼 녹아내렸습니다. 이로써 우리는 아버지께서 당신 아드님이 우리를 위하여 참으로 이 고통을 겪기를 원하셨음을 알게 되며, 그분이 하느님의 아드님이었기 때문에 당신께서 당하는 것들을 전혀 느끼지 않으셨다고 말하지 않게 됩니다.

9. '저의 힘은 옹기 조각처럼 마르고 저의 혀는 목에 들러붙었습니다'라는 말은, 앞서 말한 바와 같이, 그분의 침묵에 대한 예고입니다. 여러분의 스승들의 어리석음을 꾸짖으셨던 그분께서 자신을 옹호하는 말을 한마디도 하지 않으신 것입니다.

제104장

1. '당신께서 저를 죽음의 흙에 앉히셨습니다. 수많은 개들이 저를 에워싸고 악당의 무리가 저를 둘러싸, 그들은 제 손과 발을 뚫었습니다. 그들은 제 뼈를 낱낱이 세었습니다. 그들은 나를 뚫어져라 바라보며 제 옷을 저희끼리 나누어 가지고 제 속옷을 두고 제비를 던집니다.' 앞서 말했듯이, 이것은 악인들의 모임이 그분을 단죄했던 죽음에 대한 예고였습니다. 그들을 개들이요 사냥꾼들이라고 부르는 것은, 그분을 붙잡은 이들이 함께 모여 그분을 단죄하기 위하여 온갖 방법을 동원했기 때문입니다. 이 일도 사도들의 비망록에 기록되어 있습니다.

2. 그분을 십자가에 못 박은 다음 그분의 옷을 나누어 가졌다는 것은, 앞에서 증명했습니다.

제105장

1. 시편은 이어서 이렇게 말합니다. '그러나 주님, 제게서 당신 도움을 거두지 마소서. 어서 저를 도우소서. 저의 영혼을 칼에서, 저의 외동딸을 개들의 발에서 구하소서. 사자의 입에서 저를 구하시고, 일각수의 뿔에서 제 수치를 구하소서.' 이것 역시 그분이 누구이며 그분에게 어떤 일이 일어날 것인지를 가르치고 예고하는 것입니다. 내가 앞서 증명했듯이, 그분은 만물의 아버지의 외아들이시고, 아버지의 말씀이며 힘으로서 특별한 방식으로 태어나셨으며, 우리가 사도들의 비망록에서 알게 된 바와 같이 동정녀를 통하여 사람이 되셨습니다.

2. 또한 그분께서 십자가에 못 박혀 돌아가시리라는 것도 예고되었습니다. '저의 영혼을 칼에서, 저의 목숨을 개들의 발에서 구하소서. 사자의 입에서 저를 구하시고, 일각수의 뿔에서 제 수치를 구하소서'라는

표현은 그분이 어떤 고통으로 돌아가실 것인지, 곧 십자가에 못 박힘을 나타냅니다. 나는 이미 여러분에게, '일각수의 뿔'이 오직 십자가를 나타내는 상징이라는 것을 설명하였습니다.

3. 영혼을 칼에서, 사자의 입에서, 개들의 발에서 구해 주시기를 간청하는 것은 아무도 그 영혼을 지배하지 못하기를 청하는 것입니다. 우리의 생명이 끝에 이를 때 우리는 하느님께 이와 같은 청원을 하게 됩니다. 하느님은 악한 천사를 몰아내시어 그가 우리 영혼을 차지하지 못하게 할 수 있는 분이십니다.

4. 영혼들이 계속 남아 있는다는 사실은, 사울의 요청에 따라 영매가 사무엘의 영혼을 불러낸 일로 여러분에게 증명했습니다. 앞에서 언급된 영매의 경우에서와 같이 의인들과 예언자들의 모든 영혼이 그러한 능력들의 지배 아래 있게 된다는 것은 명확합니다.

5. 그래서 하느님께서는 당신 아드님을 통하여 우리에게 (이 모든 것은 우리를 위하여 일어난 것이라고 생각됩니다), 죽을 때가 되면 우리의 영혼이 그러한 능력들의 지배하에 있게 되지 않도록 청할 것을 가르치십니다. 그분은 십자가 위에서 영을 넘겨드리면서, '아버지, 제 영을 아버지 손에 맡깁니다'(루카 23,46) 하고 말씀하셨습니다. 이것 역시 내가 사도들의 비망록에서 배운 것입니다.

6. 그분은 당신 제자들에게 '바리사이의 행실을 넘어서라'라고도 권고하셨습니다. 그렇게 하지 않으면 구원되지 못하리라는 것을 아시고, 이렇게 말씀하셨습니다. '너희의 의로움이 율법 학자들과 바리사이의 의로움을 능가하지 않으면, 결코 하늘 나라에 들어가지 못할 것이다'(마태 5,20).

제106장

1. 이어서 시편은, 그분이 당신이 청하시는 모든 것을 아버지께서 주실 것이고 죽은 이들 가운데에서 다시 일으키실 것임을 알고 계셨음을 말해 줍니다. 또한 그분이 하느님을 두려워하는 모든 이에게, 하느님께서 이 십자가에 못 박힌 분의 신비를 통하여 믿는 모든 이에게 자비를 베푸신 데 대하여 하느님을 찬양하라고 권고하셨다는 것도 보여 줍니다. 그리고 그분이 당신 형제들인 사도들 가운데 서셨다는 것도 말해 줍니다. 사도들은 그분이 죽은 이들 가운데에서 부활하신 다음, 그분께서 수난하시기 전에 당신이 예언자들이 예고했던 이 고난을 받으셔야 한다는 것을 미리 말씀하셨다는 것을 믿게 되고, 그분이 십자가에 못 박히셨을 때에 도망갔던 것을 참회하였습니다. 사도들의 비망록에서 말하듯이, 그분은 그들과 함께 하느님을 찬미하며 사셨습니다.

2. 이것이 그 말씀입니다. '저는 당신 이름을 제 형제들에게 전하고 모임 한가운데에서 당신을 찬양하오리다. 주님을 경외하는 이들아, 주님을 찬양하여라. 야곱의 모든 후손들아, 주님께 영광 드려라. 이스라엘의 모든 후손들아, 주님을 두려워하여라.'

3. 사도들의 비망록에 기록되어 있듯이 그분이 사도들 가운데 한 사람의 이름을 베드로라고 바꾸셨고 제베대오의 아들 두 형제의 이름도 보아네르게스, 곧 천둥의 아들들이라고 바꾸신 것은, 야곱이 이스라엘이라고 불리게 되고 호세아가 여호수아라고 불리게 된 것이 그분에 의해서였음을 말해 주는 것입니다. 여호수아의 이름 아래, 이집트에서 나온 이들 가운데 남아 있는 이들이 성조들에게 약속된 땅으로 인도되었습니다.

4. 그분이 아브라함의 집안에서 별처럼 떠오르셔야 한다는 것을, 모

세는 '야곱에게서 별 하나가 솟고 이스라엘에게서 지도자가 일어난다' (민수 24,17)라는 말로 보여 주었습니다. 그리고 성경의 또 다른 곳에서는, '이 사람을 보아라. 그의 이름은 동방이다'(즈카 6,12)라고 쓰여 있는데, 사도들의 비망록에는, 그분께서 태어나실 때 하늘에 별이 떴고, 아라비아에서 온 박사들이 이로써 그분을 알아보고 경배했다고 기록되어 있습니다.

제107장

1. 십자가에 못 박힌 뒤 사흘날에 부활하리라는 것에 대해서, 비망록에는 여러분 종족의 사람들이 그분과 논쟁하며 '표징을 보고 싶습니다'라고 말했고 그분이 '악하고 절개 없는 세대가 표징을 요구하는구나! 그러나 요나 예언자의 표징밖에는 어떠한 표징도 받지 못할 것이다'(마태 12,38-39)라고 대답하셨다고 기록되어 있습니다. 그분께서는 이것을 감추어진 방식으로 말씀하셨지만, 듣던 이들은 그분께서 십자가에 못 박히신 뒤 사흘날에 부활하시리라는 것을 알아들을 수 있었습니다.

2. 그리고 그분은 여러분의 세대가 니네베 사람들보다 악하고 절개가 없다는 것을 보여 주셨습니다. 그들은 요나가 큰 물고기 배 속에서 사흘을 보낸 다음 밖으로 던져져 사흘 (일부 사본들에서는 사십 일) 뒤에 그들 모두가 멸망하리라고 전했을 때, 모든 생물들, 사람들과 짐승들에게 단식을 선포하여, 자루옷을 입고 깊이 탄식하며 하느님이 악을 멀리하는 모든 이에게 자비롭고 너그러우시다는 것을 믿고 마음으로부터 참으로 회개하였습니다. 그 도시의 임금과 귀족들도 자루옷을 입고 단식과 기도를 계속하였으며, 그들의 도시는 파괴되지 않았습니다.

3. 요나는 셋째 날에 그 도시가 자신이 예고한 대로 파괴되지 않았기

때문에 슬퍼하였습니다. 하지만 하느님의 구원 계획에 따라 땅에서 박이 자라나고 요나는 더위를 피해 그 그늘 아래 앉아 있었는데 (그것은 갑자기 자라났고, 요나는 그것을 심거나 물을 주지 않았는데 한순간에 자라나 그에게 그늘을 만들어 주었습니다), 하느님의 또 다른 구원 계획에 따라 그것이 시들었습니다. 그래서 요나는 슬퍼했고, 하느님은 니네베 사람들의 도시가 파괴되지 않았다고 해서 부당하게 괴로워한 그를 꾸짖으셨습니다. '너는 네가 수고하지도 않고 키우지도 않았으며, 하룻밤 사이에 자랐다가 하룻밤 사이에 죽어 버린 이 박을 그토록 동정하는구나! 그런데 하물며 오른쪽과 왼쪽을 가릴 줄도 모르는 사람이 십이만 명이나 있고, 또 수많은 짐승이 있는 이 커다란 성읍 니네베를 내가 어찌 동정하지 않을 수 있겠느냐?'(요나 4,10-11).

제108장

1. 여러분 종족의 모든 이들은 요나 때의 일들을 알고 있습니다. 그런데 그리스도는 여러분 곁에 계실 때에, 여러분에게 요나의 표징이 주어지리라고 말씀하시며 당신께서 죽은 이들 가운데에서 부활하신 뒤에는 여러분이 악행에서 회개하고 니네베 사람들처럼 하느님께 탄원을 올림으로써 여러분 민족과 도시가 점령되고 파괴되지 않도록 하라고 권고하셨습니다.

2. 그런데도 여러분은 그분께서 죽은 이들 가운데에서 부활하셨다는 것을 알고서도 회개하지 않았을 뿐만 아니라, 앞서 말한 것처럼, 사람들을 선정하여 온 세상으로 보내고서는 갈릴래아 출신 예수라는 사람으로부터 불경하고 사악한 오류가 생겨났다고 선포하게 하였으며, 그들이 그를 십자가에 못 박았지만 그 제자들이 밤에 그가 십자가에서 내

려져 묻혀 있던 무덤에서 그를 빼내고 이제 사람들에게 그가 죽은 이들 가운데에서 부활하여 하늘로 올라갔다고 속이고 다닌다고 말하게 하였습니다. 여러분은 그분을 그리스도이며 스승이요 하느님의 아들이라고 고백하는 이들을 고발하기 위하여, 그가 온 인류에게 불경하고 악하며 하느님을 모독하는 것을 가르쳤다고 비난합니다.

3. 그뿐 아니라, 여러분의 도시가 점령되고 여러분의 땅이 황폐해진 뒤에도 여러분은 회개하지 않았으며, 오히려 그분과 그분을 믿는 모든 이를 저주합니다. 그러나 우리는 여러분을 미워하지 않으며, 여러분으로 인하여 우리에 대해 비슷한 판단을 하는 이들을 미워하지도 않습니다. 우리는 여러분이 지금이라도 회개하여 만물의 자비롭고 인내로운 아버지이신 하느님의 자비를 얻기를 기도합니다.

제109장

1. 다른 민족들이 예루살렘에서 온 그분 제자들의 선포로 알게 된 그 말씀을 듣고 이전의 죄많은 삶으로부터 회개한 일에 관해서는, 열두 소예언자 가운데 하나인 미카의 예언 몇 구절을 인용함으로써 증명하겠습니다.

2. 그 말씀들은 이렇습니다. '마지막 때에 주님의 산이 나타나, 산들 가운데에서 가장 높이 세워지고 언덕들보다 높이 솟아오르리라. 백성들이 이리로 밀려들고 수많은 민족이 모여 오며 말하리라. '자, 주님의 산으로, 야곱의 하느님 집으로 올라가자. 그들이 우리에게 그분의 길을 가르쳐 주어 우리가 그분의 길을 걷게 될 것이다.' 시온에서 가르침이 나오고 예루살렘에서 주님의 말씀이 나오기 때문이다. 그분께서 수많은 백성 사이의 시비를 가리시고 멀리 떨어진 강한 민족들을 심판하시

리라. 그러면 그들은 칼을 쳐서 보습을 만들고 창을 쳐서 낫을 만들리라. 한 민족이 다른 민족을 거슬러 칼을 쳐들지도 않고 다시는 전쟁을 배워 익히지도 않으리라.

3. 사람마다 아무런 위협도 받지 않고 제 포도나무와 무화과나무 아래에 앉아 지내리라. 능력들의 주님의 입이 말씀하셨다. 정녕 모든 민족들은 저마다 자기 신의 이름으로 걸어가지만 우리는 주 우리 하느님의 이름으로 언제까지나 영원히 걸어가리라. 그날에 나는 슬퍼하는 이들을 모으고 내쫓긴 이들과 내가 고생시킨 이들을 모아들이리라. 나는 슬퍼하는 이들을 남은 자들로 만들고 쫓겨난 이들을 강한 민족으로 만들리라. 주님이 시온산에서 이제부터 영원토록 그들을 다스리리라'(미카 4,1-7)."

제110장

1. 나는 이 인용을 마치고 나서 말했다. "나는 여러분의 스승들이 이 단락의 모든 말이 그리스도에게 적용된다는 것을 인정한다는 것을 알고 있습니다. 그러나 그들은 그리스도가 아직 오지 않았다고 주장하거나, 이미 왔다 하더라도 누구인지 알 수 없다고 말한다는 것도 압니다. 그들은 그리스도가 드러나게 영광 중에 올 때에야 그가 누구인지를 알 수 있으리라고 말합니다.

2. 그들은 이 단락에 언급된 모든 것이 그때에 이루어지리라고 말합니다. 마치 예언의 말들이 그때까지는 아무런 열매도 맺지 못하리라는 듯이 말입니다. 어리석은 사람들! 그들은 제가 인용한 성경 구절 모두에서, 그분의 두 번의 오심이 예고되었다는 것을 깨닫지 못합니다. 첫번째 오심에서 그분은 영광도 영예도 없이 오시어 고통을 받고 십자가

에 못 박히시리라고 예고됩니다. 그러나 두 번째 오심에서는 영광스럽게 하늘로부터 오실 것입니다. 그때에 지극히 높으신 분을 거슬러 기이한 것을 말하는 배반자는 지상에서 우리 그리스도인을 거슬러 불법을 감행할 것입니다. 우리 그리스도인은 율법과 예수의 사도들을 통하여 예루살렘으로부터 나온 말들로부터 하느님을 공경하기를 배웠고, 야곱의 하느님과 이스라엘의 하느님께 피신했습니다.

3. 전쟁, 살인 그리고 온갖 악행으로 가득했던 우리는 온 땅에서 각자 자신의 무기, 곧 칼은 보습으로 창은 농기구로 만들었고, 십자가에 못 박히신 분을 통하여 아버지로부터 우리에게 주어지는 신심과 정의와 이웃 사랑과 믿음과 희망을 기르고 있습니다. 우리는 각자 자신의 포도나무 아래에 앉아 있습니다. 곧, 각자 자신이 혼인한 여자하고만 함께 삽니다. 예언 말씀이, '그의 아내는 풍성한 포도나무 같다'(시편 127,3 칠십인역)라고 말하기 때문입니다.

4. 온 땅에서 예수를 믿는 우리를 아무도 위협하거나 예속시킬 수 없다는 것은 명백합니다. 참수되고, 십자가에 못 박히고, 맹수의 먹이가 되고, 사슬에 묶이거나 불에 던져지고 온갖 고문을 당해도, 우리는 우리의 신앙 고백을 버리지 않습니다. 오히려, 이러한 고통을 겪을수록 예수의 이름으로 하느님을 믿고 공경하는 이들이 늘어납니다. 열매를 맺었던 포도나무 가지를 치면 그것이 다시 자라나 무성하고 열매 많은 새 가지들이 생겨나듯이, 우리도 그러합니다. 하느님이시며 구원자이신 그리스도께서 심으신 포도밭은 그분의 백성들이기 때문입니다.

5. 예언의 나머지 부분은 그분께서 두 번째 오실 때에 이루어질 것입니다. '쫓겨난 이들'은 이 세상으로부터 쫓겨난 이들을 말합니다. 여러분 같은 사람들은 할 수만 있으면 그리스도인들을 자신의 소유지에서

는 물론 온 세상에서 쫓아냅니다. 여러분은 어떤 그리스도인도 살려 두지 않기 때문입니다.

6. 여러분은 여러분 백성도 같은 운명을 겪었다고 말합니다. 하지만 여러분은 전쟁에 패배하여 쫓겨난 것이니, 성경이 증언하듯이 그것은 여러분이 겪어 마땅한 고통이었습니다. 그러나 우리는 하느님께서는 진리를 알게 된 후에 그러한 일을 전혀 하지 않았습니다. 하느님께서는 우리가 지극히 의로우시고 홀로 흠이 없으시며 죄가 없으신 그리스도와 함께 땅에서 제거된다고 확인해 주십니다. 이사야는 이렇게 말합니다. '의인이 사라져 가도 마음에 두는 자 하나 없다. 의인들이 제거되어도 신경쓰는 자 하나 없다'(이사 57,1).

제111장

1. 그리스도께서 두 번 오시리라는 것은 모세 시대에도 이미 예고되었습니다. 나는 단식 때에 제물로 바쳐지는 염소 두 마리의 상징에 대해 말하면서 이를 이미 언급하였습니다. 모세와 여호수아의 행위에서도 같은 신비가 상징적으로 예고되고 선포되었습니다. 모세는 손을 쳐들고 지탱을 받으면서 저녁 때까지 언덕 위에 남아 있었습니다. 그것은 다름 아닌 십자가를 보여 주는 예표입니다. 여호수아[예수]는 호세아라는 이름이 바뀐 다음 전투를 이끌었고, 이스라엘이 승리했습니다.

2. 하느님의 거룩한 이들이며 예언자인 이 두 사람에게 일어난 일에 관하여 알아야 할 것이 있습니다. 그들 가운데 한 사람 혼자서는 이 두 가지 신비, 곧 십자가의 예형과 예수라는 이름의 예형을 모두 담을 수는 없었다는 것입니다. 그렇게 할 수 있는 힘을 가진 분은 오직 한 분이시고, 과거에도 그랬고 미래에도 그러할 것입니다. 모든 능력들이 그

이름을 두려워합니다. 그들이 그분에 의하여 제거될 것이기 때문입니다. 그러므로 고난을 받고 십자가에 못 박히신 우리 그리스도는, 율법에 의하여 저주를 받은 것이 아니라 오히려 그분께 대한 믿음에서 멀어지지 않은 이들을 구원할 수 있는 유일한 분이심을 드러내신 것입니다.

3. 그래서 이집트에서 구원된 이들은 이집트인들의 맏아들들이 죽었을 때 양쪽 문설주와 상인방에 바른 파스카 어린 양의 피로 구원받았습니다. 파스카는 희생되실 그리스도였습니다. 이사야도 '도살장에 끌려가는 어미 양'(이사 53,7)이라고 말했습니다. 또한 파스카 날에 여러분이 그분을 붙잡았고 파스카 때에 그분을 십자가에 못 박았다고 기록되어 있습니다. 파스카 어린 양의 피가 이집트에 있던 이들을 구했듯이, 그리스도의 피는 신자들을 죽음에서 구합니다.

4. 문 위에 그 표시가 없었다고 하느님께서 잘못 아셨겠습니까? 나는 그렇게는 말하지 않겠습니다. 그것은 그리스도의 피를 통하여 인류에게 주어질 구원을 예고하는 것이었습니다. 눈의 아들 여호수아가 보낸 정탐꾼들이 예리코에서 라합에게 붉은 줄을 주면서 창문에 그 줄을 매어 그들을 내려 주어 원수들로부터 도망치게 해 달라고 했던 그 줄 역시, 그리스도의 피의 상징이었습니다. 그 피 덕분으로, 모든 민족들 가운데에서 음행과 불의를 저지르던 이들이 죄를 용서받고 더 이상 죄를 짓지 않음으로써 구원되었습니다.

제112장

1. 그러나 여러분은 이러한 것들을 낮은 수준에서 해석하여, 하느님을 매우 약한 분으로 여깁니다. 여러분이 그것을 그저 단순하게 듣고, 그 말의 힘을 탐구하지 않기 때문입니다. 그런 식으로 본다면 모세도

율법을 어긴 사람으로 판단될 것입니다. 그는 하늘이나 땅이나 바다에 있는 어떤 것도 모양을 본 떠 상을 만들지 말라고 명해 놓고, 그 자신이 구리로 뱀을 만들어 표지로 세우고, 뱀에 물린 이들에게 그것을 쳐다보도록 지시했기 때문입니다. 그리고 그것을 쳐다본 이들은 나았습니다.

2. 앞서 내가 말했듯이 하느님께서 처음에 저주하셨고 이사야가 선포하듯이 큰 칼로 죽이셨던(이사 27,1) 그 뱀이 백성을 구원했다고 생각해야 하겠습니까? 이것들을 상징으로 이해하지 않고, 여러분의 스승들이 하듯이 어리석게 이해해야 하겠습니까? 이 상징을 십자가에 못 박히신 예수의 모습과 연결지어야 하지 않겠습니까? 모세는 손을 쳐들고, 여호수아라는 이름을 받은 이와 함께 여러분 백성이 승리하게 하지 않았습니까?

3. 이렇게 이해한다면, 입법자의 행동이 전혀 당혹스럽지 않을 것입니다. 백성이 죄와 불순종의 시작이 되었던 그 동물에게 희망을 두도록 하면서도 하느님을 저버리지 않은 것이기 때문입니다. 그것은 복된 예언자가 사려 깊고 신비롭게 말하고 행한 것들이며, 예언자들이 그들 안에 지식을 갖고 있었다면 그들이 말하거나 행한 것에 대하여 비난할 수 있는 근거는 전혀 없습니다.

4. 그러나 만일 여러분의 스승들처럼 한다면, 왜 여기에서는 암낙타에 대하여 말하지 않는지, 암낙타는 무엇을 뜻하는지, 제물을 바칠 때에 왜 이만큼의 밀가루와 이만큼의 기름을 바치는지를 설명하는 데서 그칩니다. 그것을 낮은 수준에서 설명하느라 참으로 중요하고 탐구해야 할 것들에 대해서는 말하지도 설명하지도 않으며, 우리가 그것을 설명하면 여러분에게 우리의 말을 듣지 말고 우리와 대화하지 말라고 명하니, 그런 그들은 우리 주 예수 그리스도께서 그들에게 하신 이 말씀

을 들어 마땅하지 않겠습니까? '너희는 겉은 아름답게 보이지만 속은
죽은 이들의 뼈와 온갖 더러운 것으로 가득 차 있는 회칠한 무덤 같다.
너희는 박하의 십일조는 내지만 낙타는 삼킨다. 눈먼 인도자들이여!'
(마태 23,27).

5. 자신을 들어 높이며 '라삐, 라삐'라고 불리기를 바라는 이들의 가
르침을 여러분이 무시하지 않는다면, 여러분의 동족으로부터 예언자
들이 겪은 것과 같은 고통을 겪을 마음가짐으로 열심히 고심하며 예언
자들의 말에 다가가지 않는다면, 여러분은 예언자들의 글에서 어떤 유
익도 얻지 못할 것입니다.

제113장

1. 내가 말하려는 것은 이것입니다. 여러 차례 말한 것처럼, 가나안
땅을 정탐하러 칼렙과 함께 파견된 여호수아는 호세아라고 불렸었습
니다. 모세가 그를 여호수아라고 불렀습니다. 여러분은 그가 왜 이렇게
했는지 묻지도 않고, 이것에 당황하지도 않고, 알고 싶어 하지도 않습
니다. 그래서 여러분에게 그리스도는 감추어져 있고, 여러분은 읽으면
서도 이해하지 못합니다. 지금도 여러분은 예수가 우리 그리스도라는
말을 들으면서도, 그 이름이 이유 없이 우연히 주어진 것이 아님을 깨
닫지 못합니다.

2. 당신들은 아브라함의 이름에 'a'가 더해진 이유에 대해 신학적 토
론을 하고, 사라의 이름에 'r'이 더해진 것에 대하여 심각한 토론을 합
니다. 그러면서도 눈의 아들에게 그 아버지가 주었던 호세아라는 이름
이 여호수아라는 이름으로 바뀐 것에 대해 그렇게 탐구하지 않는 이유
는 무엇입니까?

3. 그는 이름만 바뀐 것이 아니라 모세의 후계자가 되었고, 이집트에서 나온 그의 세대 가운데 오직 그가 남은 백성을 거룩한 땅으로 데리고 들어갔습니다. 그러니까 모세가 아니라 그가 백성을 거룩한 땅으로 인도했고, 그는 함께 들어간 이들이 제비를 뽑게 해서 그 땅을 나누어 주었습니다. 이처럼 예수 그리스도도 흩어진 백성을 모으시고 각자에게 좋은 땅을 나누어 주실 것이지만, 같은 방법으로는 아닐 것입니다.

4. 여호수아는 그들에게 일시적인 유산을 주었습니다. 그는 하느님이신 그리스도가 아니고 하느님의 아드님도 아니었기 때문입니다. 예수는 거룩한 부활 이후에 우리에게 영원한 유산을 주실 것입니다. 여호수아는 이름이 바뀌고 그분의 영의 힘을 받아 해가 멈추어 서게 했습니다. 나는, 아버지의 뜻에 따라 모세, 아브라함 그리고 다른 성조들에게 나타나 그들과 대화한 것이 예수였다는 것을 증명했습니다. 그리고 그분께서는 동정 마리아를 통하여 사람으로 태어나셨고, 영원히 살아 계십니다.

5. 그분이 오신 뒤 아버지께서는 그분을 통하여 하늘과 땅을 새롭게 하고자 하십니다. 그분은 예루살렘에서 영원한 빛을 비출 분이십니다. 그분은 멜키체덱과 같이 살렘 임금이며 지극히 높으신 분의 영원한 사제이십니다.

6. 여호수아는 돌칼로 백성에게 두 번째로 할례를 베풀었다고 합니다. 이는 예수 그리스도께서 우리를 돌이나 여러 재료들로 만들어진 우상들로부터 할례를 베푸시리라는 것을 예고합니다. 할례를 받지 않은 이들, 곧 세상의 오류에 빠져 있던 이들을 어디에서나 한데 모아 돌칼로, 곧 우리 주 예수의 말씀으로 할례를 주시리라는 것입니다. 나는 이미 앞에서, 예언자들이 그리스도를 상징적으로 돌이나 바위로 나타냈

다는 점을 증명했었습니다.

7. 그러므로 우리는 돌칼이 그분의 말씀을 뜻한다고 이해합니다. 그 말씀으로써, 오류에 빠져 있던 많은 이들이 할례를 받지 않은 상태로부터 마음의 할례를 받게 되었습니다. 하느님은 여호수아를 통하여, 아브라함에게서 시작된 할례를 이미 받은 이들이 그때부터 마음의 할례를 받도록 명하셨습니다. 여호수아가 거룩한 땅에 들어간 이들에게 돌칼로 할례를 베푼 것은 이를 뜻합니다.

제114장

1. 성령은 때로는 미래에 일어날 일의 예표가 될 일들이 드러나게 일어나게 하셨고, 때로는 미래의 사건에 관하여 마치 그것이 그 순간에 일어나고 있거나 아니면 이미 일어난 것처럼 말씀하셨습니다. 예언자들의 말을 읽는 사람이 이러한 표현 방식을 알지 못한다면, 그는 그 말들을 제대로 이해할 수 없습니다. 여러분의 이해를 돕기 위해 예언의 예를 몇 가지 들겠습니다.

2. 이사야를 통하여 '도살장에 끌려가는 어미 양처럼 털 깎는 사람 앞에 잠자코 서 있는 어린 양처럼'(이사 53,7)이라고 말씀하실 때에는, 그 수난이 이미 일어난 것처럼 말씀하십니다. 그리고 '나는 반항하는 백성에게 날마다 팔을 벌리고 있었다'(이사 65,2)라고 하실 때나 '주님, 우리의 말을 누가 믿었습니까?'(이사 53,1)라고 하실 때에도, 이미 일어난 사건들에 대해 선포하듯이 말씀하십니다. 그리고 나는, 그리스도께서 여러 차례 비유에서 돌이라고 일컬어졌고 상징적으로 야곱, 이스라엘로 불렸다는 점을 밝혔습니다.

3. 그리고 그가 '우러러 당신의 하늘을 바라봅니다, 당신 손가락의

작품들을'(시편 7,4 칠십인역)이라고 할 때, '작품'을 그분의 말씀으로 이해하지 않는다면 이 구절은 해석이 되지 않습니다. 그렇게 하지 않는다면, 여러분의 스승들이 생각하듯이 만물의 아버지, 태어남을 받지 않으신 하느님이 합성된 피조물처럼 손과 발, 손가락, 영혼을 지니고 계시다고 여기게 됩니다. 그래서 그들은 아버지께서 몸소 아브라함과 야곱에게 나타나셨다고 가르칩니다.

4. 돌칼로 두 번째 할례를 받은 우리는 복됩니다. 여러분의 첫 번째 할례는 쇠로 행했고 지금도 그리합니다. 여러분의 마음이 늘 완고하기 때문입니다. 우리의 할례는 여러분의 할례보다 늦게 제정되었기 때문에 두 번째 할례이지만, 우상 숭배와 온갖 악으로부터 날카로운 돌로, 곧 모퉁잇돌이시며 사람이 손을 대지 않았는데 떼어진 돌이신 분의 사도들을 통하여 선포된 말씀들로 베푸는 할례입니다. 우리의 마음은 악으로부터 할례를 받아, 그 아름다운 바위의 이름으로 죽는 것을 기뻐하게 되기에 이릅니다. 그 바위는, 그분을 통하여 만물의 아버지를 사랑하게 되는 이들의 마음 안에 생명의 물이 솟아나게 하고, 원하는 이는 누구나 생명의 물을 마시게 합니다.

5. 그러나 여러분은 내 말을 이해하지 못합니다. 여러분은 그리스도가 무엇을 하시리라고 예언되었는지 깨닫지 못했고, 우리가 성경에 관해 말해도 우리를 믿지 않았습니다. 그래서 예레미야는 이렇게 외칩니다. '불행하여라! 너희는 생수의 원천을 저버렸고 너희 자신을 위해 물이 고이지 못하는 갈라진 저수 동굴을 팠다(예레 2,13). 너희가 보는 앞에서 내가 예루살렘에게 이혼장을 주었으니, 시온산이 있는 곳은 황무지가 되지 않겠느냐?'(예레 3,8 참조).

제115장

1. 여러분은 즈카르야가 그리스도의 신비를 비유로 제시하고 감추어진 방식으로 선포하는 말씀을 믿어야 합니다. "딸 시온아 기뻐하며 즐거워하여라. 정녕 내가 이제 가서 네 한가운데에 머무르리라. 주님의 말씀이다. 그날에 많은 민족이 주님과 결합하여 그들은 내 백성이 되고 나는 네 한가운데에 머무르리라.' 그때에 그들은 만군의 주님께서 나를 너에게 보내셨음을 알게 되리라.

2. 주님께서는 이 거룩한 땅에서 유다를 당신 몫으로 삼으시고 예루살렘을 다시 선택하시리라. 모든 인간은 주님 앞에서 조용히 하여라. 그분께서 당신의 거룩한 구름에서 일어나셨다. 그가 주님의 천사 앞에 서 있는 예수아 대사제를 나에게 보여 주었다. 그의 오른쪽에는 악마가 그를 고발하려고 서 있었다. 주님이 악마에게 말씀하셨다. '예루살렘을 선택하신 주님께서 너를 꾸짖으신다. 이 사람은 불 속에서 꺼낸 나무토막이 아니냐?'(즈카 2,14-17; 3,1-2)."

3. 트리폰이 반박하려고 하기에, 내가 말했다. "내 말을 마저 들으시지요. 나는 당신이 추측하듯이 당신 백성이 유배 갔던 바빌론에 예수아라는 이름의 사제가 없었다고 해석하려는 것이 아닙니다. 그러나 만일 그렇게 했다 하더라도, 나는 여러분 민족 중에 예수아라는 사제가 있었지만 즈카르야 예언자가 계시로 본 것은 그가 아니었다는 것을 증명할 뿐일 것입니다. 그가 깨어 있으면서 자신의 눈으로 악마와 주님의 천사를 본 것이 아니라, 계시가 주어질 때에 탈혼 중에 이들을 본 것처럼 말입니다.

4. 내가 하고자 하는 말은, 눈의 아들이 여호수아라는 이름을 받고서 장차 우리 주님께서 하실 일들을 예고하는 기적들과 행위들을 이루었

다고 성령께서 증언하셨듯이, 나는 예수아 사제 때에 바빌론에서 당신 백성에게 있었던 계시는, 하느님이시며 그리스도이시고 만물의 아버지의 아들이신 우리의 사제에 의하여 이루어질 일의 예고였음을 증명하겠습니다.

5. 조금 전에 내가 여러분에게 눈의 아들이 이집트에서 나온 이들 가운데 유일하게 성경에서 그들보다 젊었다고 말하는 이들과 함께 거룩한 땅으로 들어갔다고 했을 때에 여러분이 나를 공격하지 않고 조용히 있은 것이 놀랍습니다. 여러분은 파리처럼 몰려다니며 상처를 건드리곤 하는 사람들이니 말입니다.

6. 만 가지 맞는 말을 하고 작은 한 부분이 여러분의 마음에 들지 않거나 이해할 수 없거나 정확하지 않게 보이면, 여러분은 많은 좋은 것들을 버리고 작은 한 구절에 매달려 그것이 불경하거나 죄스러운 것으로 보이게 하려 합니다. 하지만 여러분은 하느님께 같은 심판을 받을 것이며, 여러분의 무모함과 여러분의 악한 행위에 대하여, 그리고 성경을 곡해한 잘못된 해석에 대하여 더 무서운 셈을 바쳐야 할 것입니다. 여러분이 심판하는 그 기준으로 여러분이 심판을 받는 것이 마땅하기 때문입니다.

제116장

1. 하지만 거룩하신 예수 그리스도에 관한 계시를 여러분에게 더 확실히 설명하기 위하여, 이야기를 계속하겠습니다. [즈카르야가 본] 이 계시는 십자가에 못 박히신 사제 그리스도를 믿는 우리를 위해서도 주어진 것입니다. 우리는 불륜과 온갖 더러운 행위들에 빠져 있었지만, 그분 아버지의 뜻에 따라 우리 예수를 통하여 우리에게 주어지는 은총

으로 우리가 입고 있던 그 더러운 악행을 벗어 버렸습니다. 악마는 언제나 우리 곁에 있으며 모든 이를 자신에게 끌어들이려고 하지만, 하느님의 천사, 곧 예수 그리스도를 통하여 우리에게 보내진 하느님의 힘은 악마를 꾸짖고 악마는 우리에게서 떠나갑니다.

2. 이전의 죄에서 정화된 우리는 악마와 그의 협조자들이 우리를 괴롭히던 고통과 시험에서 벗어났습니다. 하느님의 아드님이신 예수께서 우리를 그들에게서 빼내십니다. 그분은 우리에게, 우리가 당신의 계명을 지킨다면 우리에게 고운 옷을 입혀 주시겠다고 약속하셨고, 우리를 위하여 영원한 나라를 마련해 두시겠다고 말씀하셨습니다.

3. 예언자가 사제라고 부르는 그 예수아가 창녀를 아내로 맞은 까닭에 더러운 옷을 입고 나타났고 죄를 용서받았기에 불에서 꺼낸 장작이라고 불렸듯이 (그리고 그를 반대하던 악마는 꾸짖음을 들었지요), 마치 한 사람처럼 예수의 이름을 통하여 만물을 만드신 하느님을 믿은 우리도, 그분 맏아들이신 아드님의 이름을 통하여 더러운 옷, 곧 죄를 벗어 버렸고, 우리를 부르시는 그 말씀으로 타오릅니다. 우리는 참으로 하느님의 대사제의 종족입니다. '민족들 가운데에서 곳곳에서 당신 마음에 드는 정결한 제물이 바쳐진다'(말라 1,10-12)는 말씀으로 하느님께서 이를 증언하십니다. 그런데 하느님은 오직 당신 사제들을 통해서만 제사를 받으십니다.

제117장

1. 그러니까 예수 그리스도께서 명하신 대로 우리가 그 이름을 통하여 바치는 제사, 곧 빵과 잔의 성찬에서 드리는 제사, 그리스도인들이 지상의 모든 곳에서 드리는 제사가 당신 마음에 든다는 것을 하느님께

서 미리 증언하신 것입니다. 그러나 여러분과 여러분의 사제들이 드리는 제사는 거부하십니다. '나는 너희 손이 바치는 제물을 받지 않으리라. 그러나 해 뜨는 곳에서 해 지는 곳까지, 내 이름은 민족들 가운데에서 드높다. 그러나 너희는 내 이름을 더럽힌다'(말라 1,10-12).

2. 여러분은 지금까지도 다투기를 좋아하여, 하느님께서 받아들이지 않으신 것은 그때에 예루살렘에 살던 이스라엘인들의 제사고, 유배지에 살던 이스라엘인들의 기도는 받아들이시며, 그 기도를 제사라고 부르신 것이라고 말합니다. 합당한 사람이 드리는 기도와 감사 행위만이 완전하고 하느님 마음에 드는 제사라는 것은 나도 인정합니다.

3. 그리스도인들은 이러한 것들만을 바치고자 하며, 또한 음식과 음료로써 하느님의 아드님께서 그들을 위하여 겪으신 고난을 기념합니다. 여러분 백성의 대사제들과 스승들은 그 하느님의 아드님의 이름을 온 땅에서 더럽히고 모독합니다. 하지만 하느님께서 모든 이를 부활시키시어 어떤 이들을 영원한 나라에서 불사불멸하며 슬픔 없이 살게 하시고 어떤 이들은 영원히 불로 벌받게 하실 때에, 그분은 여러분이 예수의 이름으로 그리스도인이 된 이들에게 던진 그 더러운 옷이 우리에게서 벗겨지는 것을 보여 주실 것입니다.

4. 여러분과 여러분의 스승들은, 이 단락을 여러분 종족 가운데 유배살이 하는 이들에 관한 것으로 해석하고 그들의 기도와 제사가 어느 곳에서나 깨끗하고 하느님 마음에 들었다고 말함으로써 여러분 자신을 속입니다. 여러분이 거짓을 말하며 또한 온갖 방법으로 여러분 자신을 속이고 있다는 것을 아십시오. 첫째로, 지금도 여러분의 종족은 해 뜨는 곳에서 해 지는 곳까지 퍼져 있지 않습니다. 아직 여러분 종족 가운데 아무도 그 안에 가서 살지 않은 민족들이 있습니다.

5. 반면 야만인이든 그리스인이든 다른 어떤 이름의 민족이든, 또는 떠돌아다니며 살거나 집 없이 사는 이들이든, 천막에 살며 가축을 치는 이들이든, 어떤 인간 종족 가운데에도, 십자가에 못 박히신 예수의 이름으로 만물의 아버지이며 창조주이신 분께 기도와 감사를 올리지 않는 종족은 없습니다. 둘째로는, 성경이 보여 주듯이, 말라키 예언자가 이 말을 하던 때에는 아직 오늘날처럼 여러분이 온 땅에 흩어지지 않았었습니다.

제118장

1. 그러니 다투기 좋아하는 여러분의 태도를 버리고, 심판의 큰 날이 오기 전에 회개하는 것이 좋습니다. 그날에 그리스도를 찔렀던 여러분 지파의 모든 이들은, 성경에서 예고되었다고 내가 증명하였듯이, 가슴을 칠 것입니다. 또한 나는, 주님께서 맹세하셨고 '멜키체덱과 같이'(시편 109,4 칠십인역)라는 예고가 무엇을 뜻하는지도 설명했습니다. 그리고 앞에서 '그의 무덤은 제거되고'(이사 53,8)라는 이사야의 예언이 그리스도가 묻히고 부활하리라는 것을 가리킨다는 것도 말했습니다. 바로 그 그리스도가 산 이들과 죽은 이들을 심판할 분이시라는 것도 여러 차례 말했습니다.

2. 나탄도 그분에 대해 다윗에게 이렇게 말했습니다. '나는 그의 아버지가 되고 그는 나의 아들이 될 것이다. 일찍이 그의 선임자들에게서 내 자애를 거둔 것과는 달리, 그에게서는 내 자애를 거두지 않겠다. 나는 그를 내 집안에, 그의 나라 안에 영원히 굳건하게 하리라'(2사무 7,14-16). 그리고 집안을 이끌 이에 대한 에제키엘의 말(에제 44,3)도 다름 아닌 이분을 가리킵니다. 그분은 하느님의 아드님이시기에 선택된 사제,

영원한 임금, 그리스도이십니다. 이사야나 다른 예언자들이, 그분이 두 번째 오실 때에 제단에 피 흘리는 제사나 제주를 바치리라고 말한다고는 생각하지 마십시오. 그들은 진정하고 영적인 찬양과 감사의 행위에 대해 말하는 것입니다.

3. 우리는 그분을 헛되이 믿지 않았고, 우리에게 이 가르침을 전해 준 이들에 의해 빗나가지도 않았습니다. 이것은 하느님의 놀라운 예지로 이루어진 일입니다. 그래서 새롭고 영원한 계약, 곧 그리스도의 계약의 부르심을 통하여 우리가, 하느님을 사랑하고 이해력이 있다고 여겨지지만 실제로는 그렇지 않은 여러분보다 더 슬기롭고 하느님을 공경하는 사람들이 됩니다.

4. 이사야는 이에 대해 경탄하며 말했습니다. '임금들도 그 앞에서 입을 다물리니, 그분에 대해 이제까지 알려지지 않았던 이들이 그분을 보고 들어 보지 못한 이들이 깨닫기 때문이다. 주님, 우리의 말을 누가 믿었습니까? 주님의 팔이 누구에게 드러났습니까?'(이사 52,15; 53,1). 트리폰이여, 나는 이렇게 오늘 오신 분들을 위하여 이미 설명했던 것을 짧고 간략하게 되풀이했습니다."

5. 그러자 그가 말했다. "좋습니다. 당신이 똑같은 내용을 길게 되풀이하더라도, 나와 동료들은 기꺼이 들을 것입니다."

제119장

1. 내가 말했다. "여러분은, 그렇게 원하신 분의 뜻에 따라 우리가 성경에 들어 있는 이 모든 것을 이해할 은총을 받지 않았더라면, 그것을 이해할 수 있었으리라고 생각합니까? 모세가 말한 것은 성취되어야 했습니다.

2. '그들은 낯선 신들로 그분을 질투하시게 하고 역겨운 짓으로 그분을 분노하게 하였다. 그들은 알지 못하던 마귀들에게 제물을 바쳤다. 갓 들어온 새 신들, 그들의 조상들은 모르던 신들이다. 너는 너를 낳으신 하느님을 버리고 너를 기르신 하느님을 잊어버렸다. 주님께서는 그것을 보시고 질투하여 당신 아들딸들에게 분노하시며 말씀하셨다. '나는 그들에게서 나의 얼굴을 감추고 그들의 끝이 어떻게 되는지 보여 주리라. 그들은 타락한 세대, 믿음이라고는 전혀 없는 자식들이다. 그들은 신도 아닌 것들로 나를 질투하게 하고 그들의 우상들로 나를 분노하게 하였다. 나 또한 내 백성이 아닌 자들로 그들을 질투하게 하고 어리석은 민족으로 그들을 분노하게 하리라. 나의 진노로 불이 타올라 저승까지 타 들어가며 땅과 그 소출을 삼켜 버리고 산들의 기초까지 살라 버리리라. 나는 그들에게 재앙을 퍼부으리라''(신명 32,16-23).

3. 이 의로우신 분께서 죽임을 당하신 뒤, 우리는 다른 백성으로 꽃피었습니다. 우리는 예언자가 말한 대로 새롭고 무성한 곡식처럼 싹텄습니다. '그날에 많은 민족이 주님과 결합하여 그들은 내 백성이 되고 그들은 땅 한가운데에 머무르리라'(즈카 2,15). 그러나 우리는 한 백성일 뿐 아니라, 이미 증명한 바와 같이 거룩한 백성입니다. '사람들이 그들을 '거룩한 백성, 주님의 구원을 받은 이들'이라 부르리라'(이사 62,12).

4. 그러므로 우리는 멸시를 받을 백성이거나 야만족이 아니고, 카리아인도 프리기아인도 아닙니다. 하느님은 우리를 선택하셨고, 당신을 찾지 않은 이들에게 당신을 드러내 보이셨습니다. 하느님은 '나의 이름을 부르지 않는 겨레에게 나는 하느님이다'(이사 65,1)라고 말씀하십니다. 이것이 옛적에 하느님께서 아브라함에게 그가 많은 민족의 조상이 되리라고 약속하신 민족입니다. 그분은 아랍인과 이집트인, 이두매아

인들에 대해 말씀하신 것이 아닙니다. 이스마엘도 큰 민족의 조상이 되었고 에사우도 그러했기 때문입니다. 오늘날에도 암몬인들은 숫자가 많습니다. 그리고 노아는 아브라함의 조상이었고 실제로 모든 인류의 조상이었습니다. 다른 이들은 또 다른 이들의 조상이었습니다.

5. 그렇다면 그리스도가 아브라함에게 베푼 더 큰 은총은 무엇입니까? 그것은, 그에게 살고 있던 땅에서 나오라고 말씀하시며 당신의 목소리로 그를 부르신 것입니다. 그분은 바로 그 목소리로 우리 모두를 부르셨고, 우리는 지상의 다른 주민들의 생활 방식과 마찬가지로 악했던 이전의 생활 방식을 떠났고, 아브라함과 함께 거룩한 땅을 상속받을 것입니다. 우리는 같은 믿음에 힘입어 아브라함의 자녀들이 되었으므로 영원히 그 상속 재산을 받을 것입니다.

6. 아브라함이 하느님의 목소리를 믿었고 그것이 그에게 의로움으로 여겨졌듯이, 우리도 그리스도의 사도들을 통하여 들려오고 예언자들을 통하여 예고된 하느님의 목소리를 믿었고 목숨을 바치기까지 세상의 모든 것을 버렸습니다. 하느님은 아브라함에게 경건하고 의로우며 아버지의 마음에 드는, 같은 믿음을 가진 민족을 약속하셨던 것이며, 그것은 여러분이 아닙니다. 여러분은 '믿음이라고는 전혀 없는'(신명 32,20) 이들입니다.

제120장

1. 그분께서 이사악과 야곱에게도 같은 약속을 하시는 것을 잘 보십시오. 이사악에게 이렇게 말씀하십니다. '세상의 모든 민족들이 너의 후손을 통하여 복을 받을 것이다'(창세 26,4). 그리고 야곱에게도 말씀하십니다. '세상의 모든 지파들이 너의 후손을 통하여 복을 받을 것이다'

(창세 28,14). 에사우나 르우벤이나 다른 누구에게 이 말씀을 하시는 것이 아니라, 오직 동정 마리아를 통하여 실현될 당신의 구원 계획에 따라 그리스도께서 그 후손으로 태어나실 이들에게 이 말씀을 하십니다.

2. 유다에 대한 축복을 보면 내 말이 무슨 뜻인지 알 것입니다. 야곱에게서 후손이 갈라져 유다와 페레즈, 이사이, 다윗으로 이어지기 때문입니다. 이는, 여러분 종족 가운데 어떤 이들은 아브라함의 후손이면서 그리스도의 몫에 함께 참여할 것이고, 다른 이들은 아브라함의 후손이지만 바닷가의 모래알 같은 후손이 없고 열매가 없으리라는 것을 상징합니다. 그들은 분명 많고 다수이지만 전혀 열매를 내지 못하며 다만 바닷물을 흡수할 따름입니다. 이것은 여러분 종족 가운데 대다수에 대한 경고입니다. 그들은 씁쓸하고 불경한 가르침들은 빨아들이고 하느님의 말씀은 뱉어 버립니다.

3. 유다에 관해서는 이렇게 말씀하십니다. '유다에게서 통치자가, 그의 옆구리에서 지도자가 끊이지 않으리라. 그에게 정해진 몫이 올 때까지. 민족들이 그를 기다리리라'(창세 49,10). 이것이 유다에 대한 말이 아니라 그리스도에 대한 말임은 명백합니다. 모든 민족들 출신인 우리는 유다가 아니라 예수를 기다리기 때문입니다. 그분은 여러분의 조상들도 이집트에서 데리고 나오셨습니다. 예언은 그리스도의 오심을 예고하여 '그에게 정해진 몫이 올 때까지. 민족들이 그를 기다리리라'고 합니다.

4. 내가 여러분에게 여러 차례 증명한 바와 같이 그분께서는 오셨고, 우리는 그분께서 구름을 타고 다시 오시기를 기다립니다. 여러분은 그 예수의 이름을 더럽혔고, 온 땅에서 그 이름이 모독당하게 하려 합니다. 나는 여러분이 '그에게 정해진 몫이 올 때까지'라고 해석하는 데 대

해 논박하려 합니다. 칠십인역의 번역자들은 그렇게 번역하지 않고, '그를 위하여 때가 정해져 있는 그가 올 때까지'라고 옮겼기 때문입니다.

5. 그에 뒤따르는 구절에서 이것이 그리스도에 대한 말씀임을 보여 주므로 ('민족들이 그를 기다리리라'), 이 점에 대해 여러분과 토론하지는 않겠습니다. 내가 여러분이 인정하지 않는 예레미야 예언자와 에즈라, 다윗의 구절들을 인용은 하면서도 그것을 근거로 그리스도에 관한 증명을 하지는 않고 오직 여러분이 인정하는 부분들만 근거로 했던 것처럼 말입니다. 여러분의 스승들이 그 단락들을 이해했다면 그들은 이사야의 죽음에 관한 이야기와 마찬가지로 이 단락들도 삭제했을 것입니다. 유대인들은 이사야를 나무 톱으로 동강냈고, 그것도 그리스도를 보여 주는 신비로운 예표였습니다. 그리스도는 여러분 종족을 둘로 갈라, 영원한 나라에 합당한 이들은 거룩한 성조들과 예언자들과 함께 세우시고 다른 이들은 앞에서 말한 것처럼 꺼지지 않는 불로 단죄받도록 모든 민족들 가운데 그들과 마찬가지로 믿지 않고 완고한 이들과 함께 보내실 것입니다.

6. 그분은 이렇게 말씀하셨습니다. '많은 사람이 동쪽과 서쪽에서 모여 와, 하늘 나라에서 아브라함과 이사악과 야곱과 함께 잔칫상에 자리 잡을 것이다. 그러나 나라의 상속자들은 바깥 어둠 속으로 쫓겨날 것이다'(마태 8,11-12). 사실 나는 한 가지 생각밖에 없습니다. 진실을 말하는 것이지요. 그런 나를 여러분이 갈가리 찢는다 해도 나는 조금도 두렵지 않습니다. 나는 카이사르에게 편지를 썼을 때에도 나의 동족인 사마리아인들을 두려워하지 않았으며, 그들이 동족인 마술사 시몬을 어떤 주권과 권세와 능력보다 뛰어난 신이라고 믿는 오류에 빠져 있다고 말한 바 있습니다."

제121장

1. 그들이 아무 말 없기에 나는 계속 말했다. "친구들이여, 성경은 다 윗을 통하여 이 그리스도에 대하여 말할 때에는, 민족들이 그의 후손을 통해서가 아니라 그분을 통해서 축복을 받으리라고 말합니다. 이 구절 입니다. '그의 이름이 영원하며 해 위에 솟아오르게 하소서. 모든 민족 들이 그를 통하여 복을 받게 하소서'(시편 71,17 칠십인역). 모든 민족들이 그리스도 안에서 복을 받고 모든 민족 출신이 그분을 믿는다면, 그분은 그리스도이시고 우리는 그분을 통하여 복을 받은 것입니다.

2. 하느님께서 예전에는 해를 섬기는 것을 허락하셨다고 기록되어 있지만, 해에 대한 믿음 때문에 죽임을 당한 사람은 없습니다. 반면 예 수의 이름을 위해서는 모든 종족의 사람들이 온갖 고통을 견뎠으며 그 분을 부인하지 않았습니다. 진리이며 지혜인 그분의 말씀은 해보다 더 밝게 빛나며, 마음과 정신에 깊게 스며듭니다. 그래서 '그의 이름이 해 위에 솟아오르게 하소서'라고 하는 것이며, 또한 즈카르야는 '그의 이 름은 동쪽'(즈카 6,12)이라고 말합니다. 그리고 그분 때문에 '가족마다 따 로따로 가슴을 칠 것'(즈카 12,12)이라고도 말합니다.

3. 영광도 아름다움도 없고 멸시를 받았던 그분의 첫 번째 오심에서 그분이 그렇게 빛나고 강하여 그분을 모르는 종족이 없었고 어디서나 각 종족이 이전에 살아온 온갖 악한 생활에서 회개하였고 마귀들까지 그분의 이름에 복종하고 모든 주권과 나라가 죽은 모든 이들보다도 그 분의 이름을 두려워한다면, 그분께서 영광스럽게 오실 때에는 그분을 미워했던 모든 이와 불의하게 그분을 멀리한 이들을 완전히 없애시고 당신의 사람들에게는 그들이 찾는 모든 것을 주시며 그들을 쉬게 하지 않으시겠습니까?

4. 우리에게는 듣고, 이해하고, 이 그리스도를 통하여 구원받고, 아버지의 모든 것을 아는 것이 허락되었습니다. 그래서 아버지께서는 그분에게 말씀하십니다. '네가 나의 종이 되어 야곱의 지파들을 다시 일으키고 이스라엘의 생존자들을 돌아오게 하는 것은 위대한 일이다. 네가 땅끝까지 그들의 구원이 되도록 나는 너를 세운다'(이사 49,6).

제122장

1. 여러분은 이것이 외국인과 개종자들에 관한 말씀이라고 생각하지만, 실상 그것은 예수를 통하여 비추임을 받은 우리에 관한 말씀입니다. 그리스도께서 그들에 대해서 말씀하셨을 수도 있습니다. 하지만 '갑절이나 못된 지옥의 자식'(마태 23,15)이라고 하셨지요. 그러므로 예언자들의 말은 그들에 대한 것이 아니라 우리에 대한 것입니다. 말씀께서는 우리에 대해 이렇게 말씀하십니다. '나는 눈먼 이들을 그들이 모르는 길에서 이끌고 그들이 모르는 행로에서 걷게 하리라. 나와 내가 선택한 종이 그 증인이다. 주님께서 말씀하신다'(이사 42,16; 43,10).

2. 그러면 그리스도는 누구에게 증언하시는 것입니까? 분명, 믿었던 이들에게 하십니다. 반면 유대교로 전향한 자들은 믿지 않았을 뿐만 아니라 여러분보다 갑절이나 그분의 이름을 더럽히고 그분을 믿는 우리를 죽이고 괴롭히며, 모든 점에서 여러분과 비슷해지려 합니다.

3. 그분께서는 또 다른 곳에서는 이렇게 외치십니다. '주 하느님인 내가 의로움으로 너를 불렀다. 내가 네 손을 붙잡아 주고 너를 강하게 하리라. 내가 너를 백성을 위한 계약이 되고 민족들의 빛이 되게 하였으니 보지 못하는 이들의 눈을 뜨게 하고 갇힌 이들을 속박에서, 어둠 속에 앉아 있는 이들을 감방에서 풀어 주기 위함이다'(이사 42,6-7). 이것

또한 그리스도에 관한, 그리고 빛을 받은 민족들에 관한 말씀입니다. 여러분은 이것이 율법과 유대교 전향자들에 관한 말씀이라고 하겠습니까?"

4. 둘째 날 온 이들 몇 사람이 극장에서처럼 소리쳤다. "뭐라고요? 율법과 그 율법으로 빛을 받은 이들에 대해 말하는 것이 아닌가요? 유대교로 개종한 사람들 말입니다."

5. 나는 트리폰을 똑바로 바라보며 말했다. "아닙니다. 율법이 민족들과 그 율법을 가진 이들을 비추어 줄 수 있었다면, 새 계약이 왜 필요했겠습니까? 하느님이 새 계약을, 영원한 법과 계명을 보내시리라고 미리 예고하셨으므로, 우리는 이것이 옛 법과 개종자들에 관한 것이 아니라 그리스도와 그분의 개종자들, 곧 그분이 비추어 주신 우리 이민족들에 대한 것이라고 이해합니다. 그분께서 어딘가에서 이렇게 말씀하십니다. '주님께서 이렇게 말씀하신다. 은혜의 때에 내가 너에게 응답하고 구원의 날에 내가 너를 도와주었다. 내가 너를 백성을 위한 계약으로 삼았으니 땅을 다시 일으키고 황폐해진 곳을 재산으로 받기 위함이다'(이사 49,8).

6. 그리스도의 재산은 무엇입니까? 민족들 아니겠습니까? 하느님의 계약은 무엇입니까? 그리스도 아니겠습니까? 또 다른 곳에서 이렇게 말합니다. '너는 내 아들. 내가 오늘 너를 낳았노라. 나에게 청하여라. 내가 민족들을 너의 재산으로, 땅끝까지 너의 소유로 주리라'(시편 2,7-8).

제123장

1. 이 모든 것이 그리스도와 민족들에 대해 말하고 있으므로, 여러분은 앞에서 인용한 구절들도 그렇다고 믿어야 합니다. 할례를 받은 모든

이에게는 동일한 하나의 율법이 있으므로, 유대교 개종자들에게는 새 계약이 필요하지 않습니다. 성경은 그들에 대해 이렇게 말합니다. '이방인이 그들과 합류하고 야곱 집안에 받아들여질 것이다'(이사 14,1). 그 백성에 속하기 위하여 할례를 받는 개종자는 그들과 같아지지만, 그 백성이라고 불리기에 합당하다고 여겨진 우리는 할례를 받지 않았으므로 고유한 민족입니다.

2. 게다가, 여러분들 편에서 유대교로 개종한 자들의 눈은 열렸고 여러분의 눈은 열리지 않았다고 생각하는 것, 여러분 자신은 눈이 멀고 귀가 먹었다고 불리고 그들은 빛을 받았다고 불리는 것은 우스운 일입니다. 여러분이, 여러분 자신이 율법을 알지 못했는데 민족들에게 율법이 주어졌다고 말해야 한다면 그것은 더욱 우스운 일입니다.

3. [여러분이 율법을 알았더라면] 여러분은 하느님의 진노를 두려워했을 것이고, 불의하고 방황하는 자녀들이 되지 않았을 것이며, 하느님께서 '그들에게 믿음이라고는 전혀 없다'(신명 32,20)라고 하시고 '눈먼 자가 누구냐? 나의 종이 아니냐! 귀먹은 자가 누구냐? 그들을 다스리는 자들이 아니냐! 주님의 종처럼 눈먼 자 누가 있느냐? 너는 많이 보면서도 주의를 기울이지 않고 귀가 열려 있으면서도 듣지 못한다'(이사 42,19-20)라고 하실 때마다 떨었을 것입니다.

4. 여러분에 대한 하느님의 칭찬과, 당신 종들을 위한 하느님의 증언이 아름답습니까? 그러나 여러분은 거듭 이러한 말씀들을 들으면서도 부끄러워하지 않으며, 하느님의 경고에 두려워하지 않습니다. 어리석고 마음이 완고한 백성이라 그렇습니다. '나는 이 백성을 없애리라, 그들을 없애리라. 그리고 지혜롭다는 자들의 지혜를 치워 버리고 슬기롭다는 자들의 슬기를 감추리라'(이사 29,14). 좋은 말씀입니다. 사실 여러

분은 지혜롭지도 않고 슬기롭지도 않으며, 교활하고 염치가 없습니다. 오직 악을 위해서만 지혜롭고, 감추어진 하느님의 뜻이나 주님의 충실한 계약을 깨닫지도 영원한 길을 찾지도 못합니다.

5. 그래서 주님께서는 이렇게 말씀하십니다. '그때에 나는 이스라엘 집안과 유다 집안에 사람의 씨와 짐승의 씨를 일으키겠다'(예레 31,27). 그리고 이사야를 통해서는 다른 이스라엘에 대해 말씀하십니다. '그날에 이스라엘은 아시리아인들과 이집트인들 사이에서 세 번째가 되고, 만군의 주님께서 '이집트와 아시리아에 있는 내 백성과 내 소유 이스라엘은 복을 받아라' 하고 말씀하시면서 복을 내리신 땅에서 복을 받을 것이다'(이사 19,24-25).

6. 하느님께서 이렇게 축복하시고 이 백성을 이스라엘이라 부르시며 당신 소유라고 선포하시는데, 어떻게 여러분은 여러분만이 이스라엘이라고 여기며 자신을 속이는 것을 참회하지 않고 하느님께서 축복하신 백성을 저주합니까? 하느님은 예루살렘과 그 주변 지역에 대해 이렇게 말씀하십니다. '나는 또 너희 위로 사람들을, 곧 내 백성 이스라엘을 낳겠다. 너희는 그들의 상속 재산이 될 것이다. 그리하여 그들이 다시는 너희의 자식들을 앗아 가지 않을 것이다'(에제 36,12)."

7. 트리폰이 물었다. "그러면 여러분이 이스라엘이고, 이것이 여러분에 대한 말이라는 것입니까?" 내가 그에게 대답했다. "우리가 이에 관하여 다방면으로 논의를 하지 않았더라면, 당신이 이해하지 못해서 이런 질문을 한다고 의심했을 것입니다. 하지만 내가 증명을 하고 당신이 동의하면서 함께 탐구를 해 왔으므로, 당신이 내 말을 알지 못했다거나 다시 트집을 잡으려 한다고는 생각하지 않습니다. 내가 이 사람들에게도 그 증명을 해 주기를 바라는 것이라고 생각합니다."

8. 그가 눈짓으로 동의를 표시하기에, 나는 계속 말했다. "여러분이 들을 귀가 있다면, 이사야서에서는 하느님께서 그리스도에 관해 말씀하시며 상징적으로 그를 야곱 또는 이스라엘이라고 부르십니다. 그 말씀은 이러합니다. '야곱은 나의 종, 내가 붙들어 주는 이다. 이스라엘은 내가 선택한 이, 내가 그에게 나의 영을 주리니 그는 민족들에게 공정을 펴리라. 그는 다투지도 않고 목소리를 높이지도 않으며 그 소리가 거리에서 들리게 하지도 않으리라. 그는 부러진 갈대를 꺾지 않고 꺼져 가는 심지를 끄지 않으리라. 그는 참으로 공정을 펴리라. 그는 빛날 것이며, 기가 꺾이는 일 없이 마침내 세상에 공정을 세우리니 민족들이 그의 이름에 희망을 두리라'(이사 42,1-4).

9. 이처럼, 이스라엘이라고도 불리는 한 사람 야곱으로 인하여 여러분 종족 전체가 야곱 또는 이스라엘이라고 불리듯이, 그리스도의 계명을 지키는 우리도 하느님께로 우리를 낳아 주신 그리스도로 인하여 야곱, 이스라엘, 유다, 요셉, 다윗처럼 하느님의 참된 자녀들이라고 불리고 실제로 그러합니다."

제124장

1. 우리가 하느님의 자녀라는 내 말에 그들이 당황하는 것을 보고, 나는 그들이 반박하기 전에 먼저 말했다. "성령께서 어떻게 이 백성이 모두 지극히 높으신 분의 자녀들이고 바로 이 그리스도가 어떻게 그들의 모임 가운데에 현존하며 모든 인류를 심판하시리라고 말씀하시는지 들어 보십시오.

2. 이것은 여러분의 번역에 따른 다윗의 말입니다. '하느님께서 신들의 모임에서 일어서시어 그 신들 가운데에서 심판하신다. 너희는 언제

까지 불의하게 심판하며 악인들의 편을 들려느냐? 약한 이와 고아의 권리를 되찾아 주고 불쌍한 이와 가련한 이에게 정의를 베풀어라. 약한 이와 불쌍한 이를 도와주고 악인들의 손에서 구해 내어라. 그들은 알지 못하고 깨닫지 못하며 어둠 속을 걷고 있으니 세상의 기초들이 모두 흔들리리라. 내가 이르건대 너희는 신이며 모두 지극히 높으신 분의 아들이다. 그러나 너희는 한 사람처럼 죽으리라. 대관들 가운데 하나처럼 쓰러지리라. 일어나소서, 하느님, 땅을 심판하소서. 당신께서는 모든 민족들을 유산으로 받으실 것입니다'(시편 82,1-8).

3. 반면 칠십인역에는, '너희는 사람들처럼 죽으리라. 대관들 가운데 하나처럼 쓰러지리라'라고 되어 있고, 이는 사람들 곧 아담과 하와의 불순종과 대관들 가운데 하나, 곧 뱀이라고 불린 이가 하와를 속인 탓으로 멸망에 떨어지게 되었음을 가리킵니다.

4. 그러나 내가 이 말씀을 인용한 것은 그 문제를 다루기 위해서가 아니라, 사람들이 하느님의 계명을 지켰더라면 고통을 겪지 않고 하느님처럼 불멸이었을 것이고 하느님께서 그들을 당신 자녀로 불리기에 합당하다고 여기셨을 터인데도 스스로 아담과 하와처럼 되어 자신에게 죽음을 가져오는 행태를 성령께서 꾸짖으신다는 것을 여러분에게 보여 주기 위해서입니다. 이 시편을 여러분의 뜻대로 번역한다 해도, 그들이 신들이 되기에 합당하다고 여겨졌고 모든 이들이 지극히 높으신 분의 자녀들이 될 수 있었으며 또한 모든 이들이 후에 각자가 아담과 하와처럼 따로 심판과 단죄를 받으리라는 것을 밝히기 위해서였습니다. 성경이 그리스도를 하느님이라고 부른다는 것도 나는 여러 차례 증명하였습니다."

제125장

1. 나는 계속 말했다. "나는 여러분에게서 '이스라엘'이라는 이름의 의미가 무엇인지 듣고 싶습니다." 아무도 말을 하지 않아 내가 이어 말했다. "내가 아는 것을 말하겠습니다. 내가 어떤 것을 아는데 말하지 않는 것은 옳지 않다고 생각하기 때문입니다. 또 여러분이 알고 있으면서 질투 때문이나 결단력이 모자라 가만히 있는다고 의심하면서 계속 묻는 것도 옳지 않을 것입니다. 나는 망설이지 않고 단순하고 솔직하게 말하겠습니다. 나의 주님께서 말씀하셨습니다. '자, 씨 뿌리는 사람이 씨를 뿌리러 나갔다. 그가 씨를 뿌리는데 어떤 것들은 돌밭에 떨어졌고, 어떤 것들은 좋은 땅에 떨어졌다'(마태 13,3-8).

2. 그러므로 어딘가에는 좋은 땅이 있으리라는 희망으로 말해야 할 것입니다. 힘 있고 강하신 나의 주님은 오시어 각자에게 당신의 것을 요구할 것이며, 당신의 관리인이 자신의 주님이 강하시며 오시어 각자에게 당신의 것을 요구하시리라는 것을 알고 어떤 이유로든 그것을 묻어 두지 않고 불려 줄 곳에 맡겼다면 그를 단죄하지 않으실 것입니다.

3. '이스라엘'이라는 이름은 힘을 이기는 사람을 뜻합니다. '이스라'는 이기는 사람을 뜻하고, '엘'은 힘을 뜻하기 때문입니다. 야곱이 그에게 나타난 이와 씨름했을 때 그에게 나타난 이는 아버지의 뜻을 실행하는 이로서 모든 피조물의 맏이라는 점에서 하느님이었는데, 이 씨름의 신비를 통하여 그리스도가 사람이 되실 때 무엇을 하실 것인지 예고되었습니다.

4. 앞서 말한 바와 같이, 그분께서 사람이 되셨을 때 악마, 곧 뱀 또는 사탄이라고도 불리는 어떤 힘이 그분께 다가와 그분을 유혹하고, 자신을 숭배하라고 요구하며 그분을 무너뜨리려 했습니다. 하지만 그분은

그를 무너뜨리고 물리치셨으며, 그의 악함을 드러내셨습니다. 그가 성경을 거슬러, 자신을 하느님처럼 숭배하라고 했기 때문입니다. 그분은 그에게 대답하십니다. '성경에 기록되어 있다. 주 너의 하느님께 경배하고 그분만을 섬겨라'(마태 4,10). 그러자 악마는 패배하고 당황하여 물러났습니다.

5. 또한 우리 그리스도께서는 십자가에 못 박히시기 전에 고통을 겪고 고난을 당하심으로써 몸이 마비가 되실 것이었기에, 야곱의 정강이를 쳐 그가 다리를 절게 하심으로써 이것을 예고하셨습니다. '이스라엘'은 처음부터 그분의 이름이었고, 복된 야곱은 그분께서 당신 자신의 이름으로 그를 축복하셨을 때에 그 이름을 받았습니다. 이로써, 당신을 통하여 아버지께 피신하는 모든 이가 복된 이스라엘이라는 것을 예고하셨습니다. 그러나 여러분은 이를 전혀 이해하지 못했고, 지금까지도 이해할 준비가 되어 있지 않습니다. 그래서 육적인 혈통으로는 다윗의 후손인 여러분은 그것만으로 구원이 될 것이라고 기대합니다. 하지만 이 점에서도 여러분은 착각 속에 있다는 것을 나는 여러 가지로 증명했습니다.

제126장

1. 트리폰이여, 때로는 '위대한 조언의 천사'라고 불리고 에제키엘은 '사람', 다니엘은 '사람의 아들 같은 분', 이사야는 '아기', 다윗은 '그리스도, 공경받을 하느님' 그리고 많은 예언자들은 '그리스도' 또는 '바위', 솔로몬은 '지혜', 모세는 '요셉, 유다, 별', 즈카르야는 '동쪽' 그리고 다시 이사야는 '고통받는 이, 야곱, 이스라엘'이라고 부르며 또한 '막대, 꽃, 모퉁잇돌, 하느님의 아들'이라고 불리는 분을 당신이 알았더라면,

이미 오셨고 태어나셨으며 고난을 받으시고 하늘에 올라가신 그분을 모독하지 않았을 것입니다. 그분은 다시 오실 것이며, 그때에는 여러분의 열두 지파가 울며 탄식할 것입니다.

2. 여러분이 예언자들의 말을 이해했더라면 그분이 하느님이시며, 낳음을 받지 않으신 유일하신 분, 형언할 수 없는 하느님의 아드님이심을 부인하지 않을 것입니다. 모세는 탈출기 어딘가에서 이렇게 말합니다. '하느님께서 모세에게 이르셨다. 나는 주님이다. 나는 아브라함과 이사악과 야곱에게 나타났고 그들의 하느님이나, 그들에게 내 이름을 알려 주지 않았고, 그들과 내 계약을 맺었다'(탈출 6,2-3).

3. 또한 '어떤 사람이 나타나 야곱과 씨름하였다'(창세 32,25)라고 말하는데, 그가 하느님이었다고 단언합니다. 야곱이 '내가 서로 얼굴을 맞대고 하느님을 뵈었는데도 내 목숨을 건졌구나'(창세 32,31)라고 말했다고 하기 때문입니다. 그리고 야곱이 그분께서 나타나시어 그와 씨름하고 그를 축복하신 장소를 '하느님의 얼굴'이라 하였다고 기록했습니다.

4. 모세는 하느님께서 '마므레의 참나무들 곁에서 아브라함에게 나타나셨다. 그는 한낮에 천막 어귀에 앉아 있었다'라고 하고는 이렇게 덧붙입니다. '그가 눈을 들어 보니 자기 앞에 세 사람이 서 있었다. 그는 그들을 보자 달려 나가 그들을 맞았다'(창세 18,1-2). 얼마 후에 그들 가운데 하나가 아브라함에게 아들을 약속합니다. '어찌하여 사라는 웃으면서, '내가 정말로 아이를 낳을 수 있으랴? 나는 이미 늙었는데!' 하느냐? 하느님께 불가능한 일이라도 있다는 말이냐? 내가 때가 되면 너에게 돌아올 터인데, 그때에는 사라에게 아들이 있을 것이다. 그리고 그들은 아브라함에게서 떠나갔다'(창세 18,13-14).

5. 그다음에 이들 셋에 대하여 다시 말합니다. '그 사람들은 그곳을

떠나 소돔과 고모라를 바라보았다.' 그러고는 거기 계셨던 분이 다시 아브라함에게 말씀하십니다. '내가 앞으로 하려는 일을 나의 종 아브라함에게 숨기지 않으리라'(창세 18,16-17)." 나는 모세의 말들을 인용하고 나의 설명도 되풀이했다. 나는 "이 구절들에 근거해, 아브라함과 이사악, 야곱 그리고 다른 성조들에게 나타나신 분이 아버지이며 주님이신 분의 명령에 따라 그분 뜻을 실행하셨으며 그분은 하느님이라 불리심을 결정적으로 증명하였습니다" 하고 말했다.

6. 그러고는 앞에서 하지 않았던 말도 더붙였다. "백성이 고기를 먹고 싶어 하고 모세가 그때에 천사라고 불렸던 그분을 믿지 못했을 때, 그분은 하느님께서 그들에게 배부르도록 주시리라고 예고하십니다. 거기에서는 하느님이고 천사이며, 아버지에게서 파견된 그분이 어떻게 이러한 것들을 말하고 행하시는지 기술됩니다. 성경은 이렇게 말합니다. '주님께서 모세에게 대답하셨다. 주님의 손이 너무 짧기라도 하단 말이냐? 이제 너는 내 말이 들어맞는지, 맞지 않는지 보게 될 것이다'(민수 11,23). 다른 곳에서는 이렇게 말합니다. '주님께서는 나에게, '너는 이 요르단을 건너지 못할 것이다' 하고 말씀하셨다. 주 너의 하느님께서 친히 네 앞에 서서 건너가시고, 저 모든 민족들을 네 앞에서 멸망시키실 것이다'(신명 31,2-3).

제127장

1. 입법자와 예언자들이 말한 다른 것들도 이와 유사합니다. 나는 그런 것들을 충분히 언급했다고 생각합니다. '하느님께서는 아브라함을 떠나 올라가셨다'(창세 17,22)거나 '주님께서 모세에게 말씀하셨다'(탈출 6,29)거나 '주님께서 내려오시어 사람의 아들들이 세운 성읍과 탑을 보

셨다'(창세 11,5), '주님께서 노아 뒤로 문을 닫아 주셨다'(창세 7,16)라고 할 때, 여러분은 태어남을 받지 않으신 하느님이 직접 어디에서 내려오거나 올라오셨다고 생각해서는 안 됩니다.

2. 형언할 길 없는 만물의 아버지이며 주님이신 분은 어느 곳에 오지도 않으시고, 돌아다니지도 않으시고, 잠들거나 일어나지도 않으시며 그곳이 어디이든 당신 자리에 머물러 계시고, 분명하게 보고 들으시지만 눈과 귀로 보고 들으시는 것이 아니라 설명할 수 없는 힘으로 하십니다. 모든 것을 살피고 아시며, 우리 가운데 누구도 그분을 피할 수 없습니다. 그분은 움직여지지 않으시고 어떤 장소도, 세상 전체도 담을 수 없는 분이시며, 세상이 생겨나기 전부터 계셨습니다.

3. 그분이 어떻게 누구와 말씀하시거나 누구에게 발현하시거나 땅의 작은 한 구석에 나타날 수 있으셨겠습니까? 백성은 시나이에서 그분으로부터 파견된 분의 영광을 보는 것조차 감당하지 못했고, 모세도 장막이 하느님의 영광으로 가득했을 때에는 그가 지은 천막 안으로 들어갈 수 없었으며, 솔로몬이 계약 궤를 예루살렘에 그 자신이 지은 거처로 모셔갈 때 사제가 성전 앞에 서 있을 수도 없었으니 말입니다.

4. 그러니 아브라함도, 이사악도, 야곱도, 다른 누구도 만물과 그리스도의 아버지이신 형언할 길 없는 주님을 본 것이 아니라, 그 아버지의 뜻에 따라 하느님이시고 그분의 아드님이시며, 그분의 뜻을 섬긴다는 점에서 천사이신 분을 본 것입니다. 또한 하느님은 그분이 동정녀를 통하여 사람으로 태어나기를 원하셨습니다. 떨기에서 모세에게 말씀하실 때 불이 되신 분도 그분이십니다.

5. 우리가 성경을 이렇게 이해하지 않는다면, 모세를 통하여 '주님께서 하늘에서 주님이 내린 유황과 불을 소돔에 퍼부으셨다'(창세 19,24)라

는 말씀에서 만물의 아버지이며 주님이신 분이 하늘에 계시지 않으셨다는 결론이 나올 것이며, 다윗을 통하여 하신, '통치자들아, 머리를 들어라. 영원한 문들아, 일어서라. 영광의 임금님께서 들어가신다'(시편 23,7 칠십인역)라는 말씀 그리고 '주님께서 내 주님께 하신 말씀. 내 오른쪽에 앉아라, 내가 너의 원수들을 네 발판으로 삼을 때까지'(시편 109,1 칠십인역)라는 말씀의 경우에도 그러할 것입니다.

제128장

1. 그리스도가 주님이고 하느님의 아드님인 하느님이셨으며, 이전에 힘으로서 인간으로 그리고 천사로 나타나셨던 그분이 이제 덤불에서 그리고 소돔에 대한 심판에서와 같이 이제 불의 광채 속에서도 나타셨다는 것을 여러 차례 증명하였습니다." 이렇게 말하고 나서 나는, 앞에서 덤불의 환시에 관하여 인용했던 탈출기의 구절과 예수[여호수아]라는 이름에 관하여 다시 설명했다. 그리고 이어서 말했다.

2. "내가 같은 말을 자꾸 되풀이하는 것이 말이 많아서라고 생각하지 마십시오. 내가 그렇게 하는 데는 이유가 있습니다. 먼저, 여러분 가운데에는 모세와 아브라함, 야곱에게 만물의 아버지로부터 보내진 그 힘이 천사라고 불리는 것은 그분께서 사람들에게 오셨기 때문이고 그분을 통하여 아버지에게서 오는 것이 사람들에게 전해졌기 때문이며, 영광이라고 불리는 것은 때로는 형언할 수 없는 환시로 나타나기 때문이고, 인간이라고 불리는 것은 때로는 아버지의 뜻에 따라 인간의 모습으로 나타나시기 때문이며, 마지막으로, 말씀이라고 불리는 분이 아버지에게서 오는 말씀들을 사람들에게 전하시기 때문이라고 주장하려는 사람들이 있음을 내가 알고 있기 때문입니다.

3. 그러나 어떤 이들은[32] 땅 위에 있는 햇빛이 하늘에 있는 해와 구분할 수 없고 분리할 수 없듯이 이 힘은 아버지와 구분할 수 없고 분리할 수 없다고 말합니다. 해가 지면 햇빛도 함께 사라지는 것과 마찬가지로 아버지가 원할 때에는 당신 힘을 밖으로 발하시고 또 원하실 때에는 다시 당신께로 거두어들이신다고 여깁니다. 그들은 하느님이 이와 같은 방식으로 천사들을 만드셨다고 가르칩니다.

4. 하지만 우리는, 천사들은 늘 존재해 왔으며 그들이 창조되기 이전의 상태로 되돌아가지 않는다는 것을 증명했습니다. 또한 여러 차례 증명한 바와 같이 예언 말씀이 하느님이며 천사라고 부르는 그 힘이 햇빛과 해처럼 명목상으로만 구분되는 것이 아니라 수적으로도 구별된다는 것은, 앞에서 이 힘이 아버지의 힘과 의지로 태어나는 것이며 마치 아버지의 본질이 나누어지는 것처럼 절단되어 떨어져 나오는 것이 아님을 말하면서 이미 다루었습니다. 다른 모든 것은, 구분되고 절단되면 더 이상 그 이전과 동일하지 않습니다. 여기에서 나는, 불이 다른 불을 붙이는 것을 예로 들었습니다. 붙여진 다른 불은 이제 독자적으로 존재하며 첫 번째 불은 줄어들지 않고 그대로 남아 있으면서 또 다시 다른 많은 불들을 붙일 수 있는 것입니다.

제129장

1. 이를 증명하기 위해, 앞서 인용했던 구절을 다시 언급하겠습니다. '주님께서 하늘에서 주님이 내린 유황과 불을 소돔에 퍼부으셨다'(창세 19,24). 이 예언 말씀은 수적으로 서로 구별되는 두 분이 있음을 말해 줌

---

32 필로 같은 유대인들과 노에투스나 프락세아스, 사모사타의 파울루스 같은 단원론자 그리스도인들.

니다. 한 분은 땅 위에 계시며 소돔의 부르짖음을 보러 내려오셨다고 말씀하시고, 다른 분은 하늘에 계시며, 아버지이고 하느님으로서, 땅 위에 계신 분의 주님이기도 하십니다. 그분이 능력이 있고 주님이며 하느님이신 원인이 되시는 것입니다.

2. 그리고 처음에 하느님께서 '자, 아담이 우리 가운데 하나처럼 되었다'(창세 3,22)라고 말씀하셨다는 구절에서 '우리 가운데 하나' 역시 수를 암시하며, 진리를 알지도 말하지도 못하는 궤변가들의 억지처럼 비유적인 의미를 지닌 말들이 아닙니다.

3. 잠언에서는 이렇게 말합니다. '내가 너희에게 매일 일어나는 것들을 알려 준다면, 또한 영원으로부터 있는 일들도 상기시키리라. 주님께서는 그 옛날 모든 일을 하시기 전에 그 길들의 시작으로 나를 지으셨다. 한처음 영원에서부터 나를 만드셨다. 땅이 생기기 전에, 심연이 생기기 전에, 물 많은 샘들이 생기기 전에, 산들이 자리 잡기 전에, 언덕들이 생기기 전에 그분이 나를 낳으셨다'(잠언 8,21-25)."

4. 나는 이 말들을 한 다음에 이렇게 덧붙였다. "여러분이 내 말에 주의를 기울였다면, 그 새싹이 어떤 피조물보다 앞서 아버지로부터 태어나셨다고 말한다는 것을 깨달을 것입니다. 또한 태어난 것은 낳은 것과 수적으로 구별된다는 것은 누구나 인정할 것입니다."

제130장

1. 모두가 수긍하기에 내가 이어 말했다. "이제 여러분에게, 앞에서 언급하지 않았던 몇 가지 말씀을 인용하려 합니다. 충실한 종 모세가 비유로 말한 것들입니다. '하늘아, 그분과 함께 환호하여라. 하느님의 천사들은 그분을 경배하여라'"(신명 32,43 칠십인역). 그리고 이어지는 구

절도 덧붙였다. "'민족들아, 그분의 백성과 함께 환호하여라. 하느님의 모든 천사들은 그분 안에서 강해져라. 그분께서는 당신 아들들이 흘린 피를 갚아 주시고 당신의 적대자들에게 복수하시며 당신을 미워하는 이들에게 갚으시리라. 주님께서 당신 백성의 땅을 깨끗하게 하시리라'(신명 32,43 칠십인역).

2. 이 말씀으로, 다른 민족들인 우리가 그분의 백성, 곧 아브라함과 이사악, 야곱, 예언자들, 간단히 말해서 앞서 우리가 동의한 바와 같이 하느님 마음에 들었던 그 백성의 모든 이와 함께 환호한다고 말하는 것입니다. 그러나 이것이 당신 종족에 속하는 모든 이에 대한 말씀이라고는 생각하지 않습니다. 우리는 이사야 덕분에, '죄인들의 지체는 벌레들과 꺼지지 않은 불에게 삼켜지리라. 죽지도 않고 모든 이들에게 구경거리가 되리라'(이사 66,24)는 것을 알고 있기 때문입니다.

3. 나는 여기에 모세의 다른 말들도 더하고자 합니다. 거기에서 여러분은, 처음부터 하느님께서 모든 사람을 종족과 언어에 따라 흩어 놓으셨음을 알 수 있을 것입니다. 그분은 모든 종족 가운데 여러분의 종족을, 쓸모없고 불순종하며 충실치 않은 그 종족을 당신 것으로 택하시고, 모든 종족 가운데 선택된 이들이 그리스도를 통하여 당신 뜻에 순종한다는 것을 보여 주셨습니다. 그분은 그리스도를 '야곱'이라고 부르시고 '이스라엘'이라는 이름을 주십니다. 그러므로 그들은 앞서 말한 바와 같이 야곱과 이스라엘이 되어야 합니다.

4. '민족들아, 그분의 백성과 함께 환호하여라'라는 말씀으로 그분은 그들에게 비슷한 유산을 정해 주시고 비슷한 이름을 주십니다. 그러나 민족들이 당신 백성과 함께 환호한다고 말씀하실 때에는, 그들을 민족들이라고 부르시며 여러분 민족을 꾸짖으시는 것입니다. 여러분은 우

상 숭배로 그분을 분노하게 하였지만, 그분께서는 우상을 섬기던 이들이 당신의 뜻을 알고 당신의 재산을 물려받기에 합당하다고 여기신 것입니다.

제131장

1. 하느님께서 모든 민족들을 나누셨음을 보여 주는 말씀도 인용하겠습니다. 이 말씀입니다. '아버지에게 물어 보아라. 알려 주리라. 노인들에게 물어 보아라. 말해 주리라. 지극히 높으신 분께서 민족들을 나누실 때, 아담의 자손들을 흩어 놓으실 때 이스라엘 자손들의 수에 따라 민족들의 경계를 정하셨다. 그러나 주님의 몫은 당신의 백성 야곱이었고 그분의 유산의 몫은 이스라엘이었다'(신명 32,7-9). 이렇게 말한 다음, 칠십인역은 '하느님의 천사들의 수에 따라 민족들의 경계를 정하셨다'라고 옮겼다고 덧붙였습니다. 그렇다 하더라도 내 논거는 약해지지 않으니, 나는 여러분의 번역을 따랐습니다.

2. 여러분이 진리를 인정하고자 한다면, 우리가 여러분보다 더 하느님께 충실하다는 것을 인정해야 할 것입니다. 우리는 멸시와 수치로 가득한 십자가의 신비를 통하여 하느님께 부르심을 받았습니다. 우리의 신앙 고백, 우리의 복종, 신심으로 인하여 우리는 여러분의 봉사 덕분으로 마귀들과 악마의 군대로부터 죽음에까지 이르는 벌을 받습니다. 그러나 우리는 말만으로라도 그리스도를 부인하지 않기 위하여 모든 것을 견딥니다. 우리는 그분을 통하여, 우리 아버지께서 미리 준비하셨던 구원으로 부르심을 받았습니다.

3. 여러분은 이집트에서 그분의 쳐든 팔과 큰 영광의 방문으로 구원되었습니다. 여러분을 위하여 바다가 갈라져 마른 길이 생겼을 때, 하

느님은 큰 군대와 뛰어난 병거로 여러분을 뒤쫓던 이들 위로 여러분을 위해 길을 만들었던 바다가 덮치게 하셨습니다. 여러분을 위해서는 빛의 기둥이 나타났습니다. 이로써 여러분은, 지상의 다른 어떤 민족과도 달리 오직 여러분의 빛, 영원하고 저물지 않는 빛을 누릴 수 있었습니다. 또한 오직 여러분을 위하여, 하늘의 천사들의 양식인 만나를 내려 주시어, 더 이상 음식을 만들거나 찾아다닐 필요가 없게 하셨습니다. 마라의 물도 여러분을 위하여 달게 변하였습니다.

4. 그리고 앞서 말했듯이, 뱀들이 여러분을 물었을 때에 십자가에 못 박히실 분의 표징이 여러분에게 주어졌습니다. (하느님은 이 신비들을 때가 되기 전에 미리 보여 주심으로써 여러분에게 은총을 베푸시고, 여러분은 그분께 감사할줄 모른다는 것이 드러납니다.) 모세가 손을 쳐 들었던 그 예표와 또한 아말렉과 싸울 때에 여호수아라는 이름을 받은 사람의 예표를 통해서도 표징이 주어졌습니다. 하느님은 이 일을 기록 하도록 명하시며, 여러분이 여호수아라는 이름을 듣게 하시고 그가 아 말렉에 대한 기억을 하늘 아래에서 사라지게 했다고 말씀하셨습니다.

5. 그런데 아말렉에 대한 기억은 눈의 아들 이후에도 남아 있음이 분 명합니다. 하지만 이로써 분명해지는 것은, 이 모든 상징적 사건들이 예고하고 있는 분, 곧 십자가에 못 박히신 예수를 통하여 마귀들이 제 거되고 그분의 이름을 두려워하게 될 것이며 또한 모든 주권과 나라들 도 마찬가지로 그분을 두려워하게 되리라는 것입니다. 한편, 모든 인간 종족들 가운데에서 그분을 믿게 될 이들은 하느님을 공경하고 평화로 운 이들임을 드러냅니다. 트리폰이여, 이것이 지금까지 내가 인용한 것 들이 뜻하는 바입니다.

6. 또한 여러분이 고기를 먹고 싶어 했을 때 그분은 여러분에게 헤아

릴 수도 없이 많은 메추라기를 주셨습니다. 여러분을 위하여 바위에서 물이 솟아 나왔고, 구름이 여러분을 뒤따르며 열기를 가려 주고 추위에서 보호해 주었습니다. 이는 다른 새 하늘에 대한 표상이고 예고였습니다. 여러분의 신발끈은 끊어지지 않았고 신발이 닳지도 않았으며, 옷이 해지지도 않았습니다. 여러분 자녀들의 옷은 그들이 자라남에 따라 커지기까지 했습니다.

제132장

1. 그런데도 여러분은 금 송아지를 만들었고, 이방인의 딸들과 음행을 하며 우상을 숭배했습니다. 놀라운 일을 보여 주시고 여러분에게 땅이 주어진 다음에도 그렇게 했습니다. 여러분은 여호수아라는 이름이 주어진 사람의 명령으로 해가 하늘에 멈추어 서서 36시간 동안 지지 않는 것을 비롯하여 온갖 기적들을 보았습니다. 이 모든 기적들 가운데 한 가지를 더 언급해야 하겠습니다. 우리가 하느님의 아들 그리스도라고 인정하는 예수, 십자가에 못 박힌 그 예수가 부활하여 하늘에 오르셨으며 아담 이래 모든 사람의 심판자로 다시 오실 것임을 여러분이 이해하는 데 도움이 될 것입니다.

2. 여러분은, 아스돗에 사는 적들에게 증거의 천막을 빼앗겼을 때 그들에게 무섭고 돌이킬 수 없는 재앙이 일어났으며, 그래서 그들이 그 천막을 수레에 싣고 막 송아지를 낳은 암소에게 그 멍에를 매게 했다는 것을 알고 있습니다. 이는 그 천막 때문에 하느님의 힘이 그들을 치신 것인지, 또 하느님이 그 천막을 본래 있던 곳으로 가져다 놓기를 원하시는지를 알기 위한 시험이었습니다.

3. 그들이 이렇게 했을 때 암소들은, 누구의 인도도 받지 않고서도,

그 천막이 본디 있던 곳으로 돌아가지 않고 호세아라는 사람의 밭으로 갔습니다. 그는, 앞에서 말했듯이 여호수아로 이름이 바뀐 그 인물과 이름이 같았습니다. 여호수아는 백성을 그 땅으로 데리고 들어갔고 그들에게 땅을 분배했습니다. 암소들은 그 밭에 이르자 멈추었는데, 이는 그들이 능력의 이름에 의하여 인도되었음을 보여 줍니다. 앞서, 이집트에서 나온 이들 가운데 살아남은 백성이 호세아라고 불리다가 여호수아라는 이름을 받은 사람의 인도로 그 땅에 들어가게 되었던 것과 같이 말입니다.

제133장

1. 이와 같은 뜻밖의 놀라운 일들이 여러 차례 여러분에게 일어났고 여러분은 그것을 목격했는데도 예언자들은 여러분이 자녀들을 마귀들에게 제물로 바친다고 고발했습니다. 게다가 여러분은 그리스도에게도 감히 이와 비슷한 일을 했고 지금도 하고 있습니다. 이 모든 것에 대하여 하느님과 그분의 그리스도께서 여러분에게 자비를 베푸시고 여러분이 구원되기를 바랍니다.

2. 하느님은 여러분이 이렇게 할 줄을 아시고, 이사야 예언자를 통하여 이렇게 저주하셨습니다. '그들의 영혼은 불행하여라! 스스로 세운 계획으로 재앙을 불러들였다. 그들은, 의인은 불편하니 묶어 버리자고 말하였다. 그들은 자기가 한 일의 결과를 누리리라. 악인은 불행하여라! 그는 잘못되리라. 제 손이 저지른 대로 되갚음을 받을 것이다. 아, 나의 백성아! 압제자들이 너희를 억누르고 착취자들이 지배하리라.

3. 아, 내 백성아! 너희를 복되다고 하는 이들이 너희를 잘못 이끌고 너희가 걸어야 할 길을 혼란하게 하는구나. 그러나 주님께서 재판하러

일어서신다. 주님께서 당신 백성의 원로들과 고관들과 함께 재판을 여신다. 어찌하여 너희는 내 포도밭에 불을 질렀느냐? 어찌하여 너희의 집은 가난한 이에게서 빼앗은 것으로 가득하냐? 어찌하여 너희는 내 백성에게 불의를 저지르고 가난한 이들이 얼굴을 붉히게 하느냐?'(이사 3,9-15).

4. 다른 곳에서 같은 예언자가 이에 관하여 다시 말합니다. '불행하여라, 끈을 당기듯 죄를 끌어당기고 암소의 멍에 줄을 당기듯 죄악을 끌어당기는 자들! '그분께서 서두르시라고 하지. 우리가 알 수 있게 이스라엘의 거룩하신 분의 뜻이 이루어져 보라지' 하고 말하는 자들! 불행하여라, 좋은 것을 나쁘다 하고 나쁜 것을 좋다 하는 자들! 어둠을 빛으로 만들고 빛을 어둠으로 만드는 자들! 쓴 것을 단 것으로 만들고 단 것을 쓴 것으로 만드는 자들! 불행하여라, 스스로 지혜롭다 하는 자들 자신을 슬기롭다 여기는 자들!

5. 불행하여라, 너희 가운데 강한 자들, 술을 마시고 독한 술을 섞는 자들! 뇌물 때문에 죄인을 죄 없다 하고 죄 없는 이들의 권리를 빼앗는 자들! 그러므로 숯불이 지푸라기를 삼키듯 검불이 불꽃에 스러지듯 그들의 뿌리는 털처럼 되고 그들의 꽃은 먼지처럼 날아가리라. 그들은 만군의 주님의 가르침을 업신여기고 주 이스라엘의 거룩하신 분의 말씀을 경멸하였다. 그러므로 만군의 주님께서 진노하시고 당신 손을 뻗치시어 그들을 치신다. 그분은 산들에게 분노하시고, 그들의 주검들이 오물처럼 거리 한가운데에 널려 있다. 이 모든 것에도 그들은 뉘우치지 않았으며, 그들의 손은 여전히 뻗쳐 있다'(이사 5,18-25).

6. 참으로 여러분의 손은 여전히 악을 향하여 쳐들려 있습니다. 그리스도를 죽인 다음에도 여러분은 뉘우치지 않습니다. 오히려 여러분은

우리를 미워하며, 그분을 통하여 만물의 하느님이며 아버지를 믿게 된 우리를 기회만 있으면 죽입니다. 그분과 그분께 속한 이들을 쉬지 않고 저주합니다. 그러나 우리는, 원수를 위해서도 기도하고 우리를 미워하는 이들을 사랑하며 우리를 저주하는 이들을 축복하라고 우리 주 그리스도께서 가르치신 대로 여러분과 모든 이를 위하여 기도합니다.

제134장

1. 예언자들의 가르침과 예수의 가르침이 여러분을 괴롭게 한다면, 어리석고 눈먼 여러분의 스승들을 따르기보다 하느님을 따르는 편이 낫습니다. 그들은 지금까지도 여러분에게 아내 너댓 명을 두는 것을 허락하고, 어떤 사람이 아름다운 여인을 보고 차지하고 싶어 하면 이스라엘이라 불리는 야곱을 비롯한 성조들 이야기를 들고 나와, 그들처럼 하는 것이 전혀 악한 일이 아니라고 말합니다. 그들은 이런 일에서도 비열하고 무지합니다.

2. 앞서 말했듯이, 이 행위들 하나하나 안에서 위대한 신비의 구원 계획이 이루어집니다. 야곱의 혼인에서 어떤 구원 계획과 예고가 이루어지는지를 설명하겠습니다. 이는 여러분이 여기에서도, 여러분의 스승들은 그 행위가 이루어지게 하는 더 신적인 요소를 고려하지 않고 오직 속되고 부패한 감정만을 본다는 것을 알게 하기 위해서입니다. 그러니 내 말에 주의를 기울이십시오.

3. 야곱의 혼인은 그리스도께서 이루실 일의 예표였습니다. 사실 야곱이 두 자매와 동시에 혼인하는 것은 불법입니다. 그는 라반의 딸들을 얻기 위해 라반에게 종살이를 했지만, 속아서 작은딸과 혼인하지 못하자 다시 칠 년간 종살이를 해야 했습니다. 여기에서 라반은 여러분 백

성과 회당을 나타냅니다. 라헬은 우리의 교회입니다. 그리스도는 그들을 위해, 그리고 그들의 종들을 위해 지금도 종살이를 하십니다.

4. 노아는 한 아들의 후손을 다른 두 아들에게 종으로 주었지만, 그리스도는 당신의 계명을 지키는 모든 이에게 같은 품위를 인정하여 자유인인 자녀들과 그 종들 모두를 회복시키러 오셨습니다. 이는 자유인인 여인들의 아들이든지 여종의 아들이든지 모두 야곱의 아들로서 같은 품위를 누렸던 것과 같습니다. 그리고 그들 각자에 대하여 순서와 예지에 따라 예언된 바가 있습니다.

5. 야곱은 얼룩지거나 점이 있는 가축들을 얻기 위해 라반을 섬겼습니다. 그리스도는 다양하고 형태가 다른 모든 인종 사람들을 위하여 십자가에까지 이르는 종살이로 섬기셨습니다. 레아는 눈이 흐렸습니다. 마찬가지로, 여러분 영혼의 눈도 매우 흐렸습니다. 라헬은 라반의 우상들을 훔쳐 지금까지 그것을 숨겼습니다. 우리도 우리 조상들의 물질적 신들을 잃어버렸습니다.

6. 야곱은 늘 형에게 미움을 받았습니다. 우리도, 그리고 우리 주님도, 본성상 우리 형제들인 여러분과 모든 사람에게서 미움을 받습니다. 야곱은 이스라엘이라고 불렸습니다. 그리고 이스라엘은, 앞에서 증명한 바와 같이 또한 예수이고, 예수라고 불리는 그리스도입니다.

제135장

1. 성경에서 '나는 주 하느님, 이스라엘의 거룩한 이, 너희 임금 이스라엘을 보여 준 이'(이사 43,15)라고 말할 때, 여러분은 그리스도가 참으로 영원한 임금이라는 뜻으로 알아듣지 않습니까? 여러분은 이사악의 아들 야곱이 임금이 된 일이 없다는 것을 알고 있습니다. 그래서 성경

은 '야곱', '이스라엘'이 어떤 임금을 뜻하는지 우리에게 다시 설명해 줍니다.

2. '야곱은 나의 종, 내가 붙들어 주는 이다. 이스라엘은 내가 선택한 이, 나의 영이 그를 받아들일 것이다. 내가 그에게 나의 영을 주리니 그는 민족들에게 공정을 펴리라. 그는 목소리를 높이지도 않으며 그 소리가 거리에서 들리게 하지도 않으리라. 그는 부러진 갈대를 꺾지 않고 꺼져 가는 심지를 끄지 않으리라. 승리에 심판을 가져올 때까지. 그는 빛날 것이며, 기가 꺾이는 일 없이 마침내 세상에 공정을 세우리니 민족들이 그의 이름에 희망을 두리라'(이사 42,1-4).

3. 민족들이 희망을 두는 것이 성조 야곱이고, 그리스도가 아니라는 것입니까? 여러분도 마찬가지 아닙니까? 그리스도가 '이스라엘', '야곱'이라고 불리듯이, 그리스도의 배에서 잘려 나온 우리도 참된 이스라엘 종족입니다.

4. 하지만 본문을 더 살펴봅시다. 본문은 이렇게 말합니다. '나는 야곱에게서, 유다에게서 후손이 나오게 하리라. 그들은 내 산들의 상속자가 되리라. 내게 선택받은 이와 나의 종들이 그 유산을 상속받고 거기에 살게 되리라. 나를 찾는 백성에게 숲은 양들의 목장이 되고 '아코르 골짜기'는 소들의 쉼터가 되리라. 그러나 너희는 주님을 버리고 나의 거룩한 산을 잊어버린 자들, 마귀들에게 식탁을 차려 올리고 마귀에게 혼합주를 채워 올리는 자들이다. 내가 너희를 칼에 맞아 죽도록 정하여 너희는 모두 살육을 당할 것이니, 내가 불러도 너희가 대답하지 않고 내가 말해도 너희가 듣지 않았으며 내 눈에 거슬리는 악한 짓만 하고 내가 좋아하지 않는 것만 선택하였기 때문이다'(이사 65,9-12).

5. 성경의 말씀은 이러합니다. 그러니 야곱의 후손은 다른 것을 지칭

하며 여러분 백성을 뜻하는 말이라고 생각할 수 없다는 것을 여러분도 알아들으십시오. 야곱의 후손이 야곱에게서 태어난 이들에게 길을 내어 준다는 것도 생각할 수 없고, 그 백성이 유산을 물려받기에 부당하다고 비난하고 다시 그들을 받아들이고 그에게 약속을 한다는 것도 생각할 수 없습니다.

6. 하지만 다른 곳에서 예언자가 '야곱 집안아 자, 주님의 빛 속에 걸어가자! 그 땅에는 처음처럼 점쟁이들과 요술이 가득하니'(이사 2,5-6)라고 할 때와 같이, 여기에서도 우리는 유다의 두 후손과 두 종족을 말하는 것으로 이해해야 합니다 (야곱에게 두 집이 있듯이). 그 하나는 혈육으로 태어났고, 다른 하나는 믿음과 성령으로 태어났습니다.

제136장

1. 예언자가 앞에서 백성을 향해 하는 말을 살펴보십시오. '포도송이에 즙이 들어 있는 것을 보고 '그 안에 복이 들어 있으니 그것을 으츠러뜨리지 마라' 하고 사람들이 말하듯 나도 나의 종들을 위해 행동하여 그들을 모두 파멸시키지는 않으리라'(이사 65,8). 그다음에 이렇게 말합니다. '나는 야곱에게서, 유다에게서 후손이 나오게 하리라'(이사 65,9). 이로써, 그분께서 어떤 이들에게는 분노하시며 그들 가운데 아주 소수만을 남기시리라고 위협하시고, 다른 이들에게는 그들을 이끌어 내시고 당신의 산에서 살게 하시겠다고 예고하신다는 것을 보여 줍니다.

2. 이들은 그분께서 씨를 뿌리시고 낳으시겠다고 말씀하신 이들입니다. 그러나 여러분은 그분이 부르실 때 그것을 참지도 못하고, 그분께서 말씀하시면 듣지 않으며, 주님 앞에서 악한 일만을 하였습니다. 그중에서도 가장 악한 것은 의로우신 분을 미워하며 그분을 죽인 것, 그

리고 그분으로부터 자신의 존재와 소유를 받는 이들, 곧 신심 깊고 의롭고 인간적인 이들을 또한 그렇게 다룬 것입니다. 그래서 주님께서는 이렇게 말씀하십니다. '그들의 영혼은 불행하여라! 스스로 세운 계획으로 재앙을 불러들였다. 그들은, 의인은 불편하니 묶어 버리자고 말하였다'(이사 3,9).

3. 분명 여러분은 여러분의 조상과는 달리 바알에게 제사를 바치지 않았고, 그늘진 곳에나 높은 곳에서 천상 군대를 위하여 빵을 마련하지도 않았습니다. 그러나 여러분은 하느님의 그리스도를 받아들이지 않았습니다. 그런데 그분을 모르는 사람은 아버지의 뜻을 모르며, 그분을 모욕하고 미워하는 사람은 그분을 보내신 분도 모욕하고 미워하는 것이고, 그분을 믿지 않는 사람은 기쁜 소식을 설교하고 모든 이에게 그분을 선포한 예언자들의 말을 믿지 않는 것입니다.

제137장

1. 나의 형제 여러분, 십자가에 못 박히신 그분을 거슬러 어떤 악한 말도 하지 마십시오. 그분의 상처를 비웃지 마십시오. 그 상처들 덕분으로 모든 이가 치유될 수 있고, 우리도 치유되었습니다. 여러분이 성경 말씀을 믿고 완고한 마음에 할례를 받으면 얼마나 좋겠습니까! 여러분이 그렇게 하지 못한다면 그것은 여러분 안에 있는 신념들 때문입니다. 성경 말씀 자체가 인정하지 않을 수 없게 하듯이, 할례는 여러분에게 표징으로 주어진 것이지 의로움의 행위로 주어진 것이 아니기 때문입니다.

2. 그러니 이를 인정하고, 더 이상 하느님의 아드님을 모욕하지 마십시오. 여러분의 바리사이 스승들을 따르지 말고, 회당의 지도자들이 기

도 후에 하도록 가르치듯이 이스라엘의 임금이신 분을 조롱하지 마십시오. 하느님의 마음에 들지 않는 사람을 건드리는 사람이 하느님의 눈동자를 건드리는 것과 같다면, 그분의 사랑을 받는 분을 건드리는 사람은 어떻겠습니까! 그분이 바로 그러한 분이시라는 것은 충분히 증명되었습니다."

3. 그들이 침묵하기에 내가 계속 말했다. "보십시오. 나는 지금 칠십인역에 따라서도 성경을 인용하였습니다. 앞에서는 여러분이 가지고 있는 그대로 인용했는데, 그것은 여러분의 생각을 확인하기 위해서였습니다. 나는 앞서 '그들의 영혼은 불행하여라! 스스로 세운 계획으로 재앙을 불러들였다'(이사 3,9)라고 말하는 단락을 칠십인역에 따라 인용했고, 논의를 시작할 때에는 여러분의 번역을 덧붙였습니다. '그들은, 의인은 불편하니 묶어 버리자고 말하였다.'

4. 하지만 여러분은 무엇인가에 바빴고, 이 말들을 귀기울여 듣지 않은 것으로 보입니다. 그러나 이제는 하루가 끝나고 해가 저물려 하니, 앞서 한 말에 한 가지만 덧붙이고 끝내겠습니다. 사실을 말하자면 이것도 앞서 언급했던 것이지만, 다시 살펴보는 것이 좋다고 생각합니다.

제138장

1. 여러분은 하느님께서 이사야를 통하여 예루살렘에게 말씀하신다는 것을 알고 있습니다. '노아의 홍수 때에 나는 너를 구원하였다.' 하느님이 이로써 말씀하고자 하시는 것은, 홍수 때에 구원된 인간의 신비가 드러났다는 것입니다. 실상 홍수 때에 의로운 노아는 다른 사람들, 곧 아내, 세 아들, 며느리들과 함께 여덟 명이 그리스도께서 죽은 이들 가운데에서 부활하여 나타나신 날, 능력에 있어서는 언제나 첫 날인 여덟

째 날의 신비를 보여 주었던 것입니다.

2. 모든 피조물의 맏이이신 그리스도는 또한 노아가 가족들과 함께 물 위에서 나무를 타고 구원되었듯이 당신 자신에 의하여 물과 신앙과 십자가의 신비를 담고 있는 나무로 새로 태어난 종족의 시작이 되셨습니다. 그러므로 예언자가 '노아의 홍수 때에 나는 너를 구원하였다'라고 할 때에는, 앞서 말했듯이, 마찬가지로 참으로 하느님께 충실하고 같은 표징들을 지닌 백성에게 말하는 것입니다. 모세도 손에 든 지팡이로 물을 통하여 여러분 백성을 인도하였습니다.

3. 여러분은 여러분의 종족 또는 땅에게만 말한 것이라고 생각합니다. 그러나 성경은 온 땅이 물에 잠겼고 물이 모든 산보다 위로 7미터만큼 올라갔다고 말하므로, 하느님은 땅이 아니라 당신께 순종하는 백성에게 말씀하신 것이 분명합니다. 하느님은 그들을 위해 미리 예루살렘에 안식처를 마련하셨습니다. 이는 홍수의 모든 상징을 통해 미리 드러난 바와 같습니다. 곧, 물, 믿음, 나무를 통해 미리 준비되고 자신의 죄를 뉘우치는 이들은 앞으로 올 하느님의 심판을 피하리라는 것입니다.

제139장

1. 노아 때에 예고되고 실현되었지만 여러분이 알지 못하는 신비가 또 있습니다. 이것입니다. 노아는 두 아들을 축복할 때에 손자를 저주합니다(창세 9,25-27). 예언의 영은 다른 형제들과 함께 하느님의 축복을 받았던 아들을 저주하려 하지 않지만, 죄에 대한 벌은 아버지가 옷을 벗은 것을 보고 웃었던 아들의 후손에게 이어져야 하므로, 그는 저주가 이들의 아들에게서 시작되게 한 것입니다.

2. 그의 말들에서는, 셈의 후손들이 가나안의 재산과 거처를 차지하

리라고 예고하고, 야펫의 후손들은 셈의 아들들이 가나안의 아들들에게서 빼앗은 것을 차지하고, 셈의 아들들이 가나안의 아들들을 약탈했듯이 셈의 아들들을 약탈하리라고 말합니다.

3. 그리고 그렇게 이루어졌습니다. 들어 보십시오. 셈의 후손인 여러분은 하느님의 뜻에 따라 가나안의 아들들의 땅에 침입하여 그 땅을 차지했습니다. 한편 야펫의 아들들이 하느님의 심판에 따라 여러분을 침략했고 그 땅을 약탈하여 차지했다는 것은 알려져 있습니다. 이렇게 기록되어 있습니다. '노아는 술에서 깨어나 작은아들이 한 일을 알고서, 이렇게 말하였다. '종 가나안은 저주를 받으리라. 그는 제 형제들의 가장 천한 종이 되리라.' 그는 또 말하였다. '셈의 하느님이신 주님께서는 찬미받으소서. 그러나 가나안은 셈의 종이 되어라. 하느님께서는 야펫에게 자리를 넓게 마련해 주시고 셈의 집들 안에서 살게 해 주소서. 그러나 가나안은 야펫의 종이 되어라''(창세 9,24-27).

4. 그러므로 축복받은 백성들은 둘, 곧 셈의 후손과 야펫의 후손입니다. 이어서 셈의 후손들이 먼저 가나안의 거처를 점령하리라는 것을 선언하고, 그다음에 야펫의 아들들이 같은 땅을 차지하리라고 예고합니다. 반면 가나안의 후손인 한 백성은 다른 두 백성의 종으로 넘겨집니다. 하지만 그리스도는 전능하신 아버지께서 주신 능력에 따라 오시어 우정과 축복, 회개, 공동 거주로 부르시며, 앞서 말한 바와 같이 모든 거룩한 이들이 같은 땅을 차지하게 되리라고 약속하셨습니다.

5. 그러므로 모든 사람들은 어디서나, 종이든 자유인이든, 그리스도를 믿고 그분의 말씀과 예언자들의 말씀 안에 담긴 진리를 인정하는 이들은, 그들이 그분과 함께 모이게 되고 영원하고 썩지 않는 유산을 받게 되리라는 것을 압니다.

제140장

1. 앞에서 말한 바와 같이, 야곱도 그리스도의 예표로서 자유인인 두 아내의 두 여종과 혼인하여 아들들을 낳았습니다. 이는 그리스도께서, 야펫의 종족에 속하고 가나안의 후손인 이들을 자유인들과 같이 받아들이시고 그들을 함께 유산을 상속받는 자녀들이 되게 하시리라는 것을 뜻합니다. 이것은 우리를 지칭합니다. 하지만 여러분은 그것을 깨닫지 못합니다. 성경에서 말하듯이 여러분은 생수의 원천인 하느님으로부터 물을 마시지 못하고, 물을 담아 두지 못하는 새는 저수 동굴에서 물을 마시기 때문입니다(예레 2,13).

2. 여러분의 스승들이 판 것은 물을 담아 두지 못하는 새는 저수 동굴입니다. 성경은 명시적으로, '사람들의 계명을 교리로 가르친다'(이사 29,13)라고 말합니다. 그뿐 아니라 그들은 스스로에게 그리고 여러분에게 가르치며, 육에 따른 아브라함의 후손들이면 신앙이 없는 죄인이고 하느님께 순종하지 않아도 영원한 나라가 그들에게 주어질 것이라고 생각합니다. 하지만 성경은 그렇지 않다는 것을 보여 줍니다.

3. 만일 정말로 그랬다면 이사야는 '만군의 주님께서 우리에게 씨앗을 남겨 주지 않으셨더라면 우리는 소돔처럼 되고 고모라같이 되고 말았으리라'(이사 1,9)라고 말하지 않았을 것이고, 에제키엘은 '노아와 야곱과 다니엘이 아들딸을 위하여 전구한다 하더라도, 그들에게 허락되지 않을 것이다. 아들은 아버지의 죗값을 짊어지지 않고, 아버지는 아들의 죗값을 짊어지지 않는다. 의인의 의로움은 그 자신에게만 돌아가고, 악인의 죄악도 그 자신에게만 돌아간다'(에제 14,20; 18,20)라고 말하지 않았을 것입니다. 또 이사야는, '사람들은 나를 거역하던 자들의 주검을 보리라. 정녕 그들의 구더기들은 죽지 아니하고 그들의 불은 꺼지

지 아니한 채 그들은 모든 사람들에게 역겨움이 되리라'(이사 66,24)라고
도 말합니다.

4. 우리 주님 역시 아버지이며 만물의 주인이신 분의 뜻에 따라 '동
쪽과 서쪽에서 모여 와, 하늘 나라에서 아브라함과 이사악과 야곱과 함
께 자리 잡을 것이다. 그러나 그 나라의 아들들은 바깥 어둠 속으로 쫓
겨날 것이다'(마태 8,11-12)라고 말하지 않으셨을 것입니다. 앞서 내가 증
명한 바와 같이, 천사든 사람이든 그들이 불의하게 될 줄을 하느님께서
미리 아셨던 이들이 그렇게 악하게 된 것은 하느님의 탓이 아닙니다.
자기 자신에 대한 책임은 각자에게 있기 때문입니다.

제141장

1. 그리스도께서는 십자가에 못 박히셔야 했고 또 여러분 종족 가운
데 악행을 저지르는 자들이 있어야 했으며 다른 길이 없었다고 여러분
이 변명하지 못하도록, 내가 먼저 간략하게 말하겠습니다. 하느님은 천
사들과 사람들이 당신 뜻을 따르기를 원하시어, 그들이 자유로이 의를
행할 수 있게 창조하기로 결정하셨습니다. 그들이 이성을 지녀, 누구에
의하여 창조되었고 이전에 존재하지 않던 그들이 존재하게 되었는지
를 알 수 있게 하셨습니다. 또한 법을 가지고 있어, 올바른 이성에 반대
되는 것을 행했을 때에는 그분의 심판을 받게 하셨습니다. 그러므로 우
리, 곧 인간과 천사들은, 서둘러 참회하지 않는다면 우리의 죄스런 행
위에 대해 죄과를 지니게 될 것입니다.

2. 하지만 하느님의 말씀이 어떤 천사들과 사람들이 확실히 벌을 받
으리라고 예고한다면, 그것은 그들이 고칠 수 없이 악하게 되리라는 것
을 미리 알았기 때문이지 하느님께서 그들을 그렇게 만드셨기 때문이

아닙니다. 그러므로 모든 이들은 참회한다면, 그들이 원한다면, 하느님의 자비를 받을 수 있습니다. 말씀은 그들이 복되리라고 미리 선언합니다. '행복하여라, 주님께서 허물을 헤아리지 않으시는 이!'(시편 31,2 칠십인역). 이는 자신의 죄를 뉘우쳐 하느님께 죄사함을 받을 이들을 가리키며, 여러분 자신이 그리고 여러분과 비슷한 다른 이들이 스스로를 속이며 말하듯이, 그들이 죄인이지만 하느님을 알기 때문에 주님께서 그들에게 죄를 헤아리지 않으시리라는 뜻이 아닙니다.

3. 그 증거로, 다윗이 허영으로 범한 유일한 잘못을 들 수 있습니다. 그는 기록된 바와 같이 울며 탄식한 다음에 용서를 받았습니다. 그와 같은 사람에게 뉘우치기 전에 죄사함이 주어지지 않았고 위대한 임금이며 기름부음을 받았고 예언자였던 그가 울며 그렇게 행동한 다음에야 용서를 받았다면, 부정하고 완전히 엇나간 이들이 울고 가슴을 치며 뉘우치지 않는다면 어떻게 주님께서 그들의 죄를 헤아리지 않으시리라고 말할 수 있겠습니까?

4. 우리야의 아내에 대한 다윗의 이 유일한 잘못이, 성조들이 여러 아내를 둔 것이 불륜을 범하기 위해서가 아니라 그들을 통하여 어떤 구원 계획과 모든 신비가 이루어지기 위해서라는 것을 보여 줍니다. 여러분 종족의 남자들이 온 땅에서 그들이 거주하거나 보내진 곳에서 혼인이라는 명목하에 각자가 원하는 여자를, 원하는 방식으로, 원하는 만큼 아내로 취할 수 있게 허용되었더라면, 다윗에게도 그것이 허락되었을 것입니다."

5. 친애하는 마르쿠스 폼페이우스여, 나는 이것으로 말을 그쳤습니다.

제142장

1. 트리폰이 잠시 가만히 있더니 말했습니다. "보시다시피 우리는 계획에 따라 이 문제들을 논의하기 위해 만난 것이 아니었습니다. 하지만 나는 이 만남에 매우 만족합니다. 이 사람들도 같은 의견일 것입니다. 우리는 기대 이상의 것을 들었습니다. 우리가 앞으로도 자주 만나 논의를 계속할 수 있다면 더 많은 유익을 얻을 수 있을 것입니다. 하지만 당신이 며칠 내로 배를 타고 떠나야 하니, 이후에도 기꺼이 우리를 친구로 기억해 주시기 바랍니다."

2. 나도 말했습니다. "여기 더 머문다면 날마다 이 논의를 계속하고 싶습니다. 하지만 하느님의 뜻과 도우심으로 내가 출발을 기다리고 있으니, 여러분이 여러분의 구원을 위하여 힘껏 분투할 것과 여러분의 스승들보다 전능하신 하느님의 그리스도를 더 앞에 두실 것을 간곡히 부탁드립니다."

3. 그들은 나에게 아무런 탈 없는 안전한 여행을 기원하고 떠나갔다. 나도 그들을 위해 기원하며 말했다. "이것이 내가 여러분을 위해 바랄 수 있는 가장 좋은 것입니다. 모든 인간이 깨달음을 얻을 수 있는 것은 이 길을 통해서임을 여러분이 인정하고, 여러분도 우리와 같이 예수가 하느님의 그리스도임을 믿게 되기를 바랍니다."

211 215-6 219-21 224 234 256-8 263-4 273 279-82 298 318 321 335-6 354

성전 64 74 161 169 187 190-1 256 272 276 296 341

성조 174 215 218 222 228 246 250 265 267 274-5 297 307 317 329 340 351 353 361

세금 49 59

세례 14 17 20-1 23 98-9 146 155 162 178 200 211 213 215 268 274 281-2

소돔 89 163 220-1 224-7 233-4 340-4 359

소요학파 135

소크라테스 35 50 80 115 119 123

소크라테스학파 133

솔로몬 185-7 191 235-7 240 274 279 338 341

스승 15 24-5 34 41 43-4 47 51 53 63 95 113 121 135 145 147 193 202 209 236 249 260 272 290 299 301-4 310 315 319 323 329 351 355 359

스토아학파 13 52-3 119-20 127 135

시몬 (사마리아 사람) 57-8 93 128 329

시빌라 52 78

신비 예식 57 91 105 250

시인 34 52-3 56 78 90 96 117 120 123 125-9

신화 58 88 90 117 124

십자가 23 27 43 53 55 62-4 67-71 75 81 85 88 92 96 99 106 118 151 160 180 182 187-8 193 196-7 204 212 215 218

246 254-8 261 275 277-8 281-5 289-315 321 324 338 346-8 355-7 360

씨앗 7 18-20 50-1 64 78 89 98 119-21 127 156 219-20 269 359

씻음 21 99 104 152 155 203

아담 162 197 236 270 273 281 286 290 296 304 336 344 346 348

아론 192-3 240 278 284 293

아브라함 24 80 102 150-1 159 163 170 172 176 185 188 192 200 202 205 208 220-44 258-60 268 274-5 278 286 298 307 316-9 326-9 339-42 345 359-60

아스클레피오스 53 57 91 251

악마 59 250 261 266-7 303 320 322 337-8 346

안식일 22 70 147-8 152 161-3 165 167 169-70 174-6 179 199-200 205 207 286-7

암나귀 63-4 68 91 216-8

어린 양 85 95 153 167 197 205 255 314 318

어린 나귀 68 217-8

야곱 65 88 101-2 150-1 157 164 171 174-5 188 190 192 202-5 215 217-8 223 229-33 240 250 258-60 265 268 275 277 295 297-8 307-8 310 318-9 327-46 351-4 359-60

야펫 358-9

에녹 163 169 200 203-4 286